Eberhard Hermes

Abiturwissen

Drama

Ernst Klett Verlag für Wissen und Bildung
Stuttgart · Dresden

Gedruckt auf Papier, welches aus Altpapier hergestellt wurde.

Die Deutsche Bibliothek – CIP-Einheitsaufnahme

Hermes, Eberhard:
Abiturwissen Drama / Eberhard Hermes. –
5. Aufl. – Stuttgart ; Dresden :
Klett-Verl. für Wissen und Bildung, 1995
ISBN 3-12-929526-7

5. Auflage 1995
Alle Rechte vorbehalten
Fotomechanische Wiedergabe nur mit Genehmigung des Verlages
© Ernst Klett Verlag für Wissen und Bildung GmbH, Stuttgart 1989
Satz: G. Müller, Heilbronn
Druck: Wilhelm Röck, Weinsberg
ISBN 3-12-929526-7

Inhaltsverzeichnis

Zu diesem Buch

Dieses Buch soll dem Leser, der sich – vor allem im Rahmen einer Prüfungsvorbereitung – lesend, verstehend, interpretierend und untersuchend mit dramatischen Texten zu beschäftigen hat, die nötige Hilfe geben. Unter den literarischen Gattungen ist das Drama ein besonders komplexer Gegenstand für eine solche Beschäftigung. Denn man hat es ständig mit <u>zwei Textebenen</u> zu tun, der literarischen Vorlage in Buchform und ihrer szenischen Realisierung, sei es in herkömmlichem Aufführungsstil, sei es als spektakuläre Neuinszenierung. Außerdem arbeitet der dramatische Dichter – mehr als der Epiker oder Lyriker – <u>im Licht der Öffentlichkeit</u> und setzt sich in seinen Stücken mit den brennenden Fragen der jeweiligen historisch-gesellschaftlichen Gegenwart auseinander. Diese Auseinandersetzung findet oft in Form dramen- und theatertheoretischer Diskussionen statt. Um einen Dramentext in seiner Komplexheit und seinen vielfältigen Beziehungen zu erschließen, benötigt man eine Reihe von Fragen, die auf die wichtigsten Strukturelemente und Aspekte des Dramas abzielen. Man gewinnt dadurch ein ‚Verfahrenswissen‘, das einen methodisch kontrollierbaren Umgang mit dem Text ermöglicht. Diese ‚Fragen an das Drama‘ sind auf einer besonderen Tafel zusammengestellt. In den einzelnen Kapiteln werden diese Fragen nacheinander entwickelt und an Beispielen erprobt, die auch aus fremdsprachiger Dramenliteratur stammen, soweit diese in den Leselisten der Richtlinien der verschiedenen Länder aufgeführt sind. Zur Auffindung einzelner Begriffserläuterungen ist ein Stichwortverzeichnis beigegeben. Die unter verschiedenen Aspekten behandelten Beispiele aus dramatischen Werken können mit Hilfe eines Autorenverzeichnisses wiedergefunden werden.

Fragen an das Drama

(1) Gattungsmerkmale:
Welche Merkmale lassen erkennen, daß es sich um ein Drama handelt?
Wo sind epische und/oder lyrische Elemente festzustellen?

(2) Aufführungsmöglichkeit:
Für welche Bühnenform ist das Stück geschrieben?
Welche tradierten Form- und Gattungsmuster sind zu erkennen?
Ist an die Illusionsbühne gedacht (vierte Wand), oder wird die Imaginationsgabe des Zuschauers in Anspruch genommen (Kontakt zwischen Bühne und Publikum)?
Wie ist das Verhältnis von Haupt- und Nebentext bemessen?

(3) Wissensvergabe an den Zuschauer:
Welche Erwartungen werden im Zuschauer erweckt? Was erfährt er von der Vorgeschichte?
Welches Gefälle wird zwischen dem Wissen der einzelnen Figuren und seinem Wissen aufgebaut? Wo kommt dramatische Ironie vor?
Inwieweit erfolgt epische Vermittlung? Mit Hilfe welcher epischen Dramentechnik?

(4) Dramatische Handlung:

Welcher Stoff, welche Geschichte liegt der Handlung zugrunde?
Unter welches Thema ist sie gestellt? Welche Motive sind verwendet? Nach welchem kompositorischen Prinzip sind die szenisch dargestellten Handlungsabschnitte ausgewählt und verknüpft?
Wie sind Einsatzpunkt und Dramenende gestaltet?
Wie ist das Verhältnis zwischen Figuren, Situationen und Begebenheiten?

(5) Figuren:

Wie sind die Figuren angelegt (als Typ oder individueller Charakter, in sich schlüssig oder widersprüchlich, selbst- oder fremdbestimmt usw.)?
Welche Figurenkonstellation ist zu beobachten (Haupt- und Nebenfiguren, Kontrast- und Korrespondenzfiguren)?
Welche Konfigurationsmuster ergeben sich?
Wie erfolgt die Charakterisierung der Figuren?

(6) Sprache und Stil:

Inwieweit werden die Figuren durch ihre Sprache unterschieden?
Wie ist ihr Sprachverhalten jeweils gekennzeichnet?
Wie ist das Verhältnis von Monolog, Zwiegespräch und Mehr-Personen-Dialog? Welche Funktion haben die Monologe und Dialoge im Rahmen der Handlung?
Welche Stilebene wird eingehalten? Welche Stilmittel werden verwendet? Wie ist die Figurenrede stilisiert?

(7) Raum- und Zeitgestaltung:

Wie wird der gespielte Raum dargestellt? Gibt es bedeutsame Gegensatzmuster (Stadt ←→ Land, Palais ←→ Bürgerhaus usw.)?
Welche Funktion, welche symbolische Bedeutung hat der Raum?
Gibt es wichtige Requisiten?
Wie ist das Verhältnis von Spielzeit und gespielter Zeit bemessen? Wie wird Zeitraffung eingesetzt? Wie ist Zeit strukturiert?
Welche Spannungstechnik, welche Tempogebung sind zu beobachten?

(8) Gattung und Formtyp:

Welche Elemente der geschlossenen, welche Merkmale der offenen Form weist das Drama auf?
Welche Mittel des epischen Theaters werden verwendet?
Welche Merkmale des absurden, grotesken, des Parabeltheaters oder einer anderen besonderen Dramenform zeigen sich?

(9) Theoretische Einordnung:

Kann die Form des Stücks als ‚aristotelisch' oder ‚nichtaristotelisch' bezeichnet werden?
Liegt ein tragisches Handlungsmuster zugrunde?
Sind die Begriffe des Erhabenen (Gegenstand) und des Pathetischen (Darstellungsweise) anwendbar?
Welche Wirkung auf den Zuschauer ist intendiert, welche Wirkung wird erreicht?

(10) Historische Einordnung:

In welchem historischen Kontext, in welchen literarischen Konventionen steht das Stück?
Welche Merkmale weisen darauf hin?
Welche Verständnisvoraussetzungen müssen berücksichtigt werden?

1. Merkmale der dramatischen Gattung

Wenn man unter dem Stichwort ‚Drama' in einem Lexikon oder Handbuch nachschlägt, so bekommt man eine Auskunft, die in der Regel folgende Elemente enthält:

Drama (griech. = Handlung) bedeutet die Bühnendarstellung einer knappen, in sich geschlossenen Handlung vor einem Publikum. In dieser Handlung wird durch Dialog und Monolog agierender Figuren ein Konflikt entfaltet.

In solchen Definitionen finden sich Merkmale, durch die sich das Drama von den anderen Gattungen unterscheidet („Bühnendarstellung"), und solche, die es mit der erzählenden Dichtung gemeinsam hat („in sich geschlossene Handlung", „Dialog und Monolog", „Konflikt entfaltet"). Diese Gemeinsamkeit wird schon in der ältesten Dramentheorie, die wir haben, der des Aristoteles, zum Anlaß genommen, die dramatische Gattung im Kontrast zur epischen Gattung zu definieren: Während im Drama handelnde Menschen dargestellt würden, werde in der Epik von ihnen lediglich berichtet.

Artistoteles (384–322), griechischer Philosoph und Naturforscher, Schüler von Platon: ‚Von der Dichtkunst', 6. Kap. 1449 b 26

Die Unterschiede zwischen Erzählung und Drama lassen sich erkunden, wenn man untersucht, was geschieht, wenn jemand einen erzählenden Text in die dramatische Gattung ‚übersetzt', d.h. umformt. Das hat z.B. der Schweizer Erzähler und Dramatiker Max Frisch (geb. 1911) einmal getan. In einem Interview, das 1961 stattfand, fragte ihn Horst Bienek danach:

„Wie kommt es, daß Sie z.B. eine Fabel zunächst für ein Hörspiel angesehen haben, dann aber für einen Roman, wie etwa mit ‚Rip van Winkle', aus dem heraus sich der ‚Stiller' entwickelte?"

Horst Bienek (geb. 1930), deutscher Schriftsteller, Schüler Brechts: ‚Werkstattgespräche mit Schriftstellern', dtv 291, München 1965, S. 31f.

Frischs Antwort lautete:

„Das war anders, ich muß Sie enttäuschen, viel banaler. Ich arbeitete am Roman und brauchte Geld, hatte keine Idee für ein Hörspiel, ich stahl es also aus dem werdenden Roman."

Was Frisch hier selbstironisch als ‚Diebstahl' bezeichnet, ist ein solcher Übersetzungsvorgang aus einer Gattung in die andere. Er beruht nicht auf einer mangelnden Eignung des Stoffes für die eine oder andere Gattung, sondern ist eine Sache des poetischen Handwerks aufgrund der freien Entscheidung des Dichters, es so oder so zu machen.

Der Roman beginnt folgendermaßen:

Ich bin nicht Stiller! – Tag für Tag, seit meiner Einlieferung in dieses Gefängnis, das noch zu beschreiben sein wird, sage ich es, schwöre ich es und fordere Whisky, ansonst ich jede weitere Aussage verweigere. Denn ohne Whisky, ich hab's ja erfahren, bin ich nicht ich selbst, sondern neige dazu, allen möglichen guten Einflüssen zu erliegen und eine Rolle zu spielen, die ihnen so passen möchte, aber nichts mit mir zu tun hat, und da es jetzt in meiner unsinnigen Lage (sie halten mich für einen verschollenen Bürger ihres Städtchens!) einzig und allein darum geht, mich nicht beschwatzen zu lassen und auf der Hut zu sein gegenüber allen ihren freundlichen Versuchen, mich in eine fremde Haut zu stecken, unbestechlich zu sein bis zur Grobheit, ich sage: da es jetzt einzig und allein darum geht, niemand anders zu sein als der Mensch, der ich in Wahrheit leider bin, so werde ich nicht aufhören, nach Whisky zu schreien, sooft sich jemand meiner Zelle nähert. Übrigens habe ich bereits vor Tagen melden lassen, es brauche nicht die allererste Marke zu sein, immerhin eine trinkbare, ansonst ich eben nüchtern bleibe, und dann können sie mich verhören, wie sie wollen, es wird nichts dabei herauskommen, zumindest nichts Wahres. Vergeblich! Heute bringen sie mir dieses Heft voll leerer Blätter: Ich soll mein Leben niederschreiben! wohl um zu beweisen, daß ich eines habe, ein anderes als das Leben ihres verschollenen Herrn Stiller.

„Sie schreiben einfach die Wahrheit", sagt mein amtlicher Verteidiger, „nichts als die schlichte und pure Wahrheit. Tinte können Sie jederzeit nachfüllen lassen!"

Heute ist es eine Woche seit der Ohrfeige, die zu meiner Verhaftung geführt hat. Ich war (laut Protokoll) ziemlich betrunken, weswegen ich Mühe habe, den Hergang zu beschreiben, den äußeren.

5 „Kommen Sie mit!" sagte der Zöllner.

„Bitte", sagte ich, „machen Sie jetzt keine Umstände, mein Zug fährt jeden Augenblick weiter –"

„Aber ohne Sie", sagte der Zöllner.

Die Art und Weise, wie er mich vom Trittbrett riß, nahm mir

10 vollends die Lust, seine Fragen zu beantworten. Er hatte den Paß in der Hand. Der andere Beamte, der die Pässe der Reisenden stempelte, war noch im Zug. Ich fragte:

„Wieso ist der Paß nicht in Ordnung?"

Keine Antwort.

15 „Ich tue nur meine Pflicht", sagte er mehrmals, „das wissen Sie ganz genau."

Ohne auf meine Frage, warum der Paß nicht in Ordnung sei, irgendwie zu antworten – dabei handelte es sich um einen amerikanischen Paß, womit ich um die halbe Welt gereist bin!

20 – wiederholte er in seinem schweizerischen Tonfall:

„Kommen Sie mit!"

„Bitte", sagte ich, „wenn Sie keine Ohrfeige wollen, mein Herr, fassen Sie mich nicht am Ärmel; ich vertrage das nicht."
„Also vorwärts!"

25 Die Ohrfeige erfolgte, als der junge Zöllner, trotz meiner ebenso höflichen wie deutlichen Warnung, mit der Miene eines gesetzlich geschützten Hochmuts behauptete, man werde mir schon sagen, wer ich in Wirklichkeit sei. Seine dunkelblaue Mütze rollte in Spirale über den Bahnsteig, weiter als erwar-
30 tet, und einen Atemzug lang war der junge Zöllner, jetzt ohne Mütze und somit viel menschlicher als zuvor, dermaßen verdutzt, auf eine wutlose Art einfach entgeistert, daß ich ohne weiteres hätte einsteigen können. Der Zug begann gerade zu rollen, aus den Fenstern hingen die Winkenden; sogar eine
35 Wagentüre stand noch offen. Ich weiß nicht, warum ich nicht aufgesprungen bin. Ich hätte ihm den Paß aus der Hand nehmen können, glaube ich, denn der junge Mensch war derart entgeistert, wie gesagt, als wäre seine Seele ganz und gar in jener rollenden Mütze, und erst als sie zu rollen aufgehört hatte,
40 die steife Mütze, kam ihm die begreifliche Wut. Ich bückte mich zwischen den Leuten, beflissen, seine dunkelblaue Mütze mit dem Schweizerkreuz-Wäppchen wenigstens einigermaßen abzustauben, bevor ich sie ihm reichte. […]

Der Titelheld des Romans ‚Stiller' (1954) wehrt sich dagegen, auf die Rolle eines normalen Zeitgenossen festgelegt zu werden. Frischs Grundthema ist das alttestamentliche Wort: „Du sollst dir kein Bild machen!" (2. Mose 20,4)

Mit dem ersten Abschnitt des Romans, in welchem der Leser erfährt, daß es sich um Tagebucheintragungen eines Ich-Erzählers handelt, kann der Dramatiker nichts anfangen. Er setzt erst dort ein, wo das Tagebuch-Ich eine spannende Geschichte zu erzählen hat. Aus ihr hat Max Frisch die erste Szene seines Hörspiels gemacht:

In einem Bahnhof. Man hört Pfiffe in der Ferne, Gedampf einer wartenden Lokomotive, Ausrufe aller Art, Gewirr von Stimmen, dann vor allem: Ein Eisenbahner geht von Achse zu Achse, klopft mit seinem Hammer an jedes einzelne Rad, um es zu prüfen.

5 DIE DAME: Was soll denn das?
DER HERR: Der prüft, ob alle Räder in Ordnung sind, das machen sie doch immer. Wann bist du denn in Rom?
DIE DAME: Gegen Mittag –

(Ein Schaffner geht den Zug entlang und schmettert die Türen zu.)

10 SCHAFFNER: Einsteigen, bitte! Einsteigen, bitte!
DER HERR: Also – leb wohl!
DIE DAME: Lieber!
SCHAFFNER: Einsteigen, bitte!
DIE DAME: Aber auf Ostern kommst du bestimmt –
15 DER HERR: Sobald ich es machen kann.
SCHAFFNER: Einsteigen, bitte! Einsteigen, bitte!

(Der Schaffner schmettert die Türe zu und geht weiter.)

Das Hörspiel ‚Rip van Winkle‘ von Max Frisch (Reclam UB 8306, Stuttgart 1969) wurde zuerst am 16. 6. 1953 vom Bayerischen Rundfunk München gesendet.

FREMDLING: Spaß beiseite, mein Herr! Machen Sie jetzt keine
  Umstände, mein Zug fährt jeden Augenblick ab.
20 ZÖLLNER: Aber ohne Sie.
FREMDLING: Spaß beiseite.
ZÖLLNER: Sie kommen mit mir!
AUSRUFERIN: Heiße Würstchen! Heiße Würstchen!
AUSRUFER: Illustrierte, Zigaretten, Illustrierte!
25 AUSRUFERIN: Heiße Würstchen!
ZÖLLNER: Vorwärts!
FREMDLING: Was zum Teufel geht es Sie an, wie ich heiße?
  Natürlich habe ich einen Namen, aber was zum Teufel –
ZÖLLNER: Ich tue nur meine Pflicht. Das wissen Sie ganz ge-
30   nau, jeder Reisende ist verpflichtet, sich auszuweisen.
FREMDLING: Wieso?
ZÖLLNER: Kommen Sie jetzt auf den Posten, mein Herr, aber
  vorwärts, wir werden schon herausfinden, wie Sie heißen.
FREMDLING: Unterstehen Sie sich!
35 ZÖLLNER: Es ist nicht mein Fehler, wenn Sie nicht weiterfah-
  ren können.
LAUTSPRECHER: Achtung, Achtung!
SCHAFFNER: Bitte, Türen schließen!
LAUTSPRECHER: Expreß Kopenhagen – Rom, Abfahrt 23.17.
40   Bitte, Türen schließen!
DIE DAME: Leb wohl, Lieber! Leb wohl!
DER HERR: Leb wohl!
DIE DAME: Auf bald!
AUSRUFERIN: Heiße Würstchen! Heiße Würstchen!
45 AUSRUFER: Zigaretten, Illustrierte, Zigaretten!
AUSRUFERIN: Heiße Würstchen!
FREMDLING: Sie sollen mich nicht anrühren, sage ich. Ich
  vertrage das nicht. Verstanden! Oder ich gebe Ihnen eine
  Ohrfeige, daß Ihre schöne Mütze über den ganzen Bahn-
50   steig rollt.
ZÖLLNER: Unterstehen Sie sich!
FREMDLING: Bitte –

(Man hört eine klatschende Ohrfeige.)

ZÖLLNER: Mensch!

55 *(Jetzt pfeift der Zug, Rufe der Abschiednehmenden, dazu das
immer raschere Rollen der Räder, das heißt: Der Schlag auf den
Schienenstößen folgt in immer rascherem Rhythmus.)*

FREMDLING: Hier, mein Herr, ist Ihre Mütze …

(Pfiff der Lokomotive in der Ferne.)

Das Märchen von Rip van Winkle, das der Untersuchungshäftling Stiller im 1. Heft des Romans seinem Verteidiger erzählt, geht auf einen 1809 erschienenen

Es dreht sich in beiden Texten um die Exposition der Handlung. Sie beruht darauf, daß ein „Fremdling“, der nach langer Zeit in sein Herkunftsland zurückkehrt und nicht mehr derjenige sein möchte, der er vor seiner Abreise gewesen ist, in seine alte Identität zurückgezwungen wird. Im Roman ist es der

Ich-Erzähler, ein gewisser Stiller, der sich White nennt, im Hörspiel ein Herr Wadel, der den Namen einer amerikanischen Märchenfigur, Rip van Winkle, angenommen hat. Die Handlung wird nun dadurch in Gang gebracht, daß man den Helden verhaftet und mit seiner alten Identität konfrontiert, die er hartnäckig bestreitet.

Text von Washington Irving zurück (Reclam UB 9368, Stuttgart 1972). Es handelt von einem Verschollenen, der nach 20 Jahren heimkehrt und von niemandem mehr erkannt wird (Siebenschläfermotiv).

An der unterschiedlichen Expositionstechnik lassen sich nun die wichtigsten Merkmale der dramatischen Gattung ablesen, die über die historische Ausprägung bestimmter Dramenformen hinaus die Gattung grundsätzlich kennzeichnen:

Die Sprechsituation

In der Figurenrede, die in beiden Gattungen vorkommt, bemerkt man sogleich Übereinstimmungen zwischen den beiden Texten:

„Kommen Sie mit!" sagte der Zöllner (5)	ZÖLLNER: Sie kommen mit mir! (22)
„Ich tue nur meine Pflicht", sagte er mehrmals, „das wissen Sie ganz genau." (15)	ZÖLLNER: Ich tue nur meine Pflicht. Das wissen Sie ganz genau, jeder Reisende ist verpflichtet, sich auszuweisen. (29)
„Kommen Sie mit!" (21)	ZÖLLNER: Kommen Sie jetzt auf den Posten, mein Herr […]. (32)
„Bitte", sagte ich, „wenn Sie keine Ohrfeige wollen, mein Herr […]". (22)	FREMDLING: […] Oder ich gebe Ihnen eine Ohrfeige, daß Ihre schöne Mütze über den ganzen Bahnsteig rollt. (48)

Doch fehlt dem dramatischen Text die zwischen dem fiktiven Geschehen und dem Leser oder Hörer <u>vermittelnde Instanz des Erzählers</u>. Im Roman macht der Ich-Erzähler den Rezipienten, bevor er ihn von der Ohrfeigenszene auf dem Bahnhof berichtet, mit dem Hintergrund des Geschehens vertraut:

Sprechsituation: Gesamtheit der Voraussetzungen einer sprachlichen Äußerung und ihrer Aufnahme durch einen Leser oder Hörer (Ort und Zeit, Anlaß, Absicht, soziale Rolle der Gesprächspartner usw.)

Ich bin nicht Stiller! – Tag für Tag, seit meiner Einlieferung in dieses Gefängnis, das noch zu beschreiben sein wird, sage ich es, schwöre ich es […] sie halten mich für einen verschollenen Bürger ihres Städtchens […] versuchen, mich in eine fremde Haut zu stecken […] da es jetzt einzig und allein darum geht, niemand anders zu sein als der Mensch, der ich in Wirklichkeit leider bin[…] Heute bringen sie mir dieses Heft voll leerer Blätter: Ich soll mein Leben niederschreiben! wohl um zu beweisen, daß ich eines habe, ein anderes als das Leben ihres verschollenen Herrn Stiller.

Im Hörspiel wird der Rezipient sogleich unvorbereitet mit dem Geschehen konfrontiert, von dem ihm das Roman-Ich

Kurz und umfassend über das Hörspiel als dramatische

Gattung: Michael Müller in:
Otto Knörrich (Hg.): Formen
der Literatur in Einzeldarstel-
lungen, Kröners Taschenaus-
gabe Band 478, Stuttgart
1981, S. 171–183

erst erzählt, nachdem es der Vergangenheit angehört [„Heute ist es eine Woche seit der Ohrfeige …"(1)]. Er muß sich den Hintergrund, vor dem das Geschehen verständlich wird, aus den szenischen Vorkommnissen und den Äußerungen der beteiligten Figuren selbst zusammensetzen. Während der Roman mit dem thematischen Satz „Ich bin nicht Stiller!" beginnt, ist die entsprechende Äußerung im Hörspiel erst im Verlauf der dritten Szene zu vernehmen (FREMDLING: Ich heiße nicht Wadel!), und zwar als Reaktion darauf, daß man ihn immer wieder als „Herr Wadel" anspricht. Kein Kommentar erläutert dem Hörer der dramatischen Fassung, was es damit auf sich hat.

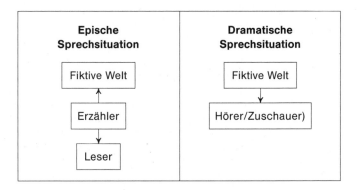

Figurenrede

Im Roman wird die Figurenrede von kommentierenden Äußerungen des Erzählers eingeführt und begleitet:

„Aber ohne Sie", sagte der Zöllner. Die Art und Weise, wie er mich vom Trittbrett riß, nahm mir vollends die Lust, seine Fragen zu beantworten [...]. (8–10)
Ohne auf meine Frage, warum der Paß nicht in Ordnung sei, irgendwie zu antworten [...], wiederholte er in seinem schweizerischen Tonfall: „Kommen Sie mit!" (17–20)

Im Hörspiel wird der Wortwechsel zwischen dem Fremdling und dem Zöllner nicht von einem solchen Kommentar begleitet, der etwas über „die Art und Weise" sagt, in der sich die Figuren verhalten, sondern vielmehr durch Signale, die das Milieu kennzeichnen, in dem die Figuren miteinander sprechen:

AUSRUFERIN: Heiße Würstchen! Heiße Würstchen!
AUSRUFER: Illustrierte, Zigaretten, Illustrierte! (23 ff.)

Der Erzähler braucht Figurenrede nicht wörtlich wiederzugeben, sondern kann sich der sogenannten ‚indirekten Rede' bedienen:

Direkte = wörtlich angeführte
←→ *indirekte* = berichtete
Rede (oft am Konjunktiv
erkennbar)

Die Ohrfeige erfolgte, als der junge Zöllner, trotz meiner ebenso höflichen wie deutlichen Warnung, mit der Miene eines gesetzlich geschützten Hochmuts behauptete, man werde mir schon sagen, wer ich in Wirklichkeit sei [...]. (25 ff.)

Diesem Passus entspricht im Hörspieltext lediglich eine Inszenierungsanweisung in Klammern:

(Man hört eine klatschende Ohrfeige.) (53)

Das Bild von der über den Bahnsteig rollenden Mütze, das im Hörspiel in zwei Äußerungen des Fremdlings angedeutet wird (49 und 58), dient dem Erzähler des Romans dazu, ausführlich den „gesetzlich geschützten Hochmut" des Zöllners als des Vertreters der Staatsgewalt zu ironisieren:

[...] denn der junge Mensch war derart entgeistert, wie gesagt, als wäre seine Seele ganz und gar in jener rollenden Mütze [...] Ich bückte mich zwischen den Leuten, beflissen, seine dunkelblaue Mütze mit dem Schweizerkreuz-Wäppchen wenigstens einigermaßen abzustauben [...]. (37–43)

Weder die Ironie-Signale noch der symbolische Hinweis auf das „Schweizerkreuz-Wäppchen" haben eine Entsprechung im Hörspieltext. Alles dies, was zur Leistung des Erzählers im Roman gehört, bleibt im Drama der Ausführung (Performanz) der Figurenrede durch die Schauspieler überlassen. Was diese nicht in der sprachlichen Realisierung ihres Rollentextes zum Ausdruck bringen, fällt unter den Tisch. Soll dem Zuhörer die Komik der Szene mit des Fremdlings ‚Widerstands gegen die Staatsgewalt' bewußt werden, dann muß der Schauspieler, der ihn agiert, in seiner Stimmqualität, Sprechweise, Akzentgebung usw. eine vergleichbare Leistung erbringen, wie sie im Roman durch die kommentierenden Bemerkungen des Erzählers erreicht wird.

Ironie = Abweichung zwischen geäußertem Wortlaut und intendierter Bedeutung (Wichtigkeit ←→ Unwichtigkeit der Uniformmütze)

In der Figurenrede überlagern sich also zwei Kommunikationssysteme, ein inneres und ein äußeres:

1. Der Dramenautor läßt die fiktiven Figuren in der von ihm erfundenen Welt miteinander reden, damit sie die von ihm vorgesehenen Dinge tun können, die den Inhalt des Stückes ausmachen.

2. Der Dramenautor läßt die fiktiven Figuren so reden, daß die Zuschauer im Theater aus den Worten der Schauspieler, welche die Figuren darstellen, alles das erfahren, was sie wissen müssen, um dem Bühnengeschehen folgen zu können.

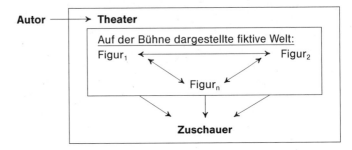

Weil der Zuschauer über mehrere Medien (Wort, Bild, Geräusche u. a.) Informationen erhält, wird die Zeichenvielfalt auch ,Plurimedialität' genannt.

Zeichenvielfalt

Es ist erstaunlich, wie gering der Aufwand ist, mit dem der Ich-Erzähler im Roman dem Leser die Situation der Paßkontrolle auf einem Schweizer Grenzbahnhof vermittelt. Es genügt, daß mit Hilfe einiger ,Längsachsen' der Wortwiederholung diese Situation angedeutet und als gleichbleibend signalisiert wird:

Zöllner (5, 8, 25, 30), Mütze (29, 31, 39, 40, 41)
Zug (6, 12, 33), Trittbrett (9, Bahnsteig (29), Wagentüre (35)
Paß (11, 13, 17, 19, 36; Beamter stempelt die Pässe der Reisenden: 11/12)
schweizerischer Tonfall (20), Schweizerkreuz-Wäppchen (42)

Im Hörspiel dagegen wird die fiktive Welt und was in ihr vorgeht dem Rezipienten nicht nur durch das Medium der Sprache vermittelt. Die Inszenierungsanweisung am Anfang ordnet zur Vergegenwärtigung der Situation eine wohlüberlegte Mischung von Geräuschen an: Pfiffe, Geräusch einer Dampflokomotive, Ausrufe, Stimmengewirr, schließlich der Schlag, mit dem ein Eisenbahner die Achsen prüft (1–4). In dem ersten Wortwechsel zweier Figuren wird dieses letzte Geräusch sogar thematisiert (5–7 „das machen sie doch immer"). Bald kommt das Zuschlagen der Türen hinzu, das die Abfahrt ankündigt (9, 17). Ja, es treten Figuren auf, die keine Funktion für die Handlung haben, sondern mit ihren sprachlichen Äußerungen nur die akustische Kulisse des Bahnhofs (Ausrufer, Ausruferin: 23–25, 44–46) vervollständigen oder den Zeitpunkt der Abfahrt markieren (Schaffner: Einsteigen, bitte! 16,

38; Lautsprecher: Achtung! 37, 39/40). Im Schauspiel auf der Bühne kommen zu diesen vielfältigen akustischen Signalen noch die außersprachlichen optischen Zeichen hinzu, Bühnenbild, Maske, Kostüm, Requisiten, Beleuchtung, Gestik, Mimik und Positur der Schauspieler, die im Hörspiel nur mit Hilfe der Intonation und Stimmführung ihren Rollentext verdeutlichen. Im Unterschied zur erzählenden Gattung haben wir daher im Drama immer zwei unterschiedliche Textebenen, den gedruckten literarischen Text und den szenisch realisierten Text. Während der gedruckte Text konstant bleibt, kann die Inszenierung ganz verschieden erfolgen. Denn was der Erzähler im Roman mit Worten beschwört, muß auf der Bühne in visuelle und/oder akustische Zeichen umgesetzt werden, wie sie in der folgenden Tabelle zusammengestellt sind:

Lesetext ←→ Aufführungstext

Akustische Zeichen		Optische Zeichen	
Figur	Bühne	Figur	Bühne
Sprachliche Äußerungen, Redeweise, Stil, Akzent, Stimmführung, Tonhöhe, Sprechtempo usw.	Geräusche, Musik, Lautsprecher u.a.	Statur, Physiognomie, Mimik, Gestik, Stellung, Bewegung, körperliches Verhalten, Maske, Kostüm usw.	Bühnenbild, Aufbauten, Dekoration, Requisiten, Beleuchtung, Dia- oder Filmprojektion, Spruchbänder u.a.

Als epochenübergreifende Merkmale der dramatischen Gattung können also angeführt werden:

Merkmale der dramatischen Gattung

Sprechsituation
Die fiktive Welt wird unmittelbar vergegenwärtigt. Es fehlt eine zwischen Leser/Hörer/Zuschauer und dem fiktiven Geschehen vermittelnde Instanz, die auch einen zeitlichen Abstand markiert.

Figurenrede
Was der kommentierende Erzähler im Roman über Motive, Absichten, Taktiken, Stil usw. der fiktiven Figuren mitteilt, bringen die Schauspieler, die sie auf der Bühne verkörpern, selbst durch ihr sprachliches und außersprachliches Verhalten zum Ausdruck, Dabei haben sie einen doppelten Adressaten, die Partnerfiguren, an die sie ihre Worte richten, und den Zuschauer, dem sie nach dem Willen des Autors alles für das Verständnis des Stückes notwendige Wissen übermitteln.

Die Sprache ist nicht das einzige Medium, mit dem die Zuschauer über die fiktive Welt und die Vorgänge in ihr informiert werden. Sowohl die besondere Art und Weise, die in der Sprache vom Schauspieler gebraucht wird, als auch die außersprachli che Zeichen, welche in Kostüm und Verhalten der Schauspieler und in der Ausstattung der Bühne hinzutreten, gehören zu diesen Informationen. Daher enthält der aufgeführte Text gegenüber dem gedruckten Dramentext einen Informationsüberschuß.

Die Grenzlinie, die Max Frisch mit seiner ‚Übersetzung' der Stiller-Geschichte aus dem Roman in die Hörspielform überschritten hat, trennt die Gattungen nicht so scharf, wie es in der Theorie aussieht, wo es um Einteilen und Unterscheiden geht. Vielmehr mischen sich die Gattungen in vielfältiger Weise. Es findet sozusagen dauernd ‚kleiner Grenzverkehr' statt.

Schon die griechische Tragödie ist eine Mischung aus <u>Drama und Lyrik</u>, wobei die Figurenrede im attischen, die Chorlieder im dorischen Dialekt verfaßt sind. Berühmt ist das erste Standlied aus Sophokles' ‚Antigone', das so beginnt (in der Übersetzung von Ernst Buschor):

> Viel Unheimliches birgt die Welt,
> Allerunheimlichstes ist der Mensch!
> Kühn durchpflügt in Südwinds Stürmen
> Dieses Wesen das schwärzliche Meer,
> 5 Unter den wölbigen Bogen der Wogen
> Kommt er sicher ans Ziel!
> Und die nie verarmt, die nie versagt,
> Erhabenste Göttin, die Mutter Erde,
> Bedrängt er alljährlich mit wendigem Pflug,
> 10 Führt auf und ab seine Rosse.
>
> (Vers 336–345)

Angesichts des drohenden Konflikts zwischen Verwandtschaftsprinzip und Staatsmacht empfindet der Chor einen Schauder vor der Größe und der Gefährdung des Menschen. Einen <u>epischen</u> Charakter hat die Figurenrede, wenn in ihr die dem angesprochenen Partner längst bekannte Vorgeschichte rekapituliert und dem Zuschauer ins Gedächtnis gerufen wird, wie es in der Eingangsszene der gleichen Tragödie geschieht:

‚Antigone', Erstaufführung 443 v. Chr. A., Tochter des Ödipus, erfüllt an ihrem gefallenen Bruder Polyneikes das göttliche Gebot der Verwandtenpflicht, indem sie ihn gegen das Verbot des Königs, ihres Onkels Kreon, bestattet, der in Polyneikes nur den Landesfeind sieht.

> Ach Schwester, denke, wie der Vater uns
> Verhaßt und ohne Ruhm zugrunde ging,
> Für selbstenthüllte Frevel sich die Augen
> Ausstach, er selber, mit der eignen Hand!

16

5 Wie sie dann, die ihm Weib und Mutter war
In einem, schändlich sich erhängte!
Und wie an einem Tage unsre Brüder,
Unselig Paar, das gleiche Todeslos
Im Wechselmorde sich bereiteten!
10 Und nun wir beiden übrigen, bedenk,
Wie schlimm wir enden, wenn wir dem Gesetz
Zum Trotz der Herrscher Machtwort übertreten!
[…]

(Vers 49–60)

In dem Botenbericht, aus dem Eurydike im letzten Akt vom
Tode ihres Sohnes Haimon erfährt, enthält die <u>epische</u> Form
wiederum wörtlich wiedergegebene Figurenrede (8–15):

[…] Dann eilten wir zur Kammer
Der Hadesbraut im felsgedeckten Bau.
Von ferne schon hört einer aus der Gruft,
Der weihelosen, laute Klagerufe
5 Und geht und meldet's Kreon, unserem Herrn.
Auch den erreicht das rätselhafte Jammern,
Als er sich nähert, und in jähem Schmerz
Stößt er die Klage aus: O Armer ich!
Bin ich ein Seher? Ist mir dieser Weg
10 Der unheilvollste, den ich jemals ging?
Mich lockt des Sohnes Stimme! Auf, ihr Leute,
Kommt näher, schnell, zur Gruft heran und zwängt euch
Durch den gebrochnen Mauerspalt, dringt vor
Zur Tür und schauet, ob ich Haimons Stimme
15 Vernehme oder ob ein Gott mich täuscht!
Wir spähten, wie der Ängstliche befahl,
Und sahn ganz hinten im Gewölbe sie,
Erhängt in einer Schlinge, ihren Nacken
Umschnürte ihres Schleiers feines Linnen.
20 Und er umfaßte ihren Leib und klagte
Um ihre Hochzeit, die der Tod zerstört –
Des Vaters Werk – und um die arme Braut.

(Vers 1204–1225)

Auch wenn Chorgesänge lyrischen Charakters darin vorkommen oder die Figurenrede epische Funktionen annimmt, kann
es doch nie einen Zweifel geben, daß es sich um ein Drama
handelt. Denn „wo uns etwas <u>erzählt</u> wird, da handelt es sich
um <u>Epik</u>, wo verkleidete Menschen auf einem Schauplatz
etwas <u>agieren</u>, um <u>Dramatik</u>, und wo ein Zustand empfunden
und <u>von einem ‚Ich' ausgesprochen</u> wird, um <u>Lyrik</u>" (Wolfgang Kayser). In einem Überblick läßt sich dieser Sachverhalt
folgendermaßen darstellen:

Wolfgang Kayser: Das sprachliche Kunstwerk, 8. Aufl., Bern: Francke 1962, S. 332

Gattung	Kennzeichnung	Vermittlung	
<u>Epik</u>	Ein Geschehen wird erzählt	Ein oder mehrere Erzähler	
<u>Lyrik</u>	Ein Zustand wird erlebt und von einem ‚Ich' ausgesprochen	Lyrisches ‚Ich' als Textgröße	
<u>Dramatik</u>	Rollenträger agieren ein fiktives Geschehen auf einem Schauplatz	Szenische Vergegenwärtigung durch Sprechen und Agieren der Figuren sowie Ausstattung der Bühne	Erzählende Einlagen (Botenbericht) oder lyrische Figurenrede (Chorlied, Monolog)

2. Drama und Theater

Wörtlich angeführte Dialoge, wie sie in einem Roman oder in einer Ballade vorkommen, sind nicht dazu bestimmt, auf einer Bühne mit verteilten Rollen dargeboten zu werden. Das ist ihr Unterschied zur dramatischen Figurenrede. Man liest sie vielmehr still für sich oder trägt sie als einzelner einem kleinen Kreis von Zuhörern vor.

Bei der Aufführung eines dramatischen Textes aber wirken mehrere Personen zusammen, die Sprecher der Rollen, der Regisseur, der das Stück inszeniert, der Bühnenbildner, der den Rahmen für die Darbietung schafft, der Theatermeister, der für Kostüme, Requisiten, Beleuchtung sorgt usw. Aus dem vom Autor gelieferten Lesetext einen Aufführungstext zu machen, ist also Sache einer kollektiven Theaterproduktion. Diese Produktion ist wiederum dazu bestimmt, zum gemeinsamen Erlebnis einer Zuschauerschaft zu werden, d. h. eine kollektive Rezeption zu bewirken.

„Drama ist diejenige, für das Theater bestimmte, literarische Gattung, in der Schauspieler die Rollen der fiktiven Figuren spielen, die vorgeschriebenen Handlungen ausführen und den Dialogtext sprechen." (M. H. Abrams: A Glossary of Literary Terms, 4th edition, New York 1981, S. 45 s. v.)

Natürlich kann man auch eine dramatische Dichtung wie ein Gedicht laut vortragen. Ein berühmtes Beispiel ist die Lesung des Schauspiels ‚Die Räuber', die Schiller vor seinen engsten Freunden 1778 im Bopserwald bei Stuttgart gehalten hat. Der Sohn eines Schulfreundes hat die Erinnerung seines Vaters daran niedergeschrieben:

„Als sie in Begleitung des Hauptmanns und der anderen Zöglinge am frühen Morgen eines schönen Sonntags des Mai über die Weinsteige in das sogenannte Bopserwäldchen einen Spaziergang machten, sonderten sich die in den Plan Eingeweihten ihrer Verabredung gemäß von den andern ab, und durch die Nachsicht des Hauptmanns mit etwas Feigheit begünstigt, gingen sie tiefer in den Wald hinein. Hier lagerten sie sich, ihren Schiller umkreisend, der auf den hervorstehenden Wurzeln eines der stärksten Fichtenbäume Posto gefaßt hatte. [...] Seine Deklamation war anfänglich eine ruhige. Als er aber zur Stelle der fünften Szene des vierten Aktes gelangte, wo Räuber Moor mit Entsetzen seinen totgeglaubten Vater vor dem Turm anredet, steigerte sie sich in dem Grade, daß seine Freunde, mit gespannter Aufmerksamkeit Aug und Ohr ihm zugewandt, durch den Ausbruch des Affektes in Bestürzung gerieten, durch die Großartigkeit seiner Arbeit aber in Erstaunen, Bewunderung und in fast endlose Beifallsbezeugungen übergingen."

Karl v. Heideloff, zitiert bei: Kollektiv für Literaturgeschichte: Klassik. Erläuterungen zur Deutschen Literatur. 9. Auflage, Berlin: Volk und Wissen 1984, S. 140

Im Schiller-Nationalmuseum in Marbach am Neckar gibt es eine Skizze, die Heideloff von der Szene gemacht hat.

Trotz der kleinen Zahl der Anwesenden zeigt das Beispiel, wie hier ein gemeinsames Zuhören beim Vortrag des Lesetextes das Erlebnis des Theaterpublikums bei der Darbietung des Aufführungstextes vorwegnimmt. Dieses Erlebnis beschreibt ein zeitgenössischer Bericht über die Uraufführung des Stücks am 13.1.1782 im Nationaltheater in Mannheim, bei der Iffland den Franz Moor spielte, folgendermaßen:

„Das Theater glich einem Irrenhaus, rollende Augen, geballte Fäuste, heisere Aufschreie im Zuschauerraum! Fremde Menschen fielen einander schluchzend in die Arme, Frauen wankten, einer Ohnmacht nahe, zur Tür. Es war eine allgemeine Auflösung wie ein Chaos, aus dessen Nebeln eine neue Schöpfung hervorbricht."

Lotte Lenya (1900–1981), Frau von Kurt Weill, der die Musik zur ‚Dreigroschenoper‘ komponiert hatte, spielte die ‚Seeräuber-Jenny‘ und begründete damit ihren Weltruhm.

Daß solche begeisternden Theatererlebnisse, wie sie von der Uraufführung des Schillerschen Jugenddramas berichtet werden, nicht auf die Epoche des Sturm und Drang beschränkt sind, zeigt der Bericht, den Lotte Lenya, eine der Mitwirkenden, von der Premiere der ‚Dreigroschenoper‘ von Bert Brecht am 31.8.1928 in Berlin gegeben hat:

„Das Publikum, das zur Premiere gekommen war, erwartete, hoffnungsfroh, einen Skandal. Der Zuschauerraum verdunkelte sich. Vor dem Vorhang erschien ein Straßensänger mit einem Leierkasten auf der Bühne und leierte eine Moritat (am nächsten Morgen sollte ganz Berlin sie pfeifen), und die Zuschauer hörten zu und warteten ab. In der zweiten Szene des Stücks, die in einem Stall spielt, singen Mackie Messer und Tiger Brown, der Polizeichef und frühere Armeekumpel Mackies in Indien, gemeinsam den Kanonensong. Ein unglaublicher Sturm erhob sich. Das Publikum raste. Von diesem Moment an konnte nichts mehr schiefgehen. Die Zuschauer gingen begeistert mit. Wir trauten unseren Augen und Ohren nicht."

In seinem Singspiel ‚The Beggar's Opera‘ hat John Gay (1685–1732) die italienische Oper seiner Zeit parodiert und dem vornehmen Theaterpublikum die Lebenswelt der Armen, Gauner, Hehler und Bettler gegenübergestellt.

Trotz der gemeinsamen Räuberthematik ist der Unterschied zwischen den beiden Stücken, Schillers dramatischem Erstling und Brechts „literarischer Operette" nach John Gays Bettleroper von 1728, hinsichtlich der Dramenform beträchtlich. Das gilt auch für die realen Gegebenheiten und Möglichkeiten der Bühne, die Schiller im Mannheimer Nationaltheater und Brecht im Berliner Theater am Schiffbauerdamm zur Verfügung stand.

In Mannheim gab es noch keinen Schnürboden, so daß die Prospekte, auf welche Architektur oder Landschaft gemalt war, zusammengerollt statt hochgezogen wurden. Die Beleuchtung geschah durch Talgkerzen oder qualmende Öllampen. Die Mimik eines Schauspielers, der drei Schritte von einer solchen Lampe entfernt stand, war nicht mehr erkennbar. Vor diesem Hintergrund müssen die technischen Möglichkeiten gesehen werden, die Brecht in einem vollelektrifizierten Theater zur Verfügung standen.

Man kann annehmen, daß der dramatische Dichter bei der Konzeption eines Stückes die realen Gegebenheiten der Bühne vor Augen hat, auf der sein Werk aufgeführt werden soll. Daher muß bei Betrachtung eines Dramas immer auch von der engen <u>Wechselbeziehung zwischen den konkreten Bühnenverhältnissen und der Form der Dramen</u> ausgegangen werden. Die Bühnenverhältnisse haben sich im Lauf der Zeiten gewaltig geändert.

Orchestra und Skene des Dionysostheaters in Athen

Griechische Antike

Die antiken Tragödien und Komödien wurden an religiösen Festen unter freiem Himmel für die ganze männliche freie Bevölkerung einer Polis (Stadtgemeinde) aufgeführt. Ein illusionistisches Bühnenbild war unmöglich, eine realistische Spielweise undurchführbar. Die Schauspieler trugen Masken.

Tragischer Schauspieler (Fragment eines Glockenkraters aus Tarent. Um 350 vor Chr.)

Daher war die Aufführung in hohem Maße stilisiert, ohne deshalb aber des affektischen Ausdrucks zu entbehren. Die von den Schauspielern mit höchster Kunst getragene und bewegte Maske konnte je nach Drehung und Wendung unter Ausnutzung des im Lauf des Tages wechselnden Lichteinfalls die ganze Skala der Gefühle – von Triumph und Freude über Wut und Enttäuschung bis hin zu Schmerz und Trauer – weithin sichtbar zum Ausdruck bringen.

21

Mittelalter

Durch den räumlich engen Kontakt zwischen Darstellern und Publikum unterscheidet sich die Bühne der mittelalterlichen religiösen Dramen vom antiken Theater. In diesen geistlichen Spielen wurden die einzelnen Episoden der Leidensgeschichte des Herrn, wie sie die Evangelisten erzählt haben, szenisch vergegenwärtigt, d. h. dramatisiert. Diese einzelnen Episoden wurden im liturgischen Sprachgebrauch Stationen genannt. Wenn die Spielorte des Handlungsverlaufs nicht auf verschiedene Plätze verteilt waren, die von der Prozession aufgesucht wurden, machte man sie auf einem Bretterverschlag, der meist auf dem Marktplatz aufgebaut war, nebeneinander sichtbar (Simultanbühne). Die Zuschauer standen, saßen oder gingen um die Spielfläche herum. Weibliche Rollen wurden – wie in der Antike – von Männern gespielt.

Paulus: „Ihr seid zum öffentlichen Schauspiel gemacht worden durch Beschimpfungen und Drangsale" (NT Brief an die Hebräer 10, 33).

Die Situation brachte es mit sich, daß in die feierlichen Elemente liturgischer Herkunft burlesk-realistische Schwankmotive gemischt wurden, die den Alltag und den Geschmack des umherstehenden Volkes spiegelten. In einer Handschrift des 16. Jahrhunderts ist der Plan einer Simultanbühne für die Darstellung der Passion Christi erhalten (Valenciennes 1547). Zwischen Himmel (lks.) und Hölle (re.) sind die einzelnen Schauplätze verteilt:

22

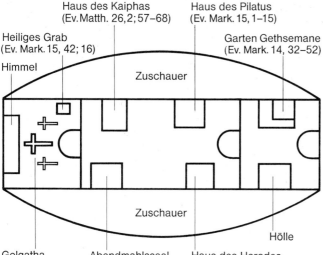

Haus des Kaiphas
(Ev. Matth. 26, 2; 57–68)

Haus des Pilatus
(Ev. Mark. 15, 1–15)

Schematische Darstellung der Spielorte

Heiliges Grab
(Ev. Mark. 15, 42; 16)

Garten Gethsemane
(Ev. Mark. 14, 32–52)

Himmel

Zuschauer

Zuschauer

Hölle

Golgatha
(Ev. Mark. 15, 22)

Abendmahlssaal
(Ev. Mark. 14, 12–26)

Haus des Herodes
(Ev. Luk. 23, 6–12)

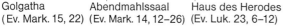

Shakespeare-Zeit

Das elisabethanische Theater kennt zwar keine Aufführungen auf der Straße mehr, behält aber den engen Kontakt mit dem Publikum bei. Statt der Laiendarsteller der mittelalterlichen Passionsspiele gibt es nun professionelle Schauspieler. Eine Illusion der ‚vierten Wand‘ ist unmöglich, da die Zuschauer um die Spielfläche herumsitzen. Auch wird durch ‚Beiseite-Sprechen‘ der Figuren, Monolog zum Publikum hin (ad spectatores) oder ‚Aus-der-Rolle-fallen‘ der Akteure immer wieder Kontakt mit den Zuschauern hergestellt. Infolge der sparsamen Ausstattung des Theaters mit Kulissen und Versatzstücken muß der Zuschauer bei dem häufigen Schauplatzwechsel auf die Worte der Schauspieler achten, wenn er dem dargestellten Geschehen folgen will. Spielfläche und Zuschauerraum sind noch zu einem großen Teil nach oben hin offen, so daß wenig künstliche Beleuchtung erfordert wird.

Die in einem solchen Theater erforderliche Spielweise sowie das ihr entsprechende Zuschauerverhalten werden im Prolog zu Shakespeares Drama ‚König Heinrich V.‘ einsichtig, in welchem die Phantasie der Zuschauer für das Gelingen der Aufführung zu Hilfe gerufen wird, damit – wie es in der Absicht des Dichters und seiner Schauspielertruppe liegt – eine ganze Welt auf dem kleinen Platz (cockpit: 11) der Bühne untergebracht werden kann:

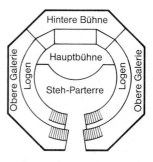

Schema des Globe-Theatre (erbaut 1599, wiederaufgebaut 1613)

Könnte jemand um 1600 im Globe-Theatre Platz nehmen, so würde er „staunen über die fabelhafte Buntheit und Bewegtheit des Ganzen. Sein Auge würde gefesselt von Personen in auffallenden, oft schreienden Kostümen, die […] sich in überdeutlichem

23

Mienenspiel und wilden Gebärden leidenschaftliche Gefühle auszudrücken bestrebten. Er würde stets wechselnde Situationen beobachten, Handlungen der erregtesten Art, viel Mord und Totschlag, häufig im Mittelpunkte Personen, die durch eine Krone und ein rotes Gewand als Könige gekennzeichnet wären [...] Dazwischen würde er Gestalten auftauchen sehen, die durch Leintücher und mit Mehl weiß gefärbte Gesichter als Geister kenntlich gemacht wären [...]" (Levin L. Schücking)

> [...] Doch verzeiht, ihr Teuren,
> Dem schwunglos seichten Geiste, der's gewagt,
> 10 Auf dies unwürdige Gerüst zu bringen
> Solch großen Vorwurf. Diese Hahnengrube,
> Faßt sie die Ebnen Frankreichs? Stopft man wohl
> In dieses O von Holz die Helme nur,
> Wovor bei Agincourt die Luft erbebt?
> 15 O so verzeiht, weil ja in engem Raum
> Ein krummer Zug für Millionen zeugt;
> Und laß uns, Nullen dieser großen Summe,
> Auf eure einbildsamen Kräfte wirken!
> Denkt euch im Gürtel dieser Mauern nun
> 20 Zwei mächt'ge Monarchieen eingeschlossen,
> Die, mit den hocherhobnen Stirnen, dräuend,
> Der furchtbar enge Ozean nur trennt.
> Ergänzt mit den Gedanken unsre Mängel,
> Zerlegt in tausend Teile e i n e n Mann
> 25 Und schaffet eingebild'te Heereskraft.
> Denkt, wenn wir Pferde nennen, daß ihr sie
> Den stolzen Huf seht in die Erde prägen.
> Denn euer Sinn muß unsre Kön'ge schmücken:
> Bringt hin und her sie, überspringt die Zeiten,
> 30 Verkürzet das Ereignis manches Jahrs
> Zum Stundenglase. Daß ich dies verrichte,
> Nehmt mich zum Chorus an für die Geschichte,
> Der als Prolog euch bittet um Geduld:
> Hört denn und richtet unser Stück mit Huld.

Der Sprecher mutet dem Zuschauer zu, aus einem Soldaten mit Hilfe seiner Einbildungskraft (imaginary forces: 18) tausend zu machen (24), allein auf die Nennung des Wortes hin Pferde vor sich zu sehen (26/27), die Stunden des Bühnenspiels zu Jahren zu dehnen (29 ff.). Dem damaligen Zuschauer ist es nicht schwer gefallen, dieser Aufforderung zur imaginativen Mitarbeit Folge zu leisten.

Bei Azincourt (14) im Département Pas-de-Calais schlug Heinrich V. am 25. 10. 1415 das mit 50.000 Mann nahezu viermal stärkere französische Heer, das seinen Vormarsch aufhalten sollte. Mit den beiden mächtigen Monarchien (20) sind Heinrich V. aus dem Haus Lancaster (1413–1422) und Karl VI. aus dem Haus Valois (1380–1422) gemeint.

Hof- und Nationaltheater (17./18. Jahrhundert)
Das Hoftheater hat in der Regel weniger Zuschauerplätze (etwa 500) als das Shakespearetheater (etwa 2000). Auch die Zusammensetzung des Publikums ist anders. Gegenüber dem ständisch gemischten Publikum der elisabethanischen Zeit, das auch die volkstümlichen Einlagen in den damaligen Tragödien erklärt, ist die Zuschauerschaft sozial homogen, Adel und Leute, die mit dem Hof zu tun haben. Die Aufführungen finden als gesellschaftliches Ereignis in geschlossenen Räumen bei künstlicher Beleuchtung statt. Ein reich dekorierter Rahmen bildet nun eine Grenze zwischen Bühne und Zuschauerraum.

Die fürstliche Familie und der Hof saßen in den Logen des 1. Ranges, in den höheren Rängen fanden sich geladene Bürger, ganz oben auf der Galerie Angehörige der Dienerschaft.

Szene aus einem zeitgenössischen Stück in der Comédie Française, Paris. Stich von N. Dupuis nach N. Lancret um 1738

Einen Vorhang gibt es zunächst noch nicht, doch wird er im Lauf des 18. Jahrhunderts eingeführt. Eine realistische Abbildung der gesellschaftlichen Wirklichkeit wird in der Regel zugunsten eines stilisierten Idealbildes der Welt des Publikums, also des Hofes, vermieden. Gesellschaftskritisch werden dann erst das bürgerliche deutsche Trauerspiel und die Dramen des Sturm und Drang Ende des 18. Jahrhunderts, die nicht mehr für ein höfisches, sondern für ein bürgerliches Publikum geschrieben sind. Verglichen mit der ‚Guckkastenbühne‘, dem Illusionstheater des 19. Jahrhunderts, sind Schauspieler und Publikum hier noch verhältnismäßig nahe beieinander. Doch bahnt sich der Übergang von der Imaginationsbühne zur Illusionsbühne nicht nur durch die Rahmung der Bühne an. Die Stücke spielen nun überwiegend im Interieur, in Innenräumen, sei es in einem Palast oder einem Bürgerhaus. Die Phantasie des Zuschauers wird nicht mehr zu Hilfe gerufen, um aus einer „Hahnengrube" (cockpit), wie es im Prolog zu ‚Heinrich V.‘ heißt, „zwei mächt'ge Monarchien" zu machen. Die Handlung bleibt ohnedies übersichtlich.

Noch etwas fällt auf: Bisher hatten die Dramentexte, auch wenn sie dann gedruckt wurden, den Charakter von Merkheften für die Schauspieler, d. h. sie bestanden nur aus Sprechtext oder – mit Roman Ingarden zu sprechen – aus Haupttext. Nun aber enthalten die Dramenbücher zunehmend auch Nebentext, der nicht gesprochen wird, sondern Vorschriften zur Bühnenausstattung und Regiebemerkungen enthält, also nicht mehr nur – wie bei Shakespeare – die auftretenden Figu-

Ein gemauerter Proszeniumsbogen markierte nun die Grenze zwischen Bühne und Publikum. Dahinter waren perspektivisch verkürzte Kulissen aufgebaut, die in der Sicht des Publikums täuschend ähnliche Bilder von Palästen, Straßen und Landschaften erzeugten.

ren nennt oder ein Signal verlangt („Trompetenstoß"). Im Gegensatz zu Shakespeare gibt es z. B. bei Schiller eine realistisch ausgestattete Bühne. Am Anfang von ,Kabale und Liebe' öffnet sich vor dem Zuschauer die Wohnstube der Millers, und er gerät mitten in einen Ehestreit hinein:

Zimmer beim Musikus
Miller steht eben vom Sessel auf und stellt sein Violoncell auf die Seite
An einem Tisch sitzt Frau Millerin noch im Nachtgewand und trinkt
ihren Kaffee

MILLER *(schnell auf und ab gehend):* Einmal für allemal. Der Handel wird ernsthaft. Meine Tochter kommt mit dem Baron ins Geschrei. Mein Haus wird verrufen. Der Präsident bekommt Wind, und – kurz und gut, ich biete dem Junker aus […]

Man kann sich alle die Regiebemerkungen, durch die das Verhalten der Akteure vorgeschrieben wird, gesondert notieren („schnell auf und ab gehend" – „schlürft eine Tasse aus" – „Die Faust vor die Stirn" – „pfeift" – „Er springt auf, hitzig" usw.) und hat dann ein vollständiges Regiebuch in der Hand.

Illusionsbühne des 19. Jahrhunderts

Zur ,Guckkastenbühne' gehört der realistische Schauspielstil, welcher die Rolle so darstellt, als hätten wir wirkliche Menschen vor uns und nicht Schauspieler, welche uns die Erfindungen eines Dichters übermitteln.

Die Abbildungsdramatik erreicht ihren Höhepunkt mit der ,Guckkastenbühne' des Naturalismus, die durch eine imaginäre ,vierte Wand' vom Publikum getrennt ist und die dramatische Fiktion zur Illusion macht. Die Rampe als Grenze zwischen dem Bühnengeschehen und dem Zuschauerraum ist das Symbol für das Fehlen von Kontakten zwischen den Produzenten und den Rezipienten des Stücks, obwohl diese informell dauernd geknüpft werden. Denn der Schauspieler ist darauf angewiesen, in irgendeiner Form eine ,Rückmeldung' aus dem Publikum zu erhalten, ob sein Spiel ,ankommt', sonst wird er unsicher. Doch die ,Absolutheit' des Dramas, die Losgelöstheit von der Gegenwart der Zuschauer, das Verdecken des Spielhaften im Theater wird nun erst einmal Konvention. Im Zusammenhang mit dem Bestreben, die Illusion vollständig zu machen, wächst der Nebentext an.

Behaglich und geschmackvoll, aber nicht luxuriös eingerichtetes Zimmer. Eine Tür rechts im Hintergrund führt hinaus ins Vorzimmer; eine Tür im Hintergrund in Helmers Arbeitszimmer. Zwischen diesen beiden Türen steht ein Klavier. In der Mitte der linken Wand befindet sich eine Tür und etwas weiter vorn ein Fenster. In der Nähe des Fensters ein runder Tisch mit Lehnstuhl und einem kleinen Sofa. In der rechten Seitenwand, mehr im Hintergrund, eine Tür und weiter vorn ein Ofen aus Steingut mit ein paar Lehnstühlen und einem Schaukelstuhl davor. Zwischen Ofen und Seitentür ein kleiner Tisch. An den Wänden hängen Kupferstiche. Ein Wandgestell mit Porzellan und klei-

nen Kunstgegenständen. Ein kleiner Bücherschrank mit Büchern in Prachteinbänden. Fußboden mit Teppich belegt. Im Ofen brennt Feuer. Es ist Winter.

(Bühnenanweisung zum 1. Akt von Ibsens ‚Nora')

Das ‚Milieu' ist zum eigentlichen Helden geworden, da man davon ausging, daß es den Menschen in seinen Einstellungen und Verhaltensweisen geprägt habe. Deshalb war die genaue szenische Darstellung des Milieus schon ein wesentlicher Teil der Figurencharakterisierung, hier des Rechtsanwalts Torvald Helmer, der vor lauter eitler Selbstliebe und Konfliktscheu zu einer Ehepartnerschaft untauglich ist.

Bei der Inszenierung von Dramen aus anderen Epochen wirkte sich das Konzept der Illusionsbühne darin aus, daß man versuchte, durch Ausschöpfung des Haupttextes – da es ja ehemals kaum Bühnenanweisungen im Nebentext gab – sowie mit einem Riesenaufgebot von Statisten in originalgetreuen Kostümen die größtmögliche geschichtliche Authentizität zu erreichen. So erinnerte die Aufführung von Shakespeares

„Ein in der Manier des neunzehnten Jahrhunderts erzogener Schauspieler schafft es nicht, sich innerhalb von dreißig Sekunden zu verlieben. Auch nicht, innerhalb zweier Repliken in Haß auszubrechen oder innerhalb von zehn ein Königreich zu stürzen." (Jan Kott: Shakespeare heute, dtv 4359, München 1980, S. 355)

Drama ‚König Richard III.' in Düsseldorf 1911, wovon oben die Huldigungsszene (III, 7) zu sehen ist, überhaupt nicht mehr an die Spielweise des elisabethanischen Theaters.

Ibsens Interieurs zeigen das Milieu vor, aus dem sich das Handeln seiner Figuren erklären läßt, und haben daher mit ihrer detaillierten Darstellung des fiktiven Schauplatzes eine wichtige dramaturgische Funktion. Auch die Vergegenwärtigung von historischen Gegebenheiten wie Kostümen, Waffen,

Gebäuden usw. kann einen Sinn haben, wenn sie auch nicht den originalen Bühnenverhältnissen entspricht. Wenn es sich jedoch um einen Schauplatz handelt, der nur als Bewußtseinsinhalt existiert und keinerlei Entsprechung in der realen Außenwelt besitzt, wird das Konzept der Illusionsbühne und das Wörtlichnehmen des Haupttextes unsinnig. Das ist z. B. der Fall, wenn Otto Devrient in der Weimarer Gesamtaufführung beider Teile des ,Faust' von Goethe während der Spielzeit 1875/76 den ,Prolog im Himmel' in einem dreistöckigen Aufbau inszeniert, dessen ,Etagen' Hölle, Erde und Himmel repräsentieren sollen. Er hat die Schlußworte des Theaterdirektors aus dem ,Vorspiel' als Regieanweisung genommen:

So schreitet in dem engen Bretterhaus
Den ganzen Kreis der Schöpfung aus,
Und wandelt mit bedächt'ger Schnelle
Vom Himmel durch die Welt zur Hölle.

(Vers 239–242)

Auf uns wirkt eine solche Auslegung wie ein Mißverständnis der dramatatischen Gattung oder wie eine unfreiwillige Parodie auf die mittelalterliche Simultanbühne, auf der Devrients drei ,Etagen' ganz unproblematisch als benachbarte Spielorte angeordnet waren.

Modernes Theater im 20. Jahrhundert

Die Wende, welche die Gegenströmungen gegen den Naturalismus und vor allem das Werk Bertolt Brechts in unserem Jahrhundert auf dem Theater herbeigeführt haben, zeigt sich

darin, daß Gustav Gründgens für seine Hamburger ‚Faust'-Inszenierung 1957/58 die gleichen Verse als Anweisung genommen, dabei aber den Akzent auf den Begriff des engen Bretterhauses gelegt hat, der Devrient offenbar gar nicht aufgefallen war. Gründgens hat auf eine optische Wiedergabe des fiktiven Schauplatzes verzichtet und dafür lieber die Spielelemente hervorgekehrt, wie es uns Goethes Text heute nahelegt. Man findet also bei ihm nur ein Bretterpodium als Spielfläche auf der Bühne. Ein paar Raumsegmente und Möbelstücke deuten die Welt an. Szenenübergänge sind kein Problem mehr. Der Direktor des ‚Vorspiels auf dem Theater' greift nach einer Perücke und übernimmt sogleich die Rolle des ‚Herrn' im ‚Prolog im Himmel', während sich die ‚Lustige Person' in den Schalk ‚Mephisto' verwandelt.

Ganz ähnlich wird die Bühne auch im modernen ‚epischen Theater' gestaltet, in dem das Vorzeigen des theatralischen Apparats und die Betonung des Spielcharakters der Bühnenvorgänge zum Konzept gehört. So genügen Brecht für seine Inszenierung der ‚Mutter Courage' 1949 ein paar Versatzstükke auf der Bühne und die Schrift auf dem Zwischenvorhang, um dem Zuschauer mitzuteilen, wo sich der Schauplatz der Handlung befindet:

Kollektive Produktion und Rezeption

Lesetext des
Dramas
$\longrightarrow$
Kollektive
Theaterproduktion
(Mehrere Schau-
spieler, Regisseur,
$\longrightarrow$
Aufführungstext
$\downarrow$
$\downarrow$
Bühnenbildner,
Zuschauer
Einzelner
Theatermeister usw.)
(Kollektive
Leser
Rezeption)

Historische Bühnenformen

Griechische Antike	Festaufführungen kulti-scher Art für die ganze Stadtgemeinde	Tragödien und Komödien, Schauspieler tragen Masken, Stilisierung des Spiels
Mittelalter	Darstellung der Statio-nen der Leidensge-schichte Christi an den kirchlichen Hochfesten	Schauplätze nur angedeutet und auf einer Simultanbühne verteilt, Laienschauspieler, derb-komi-sche Einlagen zwischen den ernsten Episoden
Shakespearezeit (16. Jh.)	Berufstheater für ein ständisch gemischtes Publikum	Tragödien, Komödien und Histo-rien, sparsame Bühnenausstat-tung, wenige Requisiten, Spiel-fläche zwischen den Zuschauern
Hof- und National-theater (17./18. Jh.)	Aufführungen als gesell-schaftliche Ereignisse für den Hof und die ihm nahestehenden Bürger-lichen	Trauerspiele, Lustspiele, Büh-nen- und Zuschauerraum von-einander abgesetzt (Rahmung der Bühne, später Rampe und Vorhang), Anwachsen des Ne-bentextes im Dramenbuch
Illusionsbühne (19. Jh.)	Aufführungen neuer und klassischer Stücke für das gebildete Bürger-tum	‚Guckkastenbühne' (‚vierte Wand': abgeschlossener Büh-nenraum), detaillierte realisti-sche Bühnenausstattung, viel Nebentext im Dramenbuch, historisierende Ausstattungs-inszenierung älterer Stücke
Modernes Theater (20. Jh.)	Aufführungen städti-scher oder privater Bühnen für Abonnenten und Besucher aus allen sozialen Schichten	Antiillusionistischer Inszenie-rungsstil, sparsame Bühnenaus-stattung, Betonung des Spiel-haften, wichtige Rolle des Regis-seurs (‚Regietheater'), moderne Interpretationen klassischer Dramen

3. Behandlung des Zuschauers

Unter den oben behandelten Gattungsmerkmalen des Dramas wurde auch die Doppelfunktion der Figurenrede genannt: Eine Dramenfigur muß einmal in der fiktiven Welt des Stücks mit den anderen Figuren verkehren, zugleich aber in der realen Welt des Theaters den Zuschauer mit den nötigen Informationen versorgen, damit dieser mit Spannung dem Bühnengeschehen folgen kann oder überhaupt motiviert wird, sich die Vorstellung anzuschauen. Aus dieser Doppelfunktion ergibt sich die Frage, wie der Dramenautor das die Handlung betreffende Wissen zwischen den Figuren und dem Zuschauer verteilt und welche Mittel er gebraucht, um dem Zuschauer Informationen zukommen zu lassen. Er kann ihm ja – wie der Erzähler eines Kriminalromans – Wissen vorenthalten, das die Figuren bereits besitzen, damit er nicht zu früh herausbekommt, was tatsächlich geschehen ist, und ihm die Spannung nicht genommen wird. Er kann ihn auch mehr wissen lassen als die Figuren des Stücks, damit er Spaß daran hat, was sie für Fehler machen und welche Folgen dies für sie hat. Bei einer solchen Diskrepanz zwischen dem Wissen des Zuschauers und dem Nichtwissen einer Figur spricht man von ‚dramatischer Ironie'.

Überlagerung eines äußeren (Theater) und eines inneren (fiktive Welt des Stücks) Kommunikationssystems

Es gibt ein Stück, bei dessen Betrachtung die Probleme der Behandlung des Zuschauers durch den Dramenautor besonders deutlich werden. Es ist Heinrich von Kleists Lustspiel 'Der zerbrochene Krug':

Es handelt sich um einen Einakter mit 13 Auftritten in 1974 Blankversen. Spielzeit, d.h. Aufführungsdauer, und gespielte Zeit, also die Dauer der fiktiven Handlung, sind deckungsgleich. Ort der Handlung ist ein Dorf bei Utrecht, historische Anspielungen weisen ins späte 17. Jahrhundert. Der Inhalt ist folgender: Der Dorfrichter Adam stellt Eve, Tochter von Frau Marthe Rull, nach. Um bei ihr zum Ziel zu kommen, behauptet er, Ruprecht, ihr Verlobter, werde zum Militärdienst in Übersee eingezogen, er könne ihn aber durch ein Attest davor bewahren. Als Adam bei Eve ist, überrascht ihn Ruprecht und schlägt ihn, ohne ihn zu erkennen, mit einer Türklinke über den Kopf. Beim Gewühl geht der besagte Krug zu Bruch. Adam verliert auf der Flucht seine Perücke. Eve sagt aus Sorge um Ruprecht ihrer Mutter nicht die Wahrheit, dieser wiederum zweifelt an Eves Treue. Soweit die Vorgeschichte. Der unvorhergesehen zur Revision erscheinende Gerichtsrat Walter zwingt Adam nun, diese Vorgeschichte ans Licht zu bringen, d.h. gegen sich selbst die Untersuchung zu führen. In deren Verlauf gelingt es dem Richter immer wieder, die Enthüllung zu verhindern, bis eine Augenzeugin mit der verlorenen Perücke erscheint und Eve, als Adam Ruprecht „ins Eisen legen" lassen will, mit der Wahrheit herausrückt. Adam ergreift die Flucht und wird des Amtes enthoben. Der bisherige Schreiber Licht wird zum Richter ernannt. Das Brautpaar versöhnt sich wieder. Frau Marthe Rull aber soll den Schadenersatz für den zerbrochenen Krug bei der Regierung in Utrecht einklagen.

Die jetzt vorliegende Textfassung, in der das Stück zu einem der meistaufgeführten Lustspiele der Dramenliteratur geworden ist, beruht auf den Änderungen, die Kleist vorgenommen hat, nachdem das Stück bei der Uraufführung am 2.3.1808 an dem von Goethe geleiteten Weimarer Hoftheater durchgefallen war. Der Dichter hat sich ein neues <u>Bild vom Zuschauer</u> und seinen Erwartungen gemacht. In einer Rezension vom 14.3.1808 hieß es nämlich:

Helmut Sembdner (Hg.): Heinrich von Kleist, Der zerbrochene Krug. Erläuterungen und Dokumente, Reclam UB 8123, durchgesehene und bibliographisch ergänzte Ausgabe, Stuttgart 1982, S. 99. Die Erstfassung, der sogenannte ‚Variant‘, ist bei Sembdner S. 42–60 abgedruckt.

„Die Geschichte des Stücks ist wirklich komisch, und es würde gewiß sehr gefallen haben, wenn es <u>auf einen Akt zusammengedrängt</u> und alles gehörig in lebhafte Handlung gesetzt wäre. Stattdessen ist es aber in drei lange Akte abgeteilt, und besonders wird <u>im letzten Akte</u> so entsetzlich viel und alles so <u>breit erzählt</u>, daß dem sonst sehr geduldigen Publikum der Geduldsfaden endlich ganz riß, und gegen den Schluß ein solcher Lärm sich erhob, daß keiner imstande war, von den ellenlangen Reden auch nur eine Silbe zu verstehen."

Kleist hat das Stück also als <u>Einakter</u> organisiert und den <u>zwölften Auftritt</u> auf ein Zehntel seines bisherigen Umfangs (von 513 auf 58 Verse) <u>gekürzt</u>. Die alte Fassung störte nämlich den raschen Handlungsverlauf durch Figurenrede von epischer Breite. Da wurde das Thema des Überseedienstes, das gar nichts mit der Thematik des Stücks zu tun hat, ausführlich behandelt und mit Eves Darstellung der nächtlichen Vorgänge eine langweilige Doublette zu deren spannender Schilderung durch Frau Brigitte im elften Auftritt gegeben. Auch in den übrigen Auftritten nahm Kleist einige Streichungen vor. Er hatte offensichtlich entdeckt, daß die Wirkung seines Stücks ganz davon abhängt, ob das Spiel mit dem Zuschauer gelingt, auf dem seine Komposition beruht.

Ein Drama, das nicht auf eine zukünftige Entwicklung ausgerichtet ist, sondern aus der Aufdeckung einer verborgenen Vorgeschichte besteht, nennt man ‘analytisches Drama‘. Seine

Exposition: Informationen, die der Zuschauer in den ersten Szenen des Stücks über die zu erwartende Handlung und ihre Vorgeschichte erhält

Exposition kann nicht – wie sonst – in der Weise erfolgen, daß der Zuschauer zu Beginn des Stückes möglichst viel erfährt. Denn die Handlung eines Enthüllungsdramas hat ja ihren Reiz gerade darin, daß die Hauptfigur sich gegen die Aufdeckung der Vorgeschichte mit allen Kräften zur Wehr setzt. Der Dramatiker muß also umgekehrt vorgehen und darf dem Zuschauer nicht zuviel verraten, ohne allerdings sein Informationsbedürfnis allzusehr zu frustrieren. Wie macht Kleist das?

Sein Lustspiel beginnt mit dem folgenden Wortwechsel zwischen Richter Adam und seinem Schreiber Licht:

Szene: Die Gerichtsstube

Erster Auftritt

ADAM *sitzt und verbindet sich ein Bein.* LICHT *tritt auf.*
LICHT: Ei, was zum Henker, sagt, Gevatter Adam!
   Was ist mit Euch geschehen? Wie seht Ihr aus?
ADAM:
   Ja, seht. Zum Straucheln brauchts doch nichts, als Füße.
   Auf diesem glatten Boden, ist ein Strauch hier?
5   Gestrauchelt bin ich hier; denn jeder trägt
   Den leidgen Stein zum Anstoß in sich selbst.
LICHT: Nein, sagt mir, Freund! Den Stein trüg jeglicher –?
ADAM: Ja, in sich selbst!
LICHT: Verflucht das!
ADAM: Was beliebt?
LICHT: Ihr stammt von einem lockern Ältervater.
10 Der so beim Anbeginn der Dinge fiel,
   Und wegen seines Falls berühmt geworden;
   Ihr seid doch nicht –?
ADAM: Nun?
LICHT: Gleichfalls –?
ADAM: Ob ich –?
                  Ich glaube –!
   Hier bin ich hingefallen, sag ich Euch.
LICHT: Unbildlich hingeschlagen?
ADAM: Ja, unbildlich.
15 Es mag ein schlechtes Bild gewesen sein.
LICHT: Wann trug sich die Begebenheit denn zu?
ADAM: Jetzt, in dem Augenblick, da ich dem Bett
   Entsteig. Ich hatte noch das Morgenlied
   Im Mund, da stolpr' ich in den Morgen schon,
20 Und eh ich noch den Lauf des Tags beginne,
   Renkt unser Herrgott mir den Fuß schon aus.
LICHT: Und wohl den linken obendrein?
ADAM: Den linken?
LICHT: Hier, den gesetzten?
ADAM: Freilich!
LICHT: Allgerechter!
   Der ohnhin schwer den Weg der Sünde wandelt.
ADAM:
25 Der Fuß! Was! Schwer! Warum?
LICHT: Der Klumpfuß?
ADAM: Klumpfuß!
   Ein Fuß ist, wie der andere, ein Klumpen.
LICHT: Erlaubt! Da tut Ihr Eurem rechten Unrecht.
   Der rechte kann sich dieser – Wucht nicht rühmen,
   Und wagt sich eh'r aufs Schlüpfrige.

„Strauch(eln)“: Wortspiel mit AT Psalm 94, 18 („Mein Fuß ist gestrauchelt.“)

„Stein des Anstoßes“: AT Jesaja 8, 14

„Ältervater“: Anspielung auf den ‚Sündenfall‘ des biblischen Stammvaters Adam

„Morgenlied“: Gebet oder Liedvers, mit dem der Tag begonnen wird

„Klumpfuß“: Anspielung auf den antiken König Ödipus (‚Schwellfuß‘), der ebenfalls gegen sich selbst ermitteln mußte

ADAM: Ach, was!
30 Wo sich der eine hinwagt, folgt der andre.
LICHT: Und was hat das Gesicht Euch so verrenkt?
ADAM: Mir das Gesicht?
LICHT: Wie? Davon wißt Ihr nichts?
ADAM: Ich müßt ein Lügner sein – wie siehts denn aus?
LICHT: Wies aussieht?
ADAM: Ja, Gevatterchen.
LICHT: Abscheulich!
35 ADAM: Erklärt Euch deutlicher.
LICHT: Geschunden ists,
    Ein Greul zu sehn. Ein Stück fehlt von der Wange,

*„Nicht ohne Waage“: d. h.
zum Abwiegen des in Verlust
geratenen Wangenfleisches*

    Wie groß? Nicht ohne Waage kann ichs schätzen.
ADAM: Den Teufel auch!
LICHT *bringt einen Spiegel:* Hier! Überzeugt Euch selbst!
    Ein Schaf, das, eingehetzt von Hunden, sich
40 Durch Dornen drängt, läßt nicht mehr Wolle sitzen,
    Als Ihr, Gott, weiß wo? Fleisch habt sitzen lassen.
ADAM: Hm! Ja! 's ist wahr. Unlieblich sieht es aus.
    Die Nas hat auch gelitten.
LICHT: Und das Auge.
ADAM: Das Auge nicht, Gevatter.
LICHT: Ei, hier liegt
45 Querfeld ein Schlag, blutrünstig, straf mich Gott,
    Als hätt ein Großknecht wütend ihn geführt.
ADAM: Das ist der Augenknochen. – Ja, nun seht,
    Das alles hatt ich nicht einmal gespürt!
LICHT: Ja, ja! So gehts im Feuer des Gefechts.

*„Ziegenbock“: Figur zur Ver-
zierung des Ofens*

50 ADAM: Gefecht! Was! – Mit dem verfluchten Ziegenbock,
    Am Ofen focht ich, wenn Ihr wollt. Jetzt weiß ichs.
    Da ich das Gleichgewicht verlier, und gleichsam
    Ertrunken in den Lüften um mich greife,
    Fass ich die Hosen, die ich gestern abend
55 Durchnäßt an das Gestell des Ofens hing.
    Nun fass ich sie, versteht Ihr, denke mich,
    Ich Tor, daran zu halten, und nun reißt
    Der Bund; Bund jetzt und Hos und ich, wir stürzen,
    Und häuptlings mit dem Stirnblatt schmettr' ich auf
60 Den Ofen hin, just wo ein Ziegenbock
    Die Nase an der Ecke vorgestreckt.
LICHT *lacht:* Gut, gut.
ADAM: Verdammt!
LICHT: Der erste Adamsfall,

*„Adamsfall“: Anspielung auf
den Sündenfall (AT 1. Mose 3)*

    Den Ihr aus einem Bett hinaus getan.
ADAM: Mein Seel! – Doch, was ich sagen wollte, was gibts
                                              Neues?
65 LICHT: Ja, was es Neues gibt! Der Henker hols,
    Hätt ichs doch bald vergessen.
ADAM: Nun?

LICHT: Macht Euch bereit auf unerwarteten
  Besuch aus Utrecht.
ADAM: So?
LICHT: Der Herr Gerichtsrat kömmt.
ADAM:
  Wer kömmt?
LICHT: Der Herr Gerichtsrat Walter kömmt, aus Utrecht.
70 Er ist in Revisionsbereisung auf den Ämtern
  Und heut noch trifft er bei uns ein.
  [...]

„Revisionsbereisung":
Inspektionsreise

Zunächst einmal werden die Erwartungen des Zuschauers
durch eine Reihe von Vorinformationen bestimmt: Der Titel
läßt vermuten, daß ein zerbrochener Haushaltsgegenstand
eine zentrale Rolle spielt, der Schauplatz also im einfachen
sozialen Milieu zu suchen ist. Die Gattungsbezeichnung
‚Lustspiel' läßt ein versöhnliches Ende erwarten. Im Perso-
nenverzeichnis finden sich einige Namen von symbolischer
Bedeutung (telling names): Adam und Eve haben sicher etwas
miteinander zu tun. Der Sekretär Licht wird vielleicht etwas
zur Aufhellung der Geschichte beitragen. Der Gerichtsrat
Walter ist sicherlich eine intakte Figur, der seines Amtes anders waltet als sein Vorgänger mit dem bezeichnenden Namen
‚Wacholder' (Vers 95). Zu dem Vorwissen, das der Zuschauer
in das Theater mitbringt, gehört auch die Kenntnis anderer
poetischer Bearbeitungen des gleichen Stoffes und früherer
Inszenierungen des Stücks, welche ebenfalls die Erwartungen
bestimmen. Auf ein Drama, das im Hinblick auf die analytische
Form mit Kleists Lustspiel vergleichbar ist, wird der Zuschauer sogleich im ersten Auftritt hingewiesen, wenn vom
„Klumpfuß" die Rede ist (Vers 25). Mit dem Wort wird der
griechische Name ‚Ödipus' übersetzt und an das Drama von
Sophokles erinnert, dessen Gegenstand in einem aufschluß-
reichen Kontrast zu Kleists Stück steht:

‚telling names': eig. ‚spre-
chende (erzählende) Namen'

„Wie dieser (Ödipus), ohne sein Verbrechen zu kennen, mithin unbe-
fangen, drauflos untersucht und dadurch ein Glied seiner Untat ums
andere hervorgräbt – so weiß hier der Richter, daß er selbst das be-
gangen hat, worauf er inquirieren soll, und sucht somit befangen auf
jedem Schritte die Untersuchung, die er doch selbst führen muß, zu
hemmen oder auf Seitenwege zu leiten, bringt aber am Ende doch seine Schande an den Tag. Daß jener, trotz aller Abmahnungen, doch
dasjenige herausbringen *will* und am Ende herausbringt, wovon er
nicht weiß, daß es seine eigene Schuld ist, ist das Tragische; daß dieser,
trotz aller Bemühungen und Winkelzüge, zuletzt doch dasjenige herausbringen *muß*, wovon der Schuft wohl *weiß*, daß er selbst es pekziert
hat, ist das Komische."

So äußert sich David Fried-
rich Strauß (1808–1874) in
einem Brief vom 4. 4. 1842
(abgedruckt bei Sembdner
S. 119). D. F. Strauß begrün-
dete mit seinem Werk ‚Das
Leben Jesu' (1835/36) die
historisch-kritische Leben-
Jesu-Forschung.

Durch diesen Hinweis hat also der Zuschauer ein bestimmtes
Handlungsschema präsent, das im Drama des Sophokles vor-
geprägt ist:

Ödipus, Sohn des Königs von Theben Laios und der Jokaste, wurde wegen eines Orakelspruchs, wonach er seinen Vater töten und seine Mutter heiraten würde, ausgesetzt, aber gerettet. Nachdem ihm das Orakel den Spruch wiederholt hatte, tötete er seinen ihm unbekannten Vater im Streit, befreite Theben von der Sphinx, indem er ihr Rätsel löste, und erhielt als Lohn den Thron und die Hand der Königin, seiner Mutter Jokaste. Dann führte er als oberster Richter die Untersuchung gegen den unbekannten Mörder des Laios, bis er die schreckliche Wahrheit erkannte. Jokaste nahm sich das Leben, Ödipus stach sich beide Augen aus.

Bei Ödipus zeigt sich das <u>Unwissen</u> in seiner Hoffnung, daß er mit der Suche nach dem Mörder des Laios etwas Gutes für die Stadt und für sich selbst bewirken werde. Das <u>Wissen</u> des Publikums realisiert sich als Furcht vor der Unausweichlichkeit menschlichen Schicksals, wie es das Delphische Orakel geweissagt hatte. Daß sein Wissensvorsprung dem Zuschauer hier keine Freude bringt, macht aus der dramatischen in diesem Fall eine <u>tragische Ironie.</u>

Bei Kleist geht es nicht um die Unausweichlichkeit des Schicksals, sondern um allzumenschliche Fehler und die komischen Anstrengungen, die gemeinhin unternommen werden, sie zuzudecken. Der Zuschauer hat also das Bedürfnis, die Decke zu lüften. Dabei hilft ihm eine der beiden Figuren, der Schreiber Licht, mit einer ganzen Batterie von Fragen:

„Beängstigende Nähe des Komischen zum Tragischen: Schuld ist ja immer etwas Ernstzunehmendes und bleibt sich als Schuld in der Tragödie wie in der Komödie gleich. Nur das Verhalten des einzelnen zur Schuld und zum Schicksal entscheidet den Ausgang…" (Helmut Prang)

Was ist mit Euch geschehn? Wie seht Ihr aus? (2)
Wann trug sich die Begebenheit denn zu? (16)
Und was hat das Gesicht Euch so verrenkt? (31)

Der erste Auftritt hat also die Form eines <u>Verhörs,</u> und der <u>Richter,</u> die Hauptfigur, wird in der Rolle des <u>Angeklagten</u> vorgeführt. Licht äußert zwar den Verdacht, daß des Richters Verwundung durch einen Sündenfall verursacht sei (9–12; 29; 62 f.), doch hakt er nicht weiter nach, sondern gibt Adam die Gelegenheit, eine erste Kostprobe von seiner Fähigkeit zu liefern, unangenehmen Fragen durch weitläufige Ausführungen aus dem Wege zu gehen (3–6; 17–21; 50–61). Dabei wird Adam besonders wortreich, wenn der Frager in die Nähe der Wahrheit gerät („im Feuer des Gefechts": 49). Schließlich wird der Besuch des Gerichtsrats angekündigt (68), bei dem der Richter im Verlauf der Handlung tatsächlich in die Rolle des Angeklagten geraten wird. So ist im Grunde hier schon der ganze Verlauf des Geschehens vorgedeutet, doch erfährt der Zuschauer nichts Genaueres. Der <u>wissenden Hauptfigur</u> steht ein <u>mehr oder weniger unwissender Zuschauer</u> gegenüber. Doch wird sein Kenntnisstand im Folgenden immer weiter vergrößert. Adam bittet Licht um Stillschweigen:

Drückt Euren Ehrgeiz heut hinunter, hört Ihr?
Es werden wohl sich Fälle noch ergeben,
Wo Ihr mit Eurer Kunst Euch zeigen könnt.

(138–140)

Es ist klar, daß Adam in der Tinte sitzt (138–140). Im zweiten
Auftritt sagt die Zweite Magd, daß der Richter ohne Perücke
ins Haus gekommen sei (222/23), also nachts außer Haus gewesen sein muß. Schließlich gibt es eine weitere Vorausdeutung auf das künftige Geschehen, als Adam im dritten Auftritt
seinen Traum erzählt:

*Zum Traummotiv mehr bei
Bernhard Asmuth: Einfüh-
rung in die Dramenanalyse,
9. Kap.: Wissensunterschie-
de („Die Vorausdeutung als
Mittel dramatischer Span-
nung und ihr Zusammen-
hang mit mantischem
Glauben")*

Mir träumt', es hätt ein Kläger mich ergriffen,
Und schleppte vor den Richtstuhl mich; und ich,
Ich säße gleichwohl auf dem Richtstuhl dort,
Und schält' und hunzt' und schlingelte mich herunter,
Und judiziert den Hals ins Eisen mir.

(269–273)

Damit benutzt Kleist hier ein altes dramatisches Mittel zur
Steigerung der Spannung beim Zuschauer. Denn diese Spannung bewegt sich ja zwischen partiellem Kenntniszuwachs
und wachsendem Bewußtsein davon, was er alles noch nicht
weiß.
Zu Beginn des siebenten Auftritts tritt eine Wende im Hinblick
auf das Zuschauerwissen ein. Richter Adam gibt hier allein
dem Zuschauer Kenntnis davon, daß er in den vorliegenden
Fall um den zerbrochenen Krug als Richter und als Delin-
quent zugleich verwickelt sei. Das geschieht zunächst durch
Beiseite-Sprechen:

ADAM *für sich:*
Ei, Evchen. Sieh! Und der vierschrötge Schlingel,
Der Ruprecht! Ei, was Teufel, sieh! Die ganze Sippschaft!
– Die werden mich doch nicht bei mir verklagen?

(488–500)

Der Zuschauer weiß nun, in welchem Haus der „Adamsfall"
(62) geschehen ist, warum Adam vor einem öffentlichen Verhör Angst hat. Schließlich teilt er dem Zuschauer sogar mit,
daß er den Krug zerbrochen hat:

ADAM *für sich:*
Verflucht! Ich kann mich nicht dazu entschließen –!
– Es klirrte etwas, da ich Abschied nahm –

(545/46)

Adam verrät dem Zuschauer auch, daß er die Sache irgendwie
‚hinbiegen' will:

ADAM *für sich:* Ei! Hols der Henker auch! Zwei Fälle gibts,
Mein Seel, nicht mehr, und wenns nicht biegt, so brichts.

(553/54)

Auch sein <u>Wortwechsel</u> mit der anderen Figur, die alles weiß,
ist <u>nur für den Zuschauer bestimmt.</u> Die anderen Figuren auf
der Bühne, Walter, Licht, Frau Marthe, erfahren nichts von
seinen Versuchen, Eve von einer Aussage abzuhalten:

ADAM *heimlich:*
   Evchen!
EVE *gleichfalls:*
      Geh Er.
ADAM: Ein Wort.
EVE: Ich will nichts wissen.
ADAM: Was bringt ihr mir?
EVE: Ich sag Ihm, Er soll gehn.
ADAM: Evchen! Ich bitte dich! Was soll mir das bedeuten?
EVE: Wenn Er nicht gleich –! Ich sags Ihm, laß Er mich.

(509–513)

Und noch einmal, mit einer Drohung verbunden:

ADAM *wieder zu Evchen:*
   Evchen! Ich flehe dich! Um alle Wunden!
   Was ists, das ihr mir bringt?
EVE: Er wirds schon hören.
ADAM: Ists nur der Krug dort, den die Mutter hält,
   Den ich, soviel –?
EVE: Ja, der zerbrochne Krug nur.
ADAM: Und weiter nichts?
EVE: Nichts weiter.
ADAM: Nichts? Gewiß nicht?
EVE: Ich sag ihm, geh Er. Laß Er mich zufrieden.
ADAM: Hör du, bei Gott, sei klug, ich rat es dir.
EVE: Er, Unverschämter!
ADAM: In dem Attest steht
   Der Name jetzt, Frakturschrift, Ruprecht Tümpel.
   Hier trag ichs fix und fertig in der Tasche;
   Hörst du es knackern, Evchen? Sieh, das kannst du,
   Auf meine Ehr, heut übers Jahr dir holen,
   Dir Trauerschürz und Mieder zuzuschneiden,
   Wenns heißt: der Ruprecht in Batavia
   Krepiert' – ich weiß, an welchem Fieber nicht,
   Wars gelb, wars scharlach, oder war es faul.

(521–536)

„Attest": Unter dem Vorwand, das Attest mit ihr zusammen auszufüllen, das ihren Verlobten von dem angeblich drohenden Militärdienst in Übersee befreien sollte, war Adam in Eves Zimmer eingedrungen.
„Batavia": Djakarta, damals Hauptstadt der niederländischen Kolonien in Ostindien

Nun weiß der Zuschauer auch, welches Druckmittel Adam
dem Mädchen gegenüber gebraucht hat, und kann sich die
ganze Geschichte zusammenreimen. Wenn der Gerichtsrat
Walter seinen Eindruck in die folgenden Worte kleidet, merkt

der Zuschauer den Wissensvorsprung, den er inzwischen den übrigen Figuren auf der Bühne gegenüber besitzt:

WALTER: Von Eurer Aufführung, Herr Richter Adam,
   Weiß ich nicht, was ich denken soll. Wenn Ihr selbst
   Den Krug zerschlagen hättet, könntet Ihr
   Von Euch ab den Verdacht nicht eifriger
   Hinwälzen auf den jungen Mann, als jetzt. –
                    (821–824)

Nachdem dann Frau Brigitte als Augenzeugin ihre Aussage über die nächtlichen Vorgänge gemacht hat, wähnt sich Adam immer noch sicher:

Solang die Jungfer schweigt, begreif ich nicht,
Mit welchem Recht ihr mich beschuldiget.
                    (1853/54)

Doch sie schweigt nicht, und im zwölften Auftritt kommt auch der Schwindel mit der Einberufung für den Ostindiendienst heraus. Damit ist der Gleichstand des Wissens zwischen dem Zuschauer und den verschiedenen, auf der Bühne agierenden Figuren erreicht.

Die Wirkung der Figur des Dorfrichters Adam beruht auf der einfachen Anordnung, daß dieser den Zuschauer vom siebenten Auftritt ab zum Mitwisser, zum Komplizen macht. So bangt er mit ihm um das Gelingen seiner Lügenstrategie, obwohl er doch weiß, daß der Bösewicht nach der Komödienkonvention am Ende des Stücks seine verdiente, wenn auch nicht allzu schwere Strafe erhalten muß. Die genaue Dosierung des Wissens, das dem Zuschauer jeweils durch die Äußerungen der Figuren und die Vorgänge auf der Bühne mitgeteilt wird, ist also ein wichtiges dramatisches Gestaltungsmittel.

Beziehungen zwischen Figuren- und Zuschauerinformiertheit

Vorwissen des Zuschauers	Titel, Gattungsbezeichnung, Personenverzeichnis (telling names), Stoff, Inszenierungen bestimmen die Erwartungen des Zuschauers.
Wissensrückstand des Zuschauers	Figuren der Handlung verbergen oder verrätseln Vorgeschichte oder Zusammenhänge des Geschehens, so daß die Neugier des Zuschauers geweckt und seine Phantasie zur Aufdeckung des Verborgenen angeregt wird.
Wissensvorsprung des Zuschauers	Dem Zuschauer wird durch Beiseite-Sprechen von Figuren oder auf andere Weise etwas mitgeteilt, das die übrigen Figuren (noch) nicht wissen. Dadurch entsteht Sympathie für die Figuren, die den Zuschauer an ihrem Wissen teilhaben lassen.

<u>Gleichstand des Wissens</u>	Durch den Gleichstand des Wissens, der infolge des Handlungsendes und der Auflösung der Probleme durch die Figuren des Spiels entsteht, wird die Spannung im Zuschauer abgebaut.
<u>Dramatische Ironie</u>	Aufgrund seines Wissensvorsprungs versieht der Zuschauer Rede und Verhalten von Figuren mit einer Bedeutung, welche der Intention und der Perspektive dieser Figuren widerspricht.

Dorfrichter Adam hat durch seine Äußerungen, die nur der Zuschauer verstehen konnte, während sie den anderen Figuren unzugänglich blieben, zeitweise die Doppelfunktion, von der oben die Rede war, zugunsten einer einzigen Funktion vernachlässigt, nämlich zugunsten seiner Aufgabe, das Wissen des Zuschauers gegenüber dem Wissen von Figuren anzuheben:

Vgl. die Graphik im 1. Kap. auf S. 14

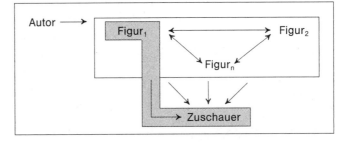

Die Figur$_1$ vermittelt dadurch, daß sie dem Zuschauer sozusagen exklusiv eine Information zukommen läßt, die ihm einen Wissensvorsprung verschafft, in ähnlicher Weise zwischen der fiktiven Welt des Stücks und dem Rezipienten, wie der Erzähler in einem Roman dem Leser einen Informationsvorsprung vor den fiktiven Figuren der erzählten Welt gewährt. Deshalb spricht man in einem solchen Fall von einer <u>epischen Dramentechnik</u>.

Nun sind das Beiseite-Sprechen einer Figur und das Heimlich-Reden zweier oder mehrerer Figuren nicht die einzigen epischen Dramentechniken. Diese lassen sich in vier Gruppen unterteilen:

Informationen des Autors an den Zuschauer (‚auktoriale' Techniken)
Außer den oben genannten <u>Vorinformationen</u> (Titel, Gattungsbezeichnung, Figurennamen mit symbolischer Bedeutung) gibt es zu Kleists Lustspiel ‚Der zerbrochene Krug' noch eine <u>Vorrede</u>, in der ebenfalls – wie bereits durch das Wort „Klumpfuß" in der ersten Szene (25 ff.) – auf das formale Vor-

bild des Stücks, den ‚König Ödipus' von Sophokles hingewiesen wird:

Diesem Lustspiel liegt wahrscheinlich ein historisches Faktum, worüber ich jedoch keine nähere Auskunft habe auffinden können, zum Grunde. Ich nahm die Veranlassung dazu aus einem Kupferstich, den ich vor mehreren Jahren in der Schweiz sah. Man bemerkte darauf – zuerst einen Richter, der gravitätisch auf dem Richterstuhl saß: vor ihm stand eine alte Frau, die einen zerbrochenen Krug hielt, sie schien das Unrecht, das ihm widerfahren war, zu demonstrieren: Beklagter, ein junger Bauerkerl, den der Richter, als überwiesen, andonnerte, verteidigte sich noch, aber schwach: ein Mädchen, das wahrscheinlich in dieser Sache gezeugt hatte (denn wer weiß, bei welcher Gelegenheit das Deliktum geschehen war) spielte sich, in der Mitte zwischen Mutter und Bräutigam, an der Schürze: wer ein falsches Zeugnis abgelegt hätte, könnte nicht zerknirschter dastehn: und der Gerichtsschreiber sah (er hatte vielleicht kurz vorher das Mädchen angesehen) jetzt den Richter mißtrauisch zur Seite an, wie Kreon, bei einer ähnlichen Gelegenheit, den Ödip. Darunter stand: der zerbrochene Krug. – Das Original war, wenn ich nicht irre, von einem niederländischen Meister.

Das Original, das der Stich wiedergibt, ist ein Gemälde von Philibert Debucourt, das in Paris hängt. Insoweit irrt Kleist hier.

Auch der Nebentext muß zu den ‚auktorialen' epischen Techniken gerechnet werden, mit denen sich der Autor unmittelbar an den Leser oder Zuschauer wendet. Das ist vor allem der Fall, wenn der Nebentext mehr bietet als knappe Regieanweisungen, wie sie in Kleists Stück zu finden sind („sitzt und verbindet sich ein Bein"). Ein Beispiel bietet die Bühnenbeschreibung des ersten Aktes in der Komödie ‚Der Kirschgarten' (1904) von Anton Tschechow:

Das Zimmer, das noch immer „Kinderzimmer" genannt wird. Eine der Türen führt in Anjas Zimmer. Morgendämmerung. Bald wird die Sonne aufgehen. Es ist schon Mai. Die Kirschbäume blühen, doch im Garten ist es noch kalt. In der Nacht hat es gefroren. Die Fensterläden sind geschlossen. Dunjascha und Lopachin treten ein, Dunjascha mit einer Kerze, Lopachin mit einem Buch in der Hand.

Übersetzung von Hans Walter Poll, Reclam UB 7690, Stuttgart 1984, S. 5 u. 75 – Man beachte, daß der Zuschauer den Kirschgarten wegen der geschlossenen Fensterläden gar nicht zu Gesicht bekommt!

Daß es sich um eine epische Äußerung handelt, d.h. daß die Szenenbeschreibung in Erzählung übergeht, sieht man an den zahlreichen Zeitadverbien („noch immer", „bald", „schon", „noch") und am Tempuswechsel („hat es gefroren"). Auch der abschließende Nebentext, der den Ring schließt, hat solche epischen Signale („nur noch", „von weit her", dazu der Vergleich):

(Man hört einen fernen Klang, der wie vom Himmel kommt, den Klang einer zerspringenden Saite, traurig. Dann tritt Stille ein. Nur noch die Axtschläge sind, von weit her, aus dem Kirschgarten zu hören.)

Damit ist auch schon die ganze Handlung umschrieben. Das Gut der verschuldeten Adelsfamilie Gajew wird versteigert, der Kirschgarten zerstört, um Bauland zu gewinnen. Die neue Zeit hat über die alte gesiegt, die mit dem „Klang einer zerspringenden Saite" abtritt.

Auktoriale epische Mittel sind auch die Techniken, welche Brecht in seinen Stücken anwendet, um dem Zuschauer zusätzliche Informationen zukommen zu lassen und ihn bei der Interpretation des dargestellten Geschehens anzuleiten. In der ‚Dreigroschenoper' prägen sich ihm die Songtexte besser ein, weil sie ihm auf Schrifttafeln gezeigt werden. In der ‚Mutter Courage' zeigen ihm solche Schrifttafeln die wechselnden Schauplätze und den Fortgang der Kriegsjahre an. In dem Parabelstück ‚Der gute Mensch von Sezuan' läßt Brecht die Hauptfigur, die ‚gute' Shen-Te, immer wieder kleine versifizierte Adressen an das Publikum richten, in denen der Inhalt der Szenen kommentiert wird. Als ihre Hilfsbereitschaft dauernd ausgenutzt wird, motiviert sie ihr Verhalten mit den Worten:

Parabelstück: In sich geschlossene Handlung, die als Gleichnis für etwas anderes gedacht ist, mit dem sie nur in einem Punkt übereinstimmt. Dieses Andere ist in Brechts Fall das Phänomen der Entfremdung des Menschen unter den sozioökonomischen Bedingungen des Kapitalismus.

Sie sind ohne Obdach.
Sie sind ohne Freunde.
Sie brauchen jemand.
Wie könnte man da nein sagen?
(1. Bild)

Am Ende der Szene verallgemeinert sie die Erfahrung, die sie gemacht hat, mit den Versen:

Der Rettung kleiner Nachen
Wird sofort in die Tiefe gezogen:
Zu viele Versinkende
Greifen gierig nach ihm.
(ebda.)

Diese Erfahrung veranlaßt Shen-Te, in der Gestalt ihres „Vetters" Shui-Ta als ausbeuterischer Unternehmer sich jene Mittel zu beschaffen, mit denen sie anderen Menschen helfen kann. Aber sie hält das Doppelleben nicht aus und wirft am Ende den Göttern vor:

Euer einstiger Befehl
Gut zu sein und doch zu leben
Zerriß mich wie ein Blitz in zwei Hälften
[...]
Etwas muß falsch sein an eurer Welt: Warum
Ist auf die Bosheit ein Preis gesetzt und warum erwarten den Guten
So harte Strafen?
(10. Bild)

Im Epilog läßt der Autor einen der Spieler aus seiner Rolle heraustreten und sich beim Publikum für den offenen Schluß,

d. h. das Ausbleiben einer Antwort auf die im Stück behandelten Fragen, entschuldigen:

Verehrtes Publikum, jetzt kein Verdruß:
Wir wissen wohl, das ist kein rechter Schluß.
Vorschwebte uns die goldene Legende.
Unter der Hand nahm sie ein bitteres Ende.
Wir stehen selbst enttäuscht und sehn betroffen
Den Vorhang zu und alle Fragen offen.

Die Frage wird an den Zuschauer zurückgegeben:

Der einzige Ausweg wär aus diesem Ungemach:
Sie selber dächten auf der Stelle nach
Auf welche Weis dem guten Menschen man
Zu einem guten Ende helfen kann.

Das ‚Aus-der-Rolle-Treten‘ (ex persona) ist hier noch mit einem anderen auktorialen Mittel kombiniert: Brecht parodiert hier die antike Dramenschluß-Technik des ‚deus ex machina‘, d. h. das Erscheinen einer göttlichen Figur auf dem Dach des Bühnengebäudes (Skene), die den Konflikt löst und die Ordnung wiederherstellt. So sorgt z. B. die Göttin Athene am Schluß der ‚Iphigenie bei den Taurern‘ des Euripides (412 vor Chr.) dafür, daß König Thoas die Geschwister Iphigenie und Orest freiläßt und der Fluch, der auf ihrem Hause, der Sippe der Atriden, lastet, aufgehoben wird. Brecht kehrt dieses Lösungsschema um: Die Götter entschweben unverrichteter Dinge wieder nach oben und lassen den Menschen mit seinen Problemen allein.

Information durch eine spielexterne Figur

Zu Beginn von Shakespeares Historie ‚Heinrich V.‘ tritt ein ‚Chorus‘ auf, um den Prolog zu sprechen, den Zuschauer um die Mitarbeit seiner Einbildungskraft zu bitten und bei der Gelegenheit mit den gewaltigen Ausmaßen des dramatischen Gegenstandes bekanntzumachen. In vielen antiken Komödien erzählt ein ‚Prologus‘ das Wichtigste aus der Vorgeschichte und der Handlung des Stücks. Im modernen Theater begleitet zuweilen ein Sprecher, Erzähler oder Spielleiter das ganze Geschehen mit einem Kommentar. Eine solche Figur hat Jean Anouilh seinem Schauspiel ‚Antigone‘ (1942) beigegeben. Sie äußert sich auf dem Höhepunkt der Handlung, als Antigone bei der von König Kreon verbotenen Beerdigung ihres getöteten Bruders Polyneikes ertappt worden ist, mit diesen Worten:

[…]
Das ist schon etwas Feines, die Tragödie. Sie ist eine feste, todsichere Angelegenheit. Beim Drama mit dem ganzen Verräterpack,

mit diesen bösartigen Hitzköpfen, den verfolgten Unschuldigen, mit den Rächern und den Hoffnungsschimmern nach dumpfer Verzweiflung, da wird einem das Sterben scheußlich schwer gemacht. Man stirbt oft ganz unvorhergesehen. Vielleicht wäre noch Rettung möglich gewesen, der wackere junge Mann hätte ja noch rechtzeitig mit der Polizei ankommen können…

Bei der Tragödie kann man beruhigt sein. Da gibt es keinen Ausweg. Außerdem befindet man sich in bester Gesellschaft, denn im Grunde sind alle gleich unschuldig. Wenn da einer jemanden umbringt und ein anderer umgebracht wird, dann ist das lediglich eine Frage der Rollenverteilung.

Vor allem hat die Tragödie gar nichts Aufregendes. Es gibt von vornherein keine trügerischen Hoffnungen mehr. Man weiß, daß man wie eine Maus in der Falle gefangen wird. Man braucht nur mehr zu schreien – aber bitte nicht seufzen und jammern –, man muß nur noch schnell brüllen, was bisher noch nicht gesagt wurde, weil man es vielleicht selbst noch nicht gewußt hatte. Beim Drama gibt man sich immer verlorene Liebesmüh in der Hoffnung, man könne sich noch aus der Affäre ziehen. Das ist ein ganz widerwärtiger Zweckstandpunkt.

Bei der Tragödie ist das vollkommen anders. Sie ist etwas für Könige. Und alle Versuche, jemand zu retten, bleiben vergeblich.

In Anouilhs Stück verkörpert Kreon den Pragmatismus der älteren Generation, die sich auf das Leben eingelassen hat, während Antigone die Kompromißlosigkeit der Jugend repräsentiert:

Jean Anouilh: Dramen I, übersetzt von Franz Geiger, München: Langen-Müller 1961, S. 48, 63 und 71

Ich bin nicht da, um zu verstehen. Ich bin nur da, um nein zu sagen und zu sterben […]
Ich will alles, sofort und vollkommen – oder ich will nichts.

Der Gegensatz dieser beiden Lebenseinstellungen wird vom Sprecher auf ironische Weise in Form einer dramentheoretischen Erörterung behandelt. Kreon steht für das Drama, wo es immer noch etwas zu hoffen gibt, Antigone für die Tragödie, die „keinen Ausweg" kennt.

Information durch eine spielinterne Figur

Dorfrichter Adam hat durch seine nur dem Zuschauer, nicht aber den anderen Figuren vernehmlichen Äußerungen („für sich") zeitweilig seine Aufgabe im inneren zugunsten seiner Funktion im äußeren Kommunikationssystem, der Information des Zuschauers, vernachlässigt. Doch war damit kein Wechsel der Figurenperspektive verbunden. Das ist bei einem anderen Beispiel der Fall. Eine Komödie des Plautus heißt ‚Der glorreiche Hauptmann' (um 205 vor Chr.) und handelt von einem Angeber und Weiberhelden, der zum Opfer von Liebesintrigen wird und am Ende als Blamierter dasteht, also einem Vorläufer von Shakespeares Sir John Falstaff („Die lustigen Weiber von Windsor': um 1599). Der Begleiter des ‚Miles gloriosus' macht noch mit bei der Prahlerei, wendet sich dann aber plötzlich ans Publikum (ad spectatores):

Freilich ist's noch gar nichts,
Mit dem verglichen, was ich noch von Euch
An Heldentaten zu berichten wüßte –
(zum Publikum)
Die leider nie geschehen sind. Liebe Leute!
Wenn einer einen größeren Renommisten
Und Lügenbold als diesen Menschen hier
Sein Lebtag gesehen haben sollte,
Der melde sich!

Verse 19–23 in der Übersetzung von Andreas Thierfelder (1962).
Neue Übersetzung von Peter Rau: Plautus: Miles gloriosus/Der glorreiche Hauptmann, L/D, Reclam UB 8031, Stuttgart 1984

Man sieht, wie er zunächst schmeichelnd seinem Herrn zum Munde redet, sich dann aber mit seiner wahren Meinung an das Publikum wendet. Er bildet dadurch eine Figur mit zwei unterschiedlichen Perspektiven. Die eine ermöglicht sein Zusammenspiel mit der Partnerfigur des ‚Miles gloriosus', die andere weist auf die Bewertung der Titelfigur durch den Autor hin. Wie beim Figurenkommentar Adams, der dem Zuschauer mit dem Für-sich-Sprechen exklusiv Informationen zukommen läßt, wird auch durch die Wendung zum Publikum der Zuschauer zum Mitwisser und Komplizen der Figur, wodurch seine Neigung wächst, dem Spiel weiter zuzuschauen.

Mitteilungen für den Zuschauer im Figurendialog

Äußerungen einer Figur können aber – im Sinne der dramatischen Ironie – auch dann für den Zuschauer bestimmt sein, wenn sie sich nicht durch ein „Für sich" oder „ad spectatores" („Zum Publikum") aus dem inneren Kommunikationssystem lösen. In Shakespeares Tragödie sind die folgenden Worte des Macbeth – kurz bevor Lady Macbeth erscheint, um ihm Bedenken auszureden – ganz in die fiktive Welt hinein gesagt, doch geben sie zugleich dem Zuschauer eine Vorausdeutung für die gesamte Handlung:

MACBETH: Wär's abgetan, so wie's getan ist, dann wär's gut,
   Man tät' es eilig: – Wenn der Meuchelmord
   Aussperren könnt' aus seinem Netz die Folgen
   Und nur Gelingen aus der Tiefe zöge:
   Daß mit dem Stoß, einmal für immer, alles
   Sich abgeschlossen hätte – hier, nur hier –
   Auf dieser Schülerbank der Gegenwart –,
   So setz' ich weg mich übers künft'ge Leben. –

Macbeth gewinnt durch Königsmord die Krone und mordet, von Hexenprophezeiungen verleitet, weiter, bis er von denen, die sein Dolch verfehlt hat, besiegt wird und so den Spruch der Hexen erfüllt.

Doch immer wird bei solcher Tat uns schon
Vergeltung hier: daß, wie wir ihn gegeben,
Den blut'gen Unterricht, er, kaum gelernt,
Zurück schlägt, zu bestrafen den Erfinder.
Dies Recht, mit unabweislich fester Hand,
Setzt unsern selbstgemischten, gift'gen Kelch
An unsre eignen Lippen. –
[…]   (I, 7)

Genau so wird es sich abspielen: Der „blut'ge Unterricht"
wird zurückschlagen und den „Erfinder bestrafen", weil
„Meuchelmord" eben nicht die Folgen „aus seinem Netz"
aussperren kann. Macbeth gibt gleichsam die ‚Lehre', die aus
dem Stück zu ziehen ist, am Anfang des Geschehens, noch vor
seiner ersten Mordtat. Im inneren Kommunikationssystem
gibt er damit eine Selbstcharakterisierung, verrät seinen
Widerspruch von Ehrgeiz und Gewissensregung, im äußeren
Kommunikationssystem gibt er dem Zuschauer die wesentliche Interpretationshilfe.

Doch haben solche für den Zuschauer bestimmten Mitteilun-
gen nicht nur die Funktion der Vorausdeutung, welche in
Spannung zum Wissensstand der Figur dramatische Ironie
bewirkt. Sie können z. B. auch der spielinternen Exposition
der Handlung dienen, wie es in der Eingangsszene der Tragödie ‚Antigone' geschieht, in der die Schwestern Antigone und
Ismene das Schicksal ihrer Eltern Ödipus und Jokaste sowie
ihrer gefallenen Brüder Eteokles und Polyneikes erzählen. Sie
selbst brauchen sich über diese Geschehnisse nicht auszutau-
schen, weil sie ihnen nur allzu vertraut sind. Die Worte sind
nicht eigentlich an den Dialogpartner gerichtet, sondern für
den Zuschauer bestimmt.

Die Funktionen der Vorausdeutung und der Figurencharakterisierung sind in dem Eingangsmonolog des Dramas ‚König
Richard III.' von Shakespeare verbunden, wenn sich die Titel-
gestalt als Ausbund von Häßlichkeit vorstellt:

Entstellt, verwahrlost, vor der Zeit gesandt
In diese Welt des Atmens, halb kaum fertig
Gemacht, und zwar so lahm und ungeziemend,
Daß Hunde bellen, hink' ich wo vorbei.

Denn aus diesem Schicksal, von der Natur so stiefmütterlich
behandelt zu sein, zieht der Held des Dramas die Konsequenz,
„ein Bösewicht zu werden" und ein „Feind der Freuden".

Die verschiedenen Möglichkeiten, über die Grenze zwischen
Bühne und Zuschauerraum hinweg zusätzliche Informationen zu übermitteln, d. h. die epischen Dramentechniken, können folgendermaßen zusammengefaßt werden:

„Ach Schwester, denke, wie der Vater uns verhaßt und ohne Ruhm zugrunde ging [...]" (vgl. o. S. 16)

„Es gibt nur Richard und die Stufen, die ihn vom Thron trennen. Jede Stufe ist ein lebendiger Mensch. Nur noch die zwei Söhne des verstorbenen Königs sind übriggeblieben. Auch sie müssen sterben." (Jan Kott: Shakespeare heute 1980, S. 30)

Epische Dramentechniken

Der Autor wendet sich unmittelbar an den Leser/Zuschauer.	Titel, Gattung, Figurennamen, Nebentext, Vorrede, Schrifttafeln, kommentierende Funktion der Figuren, Parodie u. a.
Eine spielexterne Figur spricht den Zuschauer an.	Chor, Prolog, Epilog, Sprecher, Spielleiter, Erzähler auf der Bühne erläutern und kommentieren die Handlung.
Spielinterne Figuren nehmen Verbindung mit dem Publikum auf.	Figuren treten zeitweise aus der fiktiven Welt heraus und wenden sich den Zuschauern zu (ad spectatores) oder kommentieren das Geschehen (Beiseite-Sprechen).
Spielinterne Figuren geben dem Zuschauer in ihrem Dialog zusätzliche Informationen.	Im Dialog teilen die Figuren Dinge mit, die innerhalb der fiktiven Welt nicht gesagt zu werden brauchen, die aber dem Zuschauer helfen, die Handlung des Stücks, ihre Voraussetzungen oder die Motive der handelnden Personen besser zu verstehen.

4. Dramatische Handlung

In der in Kapitel 3 angeführten Vorrede spricht Kleist von einem Kupferstich als „Veranlassung" des Lustspiels, den er „in der Schweiz" gesehen habe. Die auf diesem Bild, betitelt ‚Der Richter oder der zerbrochene Krug', dargestellte Szene ist also der <u>Stoff</u>, aus dem Kleist sein Stück gemacht hat.

Der dritte Teilnehmer war Wielands Sohn Ludwig. Zschokke berichtet: „Wir vereinten uns [...] zum poetischen Wettkampf. In meinem Zimmer hing ein französischer Kupferstich, ‚La cruche cassée'. In den Figuren desselben glaubten wir ein trauriges Liebespärchen, eine keifende Mutter mit einem zerbrochenen Majolika-Kruge, und einen großnasigen Richter zu erkennen. Für Wieland sollte diese Aufgabe zu einer Satire, für Kleist zu einem Lustspiele, für mich zu einer Erzählung werden. – Kleists ‚Zerbrochener Krug' hat den Preis davongetragen."

Der Stoff ist sozusagen das Rohmaterial, das der Dichter in Natur, Geschichte oder Kunst findet und durch das er sich zu einem Werk anregen läßt. Die Umstände des Fundes lassen sich rekonstruieren: Kleist besuchte 1802 den Schriftsteller Heinrich Zschokke in Bern. Bei ihm hing der in der Vorrede erwähnte Kupferstich. Man kam überein, den Stoff poetisch zu bearbeiten. Kleist machte ein Lustspiel, Zschokke eine Erzählung daraus. Welches <u>Thema</u> Kleist in diesem Stoff erkannte, hat die Forschung inzwischen genauer herausgefunden. Mit ‚Thema' bezeichnen wir den Grundgedanken oder die Leitidee eines Werkes. Diese läßt sich heute folgendermaßen umschreiben:

In der Forschung wurde bisher die linke Personengruppe auf dem Bild von Debucourt kaum beachtet. Man sieht drei Personen vor der geöffneten Tür eines hellen Zimmers, aus dem ein Herr mit breitkrempigem Federhut heraustritt. Ein anderer, der dem Betrachter den Rücken zukehrt, überreicht einer schönen jungen Dame ein Blumensträußchen. Eine ältere Frau im Zimmer selbst winkt ihm zu, er möge eintreten. — E. Th. Voss hat nachgewiesen, daß es sich bei der Personengruppe um eine Kupplerin, eine Dirne und deren Besucher handeln muß:

> [...] Ein Bordell also, unter einem Dach mit dem Gericht, das in geheimer Komplizenschaft durch die Finger sieht. Kleist hatte bloß hinzusehen brauchen, um gleich aus dem Bild die Idee des korrupten Richters zu gewinnen, von der aus sich dann weiter
> 5 assoziieren ließ. Debucourts Bild weitet sich somit zu einer geist- und motivreichen moralischen Allegorie: Während man zu Gericht sitzt über die „verlorene Unschuld" des jungen Mäd- chens, ist keine zwei Schritt davon, mit unverhohlener Duldung der Autorität, die Liebe käuflich. Von daher wird auch die Bedeu-
> 10 tung der beiden Kinder – Mädchen und Junge – deutlich, die rechts neben der Gruppe mit dem Krug stehen. Die „verlorene Unschuld" hat Debucourt zwischen das Laster auf der einen und die Unschuld auf der anderen Seite gestellt. Die Gruppen im rechten Hintergrund – mehrfach variierte Allegorien des Lebens-
> 15 alter: Kindheit, Erwachsensein, Alter – leiten hinüber ins allge- meine Menschenleben und – draußen sind Straße und Häuser zu sehen – in die Gesellschaft, die sich drinnen so exemplarisch ver- treten findet.
> [...] Das Richteramt schließt die Verbindung von Moral und
> 20 Macht ein: Macht im Dienst der Moral, Moral als Rechtfertigung der Macht. In Wirklichkeit macht die Nähe des Richterstuhls zur Höhle des Lasters sinnfällig, daß von Moral keine Rede sein kann, daß die hier ausgeübte Macht ohne Rechtfertigung ist, um 1780, als Debucourt das Bild malte, gewiß keine weither geholten
> 25 Ideen. Das offene Bordell erweist die so nahebei geübte Tätigkeit des Gerichts als zynische Komödie. Das Bild meint ein System, in dem Lust und Macht eine besondere Verbindung eingegangen sind, derzufolge Lust nur noch böse Lust sein kann und Macht sich ohne Rechtfertigung durch die Moral behauptet. Das von
> 30 Debucourt sichtbar gemachte Grundprinzip des ‚ancien régime', die ihrem Wesen nach wechselseitig korrumpierende Verbin- dung von „Lust und Herrschaft", bestätigt für seine Welt der Dorfrichter Adam mit seinem die ideale Ordnung der Welt so tief verstörenden Mißbrauch der Amtsgewalt zur Durchsetzung
> 35 agressiv gewordener Begierden. [...]

Heinrich v. Kleist ‚Der zer- brochene Krug', ein Lust- spiel, mit Materialien ausge- wählt u. eingeleitet von Peter Haida, ‚Editionen', Stuttgart: Klett 1981, S. 85/86

E. Theodor Voss: Kleists ‚Zerbrochener Krug' im Lichte alter und neuer Quellen. In: Wissen aus Erfahrungen. Werkbegriff und Interpretation heute. Festschrift für Herman Meyer zum 65. Geburtstag. In Verbin- dung mit Karl Robert Mandelkow und Antonius H. Touber hrsg. von Alexander von Bormann. Niemeyer, Tübingen 1976, S. 347 und 350. Ausschnitte.

Der Gegenstand, den der Dichter bearbeiten will, also Stoff und Thema, ist nun schon in Einzelheiten erkennbar. Es geht um „die Idee des korrupten Richters" (4), um „die Verbindung von Moral und Macht" (19/20), um die „wechselseitig kor- rumpierende Verbindung von ‚Lust und Herrschaft'" (31/32). Es ist aber noch völlig offen, was sich daraus für eine Geschichte gewinnen läßt, die man in eine epische oder dra- matische Handlung umsetzen kann. Zu einer Geschichte gehören drei Elemente: Es müssen eine oder mehrere Perso-

Der Stoffzusammenhang der zugrunde liegenden Geschehnisse wird durch Auswahl, Anordnung und Verknüpfung derselben zum Sinnzusammenhang einer Geschichte.

nen in ihr auftreten; sie muß eine zeitliche Erstreckung haben, also irgendwann beginnen und auch einmal enden; schließlich benötigt sie einen oder mehrere Schauplätze, d. h. sie muß irgendwo stattfinden. Man kann die Geschichte, das chronologisch geordnete Nacheinander der Ereignisse, die Kleists Lustspiel zugrunde liegen, leicht aus der Dramenhandlung rekonstruieren, wie das in der Inhaltsangabe auf S. 31 f. geschehen ist.

Soll sich die Dramenhandlung an diese Abfolge der Ereignisse halten? Dann könnte die erste Szene aus einem Gespräch zwischen Adam und Eve bestehen, die er unter irgendeinem Vorwand in sein Amtszimmer bestellt hat. Doch müßten dann weitere Szenen zeigen, wie Adams Verliebtheit zugleich mit Eves Abwehr wächst, bis der Richter auf die Idee kommt, die Widerspenstige mit der gefälschten Militärorder zu erpressen. Wie kann man durch eine solche Abfolge die Spannung der Zuschauer hervorrufen und erhalten? Um aus der Geschichte eine Dramenhandlung zu machen, benötigt der Dichter ein kompositorisches Prinzip, einen Grundgedanken für die szenische Darstellung der Geschichte. In seiner Vorrede führt Kleist sein Vorbild an, den ‚König Ödipus‘ von Sophokles: Auf dem Bild schaue der Gerichtsschreiber „den Richter mißtrauisch zur Seite an, wie Kreon, bei einer ähnlichen Gelegenheit, den Ödip". Kleist verkehrt die tragische Wahrheitssuche des Ödipus in das komische Versteckspiel des Dorfrichters, der sein Amt mißbraucht. D. h. er wählt für den Handlungsaufbau die Form des analytischen oder Enthüllungsdramas, in dem die Handlung erst dann einsetzt, nachdem alles schon geschehen ist und nicht mehr geändert werden kann. Die Spannung ist dann nur noch darauf gerichtet, dem Zuschauer zu zeigen, wie es wirklich gewesen ist. Dieses Kompositionsschema wird im Stück selbst thematisiert, wozu Kleist das verbreitete literarische Motiv des vorausdeutenden Traums benutzt, mit dem der kurze dritte Auftritt unmittelbar vor der Gerichtsverhandlung beginnt.

Elisabeth Frenzel: Motive der Weltliteratur, Kröner Taschenausgabe Band 301, 2. Auflage, Stuttgart 1980, S. 774 s. v. Weissagung, Vision, vorausdeutender Traum

Motive sind Elemente, die in der Literatur häufig vorkommen, z. B. typische Situationen (Mann zwischen zwei Frauen), typische Figuren (Selbstlose Kurtisane), typische Zustände (böse Vorahnung) u. a. Entscheidend ist die Funktion, die ein Motiv im Handlungszusammenhang hat. Die Schwierigkeit, der sich Kleist bei der Übertragung der analytischen Technik des Sophokles in seine eigene Zeit gegenübersah, lag darin, daß die Rolle des Orakels im antiken Drama durch nichts anderes zu ersetzen war. Kleist umging sie, indem er die Gattung wechselte und nun in der Komödie den antiken Schicksalsglauben ironisch in Adams ‚Albtraum‘ verkehren konnte. Die

Vgl. oben S. 37

Zwangsläufigkeit des Geschehens ergibt sich nun aus der im Traumbild symbolisierten Personalunion aus Richter und Sünder.

Aus der gewählten analytischen Form für die Komposition der Handlung ergibt sich ein ganz bestimmtes Verhältnis von Geschichte (story) und Handlungsschema (plot). Während die Geschichte ihren Anfangspunkt dort hat, wo Adam sich in Eve verliebt und ihr nachzustellen beginnt, ist der <u>Einsatzpunkt</u> (point of attack) der Dramenhandlung erst kurz vor Beginn der Gerichtsverhandlung.

‚plot' heißt die Handlungsstruktur eines Stücks, wie sie zur Erzielung bestimmer Wirkungen auf den Zuschauer vom Dichter eingerichtet wurde.

Chronologische Abfolge des Geschehens	Adam stellt Eve nach	Adam verschafft sich Zugang zu Eve (angeblich, um Attest auszufüllen)	Ruprecht kommt hinzu, prügelt Adam hinaus	Dabei geht der Krug zu Bruch	Marthe Rull kommt hinzu, Eve sagt nichts	Marthe will gegen Unbekannt klagen	Gerichtsverhandlung
	←————— story —————————————————————————————————————→						
Abfolge der Bühnenhandlung						←— plot → point of attack	

Wichtig ist auch das <u>Dramenende</u>. Es fällt auf, daß über den Schadensersatzanspruch von Frau Marthe Rull, ihren schönen Krug betreffend, der zu Bruch gegangen war, gar nicht entschieden wird. Nachdem alles aufgeklärt ist und der Übeltäter die Flucht ergriffen hat, ist seine Rolle als Leitrequisit erfüllt, die Handlung an ihr Ziel gelangt, d. h. der Krug uninteressant geworden. Daß man in einer rasch ablaufenden Handlung gerade in der Schlußphase jeden Ballast vermeiden muß, hat Kleist aus der verunglückten Weimarer Uraufführung gelernt.

Zur Technik des ‚deus ex machina' am Dramenende vgl. die Beispiele auf S. 43

Bei der Gestaltung der Dramenhandlung läßt sich der Dichter von einigen Grundsätzen leiten, welche in allen Epochen der Geschichte des Dramas beachtet wurden. Gerade der analytische Dramentyp, den ‚Der zerbrochene Krug' aufweist, macht anschaulich, wie stark die <u>Konzentration</u> ist, welche das Geschehen bei der szenischen Darstellung erfahren muß.

Denn dadurch, daß diese erst in der Endphase einsetzt, müssen alle Informationen, die der Zuschauer zum Verständnis der Handlung benötigt, auf diese letzte Phase zusammengedrängt werden. Diese Notwendigkeit zwingt den Dichter zu

Vom Stoff zur Dramenhandlung

Stoff	Rohmaterial, das der Dichter in der Natur, Geschichte oder Kunst findet und zu einem Werk verarbeitet, im engeren Sinne literarisch bereits behandelte Gegenstände
Thema	Grundgedanke oder Leitidee, welche der Dichter im Stoff entdeckt und woraus er das Konzept zu seiner Gestaltung entwickelt
Geschichte	Chronologisch geordnetes Nacheinander von Ereignissen, in die eine oder mehrere Personen verwickelt sind und die an bestimmten Schauplätzen während einer bestimmten Zeitspanne stattfinden
Kompositorisches Prinzip	Grundgedanke für die Form der szenischen Darstellung, in welcher die Geschichte in eine dramatische Handlung überführt werden kann
Handlung	Abfolge der Szenen, in denen die Geschichte auf der Bühne dargestellt wird
Motive	Häufig in der Literatur vorkommende Elemente (typische menschliche Situationen, Figuren, Zustände), die der Dichter als Bauteile für die Dramenhandlung verwendet
Verhältnis von Geschichte und Handlung	Auswahl einer bestimmten Phase der Geschichte (story) als Einsatzpunkt (point of attack) der Dramenhandlung (plot) und Wahl eines Zielpunkts für das Dramenende durch den Dichter

Vgl. die Inhaltsangabe und den Bericht über die Neubearbeitung des Stücks auf S. 31f.

einer strengen Auswahl unter diesen Informationen. In der auf die erfolglose Weimarer Uraufführung folgenden Überarbeitung des Lustspiels fielen nun die langen Ausführungen Eves über das Erscheinen der Musterungskommission, über ihre Gespräche mit Richter Adam wegen des Attests und über die nächtlichen Vorgänge im Hause Rull weg. Die zwölfte Szene wurde auf ein paar Verse zusammengestrichen und hatte nur noch die Aufgabe, Ruprechts Gestellungsbefehl als Fälschung zu entlarven. Die für das Lustspiel geltende Konvention ließ nur einen versöhnlichen Schluß zu. Richter Adam läuft fort, als er sich ertappt weiß, doch wird die hohe Behörde milde mit ihm verfahren:

Geschwind, Herr Schreiber, fort! Holt ihn zurück!
Daß er nicht Übel rettend ärger mache.
Von seinem Amt zwar ist er suspendiert,
Und Euch bestell ich, bis auf weitere
Verfügung, hier im Ort es zu verwalten;
Doch sind die Kassen richtig, wie ich hoffe,
Zur Desertion ihn zwingen will ich nicht.
Fort! Tut mir den Gefallen, holt ihn wieder!

(1960–67)

Schließlich erfordern Konzentration und Auswahl, d. h. die Notwendigkeit der Schwerpunktbildung, vom Dichter eine besondere Sorgfalt in der <u>Gliederung</u> der Bühnenhandlung. Er muß aus den Handlungs- und Ereignisphasen der Geschichte die Segmente für die szenische Darstellung gewinnen, welche das Handlungsganze am besten repräsentieren. Diese Segmente werden durch Auftritt und Abgang der Figuren (Konfigurationswechsel) sowie bei mehraktigen Stücken durch Unterbrechung der räumlichen und zeitlichen Kontinuität (Pausen, Umbau der Versatzstücke, Vorhang usw.) abgeteilt.

Nun erhebt sich die Frage, wie trotz dieser Segmentierung, d. h. der Zerlegung der Geschichte in kleine Einheiten, die einzelnen Szenen, im Zuschauer doch der <u>Eindruck eines Handlungsganzen</u> entstehen kann. Oder mit anderen Worten: Was tun die Figuren, wenn sie nicht auf der Bühne sind? Für den ‚Zerbrochenen Krug' läßt sich die Frage leicht beantworten. Die Handlung läuft an einem einzigen Schauplatz (Einheit des Ortes) kontinuierlich ohne Unterbrechung (Einheit der Zeit) bis an ihr Ziel. Die Figuren bleiben von ihrem Auftreten an auf der Bühne, bis auf Adam, der, nachdem er das Spiel verloren hat, vorzeitig den Raum verläßt (1900). Lediglich der Gerichtsschreiber Licht ist zeitweilig nicht auf der Szene. Einmal wird er weggeschickt, um Frau Brigitte zu holen (1410–1606), zum Schluß soll er Adam zurückholen, damit dieser nicht noch mehr anstellt (1960).

Anders liegt der Fall, wenn sich die Handlung nicht – wie bei einem analytischen Drama – in der Weise konzentrieren läßt, daß nur die Endphase der Geschichte szenisch dargestellt wird. Als Beispiel diene die Gretchentragödie aus dem ersten Teil von Goethes Faust-Drama. Der <u>Stoff</u> kommt aus zwei Quellen. Die volkstümliche Faust-Tradition spricht von der Liebe Fausts zu einer „schönen, doch armen Magd". Außerdem kannte Goethe den Fall der Frankfurterin Margaretha Brandt, die 1772 als Kindsmörderin hingerichtet worden war. Die ‚Kindermörderin' – so der Titel der Tragödie von Heinrich Leopold Wagner (1776) – war ein typisches <u>Motiv</u> der Sturm-und-Drang-Epoche. Bei der Episode, die er der Faust-Sage entnahm, änderte Goethe das <u>Thema</u> insofern, als Gretchen zum Gegenspieler Mephistos wird, vor deren Liebeskraft am Ende seine Teufelsmacht kapitulieren muß. Die <u>Geschichte</u>, die Goethe aus dem Stoff gemacht hat, läßt sich etwa so wiedergeben:

Mephisto führt Faust mit Gretchen zusammen, der sogleich in Liebe zu ihr entbrennt. Wegen ihrer Unschuld hat Mephisto Schwierigkeiten, ein Treffen zu arrangieren. Er spannt deshalb die kupplerische

Wie wichtig die ‚richtige' Segmentierung der Bühnenhandlung ist, zeigt das Beispiel des Lustspiels ‚Der zerbrochene Krug', das als Dreiakter 1808 in Weimar durchfiel und als Einakter ein Welterfolg wurde.

53

Marthe ein, die ihren Garten für das Rendezvous der Liebenden zur Verfügung stellt. Von der reinen Seele des Mädchens angetan, versucht Faust vergeblich, sich von dem Gefährten zu trennen. Um eine Liebesnacht zu ermöglichen, gibt Faust Gretchen einen Schlaftrunk für ihre Mutter mit, der ihr jedoch den Tod bringt. Nachdem er die Erfüllung genossen, entfernt sich Faust von Gretchen, kann sie aber nicht vergessen. Wieder in der Stadt, wird er von Gretchens Bruder Valentin, der die Ehre der Schwester verteidigen will, herausgefordert und tötet – mit Mephistos Hilfe – den Gegner. Er muß die Stadt verlassen, wo Gretchen zurückbleibt und ein Kind zur Welt bringt. Um der Schande zu entgehen, ertränkt sie es, wird aber überführt, unter Anklage gestellt und in den Kerker geworfen, wo sie in Wahnsinn verfällt. Faust erfährt davon und kommt, sie zu befreien. Aber sie wendet sich von ihm ab, während Mephisto ihn zu sich hinüberzieht.

Diese Geschichte wird von Goethe in folgende <u>Dramenhandlung</u> umgesetzt:

(1) Straße I (2605–2677):	Erste Begegnung – Mephisto sieht Schwierigkeiten wegen Margaretes Unschuld
(2) Abend (2678–2804):	Gretchen findet den Schmuck in ihrem Zimmer, singt das Lied vom König in Thule
(3) Spaziergang (2805–2864):	Schwankeinlage: Mephisto erzählt, wie Gretchens Mutter den Schmuck zum Pfaffen getragen hat
(4) Der Nachbarin Haus (2865–3024):	Mephisto arrangiert ein Rendezvous zwischen Faust und Margarete
(5) Straße II (3025–3072):	Faust lehnt ab, falsches Zeugnis zu geben, wird von Mephisto verspottet
(6) Garten (3073–3216):	Margarete erzählt Faust von ihrem Leben, während Marthe versucht, Mephisto einzufangen – Der erste Kuß, Mephisto mahnt zum Aufbruch
(7) Wald und Höhle (3217–3373):	Mephisto treibt Faust zu Gretchen zurück, Faust erkennt, daß er ihr Unglück bringen werde
(8) Gretchens Stube (3374–3413):	Gretchen sehnt sich nach dem Geliebten
(9) Marthens Garten (3414–3543):	Neues Rendezvous: Die ‚Gretchenfrage‘, Verabredung zur Liebesnacht
(10) Am Brunnen (3544–3586):	Kleinstadtklatsch: Das drohende Schicksal der ledigen Mutter
(11) Zwinger (3587–3619):	Gretchen betet in ihrer Angst zur ‚schmerzhaften‘ Mutter Maria
(12) Nacht. Straße vor Gretchens Türe: (3620–3775):	Faust ersticht mit Mephistos Hilfe Gretchens Bruder Valentin, der ihnen den Weg verlegt – Sterbend verflucht dieser seine Schwester – Faust und Mephisto verlassen die Stadt
(13 Dom) (3776–3834):	Gretchen fällt während der Messe in Ohnmacht

(14) Walpurgisnacht (3835–4398):	Mephisto führt Faust in das Reich sinnlicher Vergnügungen, wo Gretchen ihm in einer Vision erscheint
(15) Trüber Tag – Feld (Prosa):	Faust gibt Mephisto die Schuld an Gretchens Schicksal – Plan der Befreiung
(16) Nacht – Offen Feld (4399–4404):	Faust und Mephisto unterwegs zu Gretchen
(17) Kerker (4405–4612):	Margarete spürt Fausts Kälte, lehnt die Befreiung ab und gibt sich – vor Mephisto zurückschaudernd – in Gottes Hand

Nach welchem Prinzip ist diese Handlung komponiert?
Die mit Szene (1) einsetzende Gretchenhandlung umfaßt von den Vorbereitungen Mephistos über die erste Begegnung und die vorübergehende Trennung (Szene 7), das erneute Zusammensein (Szene 9) und abermalige Trennung (Szene 10) bis zur Katastrophe, d.h. Niederkunft, Kindesmord, Gerichtsverfahren usw., wohl mindestens ein Jahr. Die Spielzeit der wenigen Szenen beträgt also nur einen winzigen Bruchteil von der Zeitdauer der in ihnen dargestellten Handlungen. Diese aber werden in der Weise dargestellt, daß sämtliche äußeren Höhepunkte, z.B. das Sterben der Mutter, die Tötung des Kindes, Prozeß und Verurteilung, ausgespart sind. Die Darstellung beschränkt sich darauf, einzelne Stationen der sich anbahnenden Beziehung zu zeigen (Szenen 1 und 3 bis 6), Gretchens innere Verfassung vorzuführen (Szenen 2, 8, 11, 13) oder das Geschehen in anderen Figuren zu spiegeln (Szene 10: Lieschen, 12: Valentin). Entscheidende Elemente der Handlung werden durch Anspielung (3505 ff.: Vereinigung der Liebenden) oder Vorausdeutung (4587 ff.: Hinrichtung) in das Spiel eingeführt. All diese Rezeptionsvorgaben reichen dazu aus, daß der Leser oder Zuschauer sich aufgrund der dargestellten oder angedeuteten Handlungsteile das Kontinuum des Handlungsganzen herstellen kann.

Zu dieser Phantasiearbeit des Lesers bzw. Zuschauers gehört auch, daß er den Bezugsrahmen aufbauen kann, innerhalb dessen das Geschehen verständlich wird. Die Voraussetzung dazu leisten die Einzelszenen insofern, als sie anschauliche und vollständige Bilder des entsprechenden Wirklichkeitsausschnitts liefern. So bietet Gretchens Schilderung ihres Alltags in der Gartenszene (6) einen ausreichenden Einblick in die kleinbürgerliche Lebenswelt einer deutschen Stadt des 18. Jahrhunderts. Diese Umwelt bildet dann auch den Rahmen, innerhalb dessen die Brunnen-Szene (10) verstanden werden muß, d.h. sie braucht nicht nochmals explizit zu werden.

E. Hermes: J. W. v. Goethe, Faust – Erster und Zweiter Teil, Klett Lektürehilfen, Stuttgart 1988

Das kompositorische Prinzip besteht also in einer <u>Konzentration</u> auf die inneren Vorgänge der Hauptfiguren. Dabei erfolgt die <u>Auswahl</u> der dafür vorgesehenen Handlungssegmente so, daß zugleich das soziale Umfeld deutlich wird, durch das diese inneren Vorgänge mit bestimmt sind. Die <u>Konvention</u> spielt insofern eine Rolle, als erotische Dinge nur angedeutet, nicht aber unmittelbar ausgesprochen werden. Die <u>Gliederung</u> in der Abfolge der Handlungssegmente zeigt, daß die lange Zeit der Schwangerschaft (in Szene 13 kündigt sie sich an) durch die große Walpurgisnacht-Szenenfolge (14) überbrückt wird. Die Szene (15) setzt voraus, daß der Kindesmord bereits geschehen ist und Gretchen sich im Kerker befindet. Hier ist der Einsatzpunkt (point of attack) der szenischen Darbietung am Beginn der Geschichte. Aber ihre chronologische Abfolge ist nur in wenigen Abschnitten auf der Bühne vergegenwärtigt, z. B.:

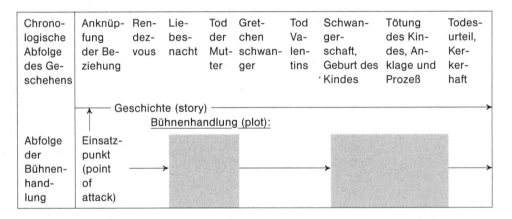

Chrono-logische Abfolge des Ge-schehens	Anknüp-fung der Be-ziehung	Ren-dez-vous	Lie-bes-nacht	Tod der Mut-ter	Gret-chen schwan-ger	Tod Va-len-tins	Schwan-ger-schaft, Geburt des Kindes	Tötung des Kin-des, An-klage und Prozeß	Todes-urteil, Ker-ker-haft

Geschichte (story) ————————————————————→
Bühnenhandlung (plot):

Abfolge der Bühnen-hand-lung	Einsatz-punkt (point of attack)								

Athanas Natew: Der Zwischenaufzug und das Verhältnis von szenischer und imaginativer Vergegenwärtigung im Drama (1971), in: Werner Keller (Hg.): Beiträge zur Poetik des Dramas 1976, S. 182–193

Die Frage, was die Figuren tun, wenn sie nicht auf der Bühne sind, wird hier nicht so einfach beantwortet wie in dem Lustspiel von Kleist, wo der Zuschauer erfährt, daß jemand die Szene verläßt, um einen Auftrag auszuführen. Hier ist es der Erfolg einer kompositorischen Leistung des Dichters, die er durch Auswahl, Schnitt und Verknüpfung der Szenen vollbringt, wenn der Zuschauer den Eindruck erhält, daß das, was sich *vor* ihm abspielt, nur die Fortsetzung dessen ist, was sich *hinter* der Bühne abspielt bzw. bereits abgespielt hat oder mit Sicherheit noch abspielen wird. Das auf der Bühne jeweils Gezeigte enthält also viel Nichtgezeigtes, was dem Zuschauer aber dennoch nicht entgeht. Die unmögliche Aufgabe, eine ganze Handlung in wenigen Stunden auf ein paar Quadratmetern Bretterboden darzustellen, kann nur gelöst werden, wenn das <u>Handlungsganze</u> durch Schnitte, Unterbrechungen und

Pausen in einzelne Teile zerlegt wird, die das Ganze repräsentieren. Die nichtgezeigten Abschnitte der Geschichte, die in der Graphik durch gerasterte Felder bezeichnet sind, vergegenwärtigt der Zuschauer sich mit Hilfe seiner imaginativen Fähigkeiten. Gelungene Handlungskomposition ist daher begründet durch ein ausgewogenes „Verhältnis von szenischer und imaginativer Vergegenwärtigung" der einzelnen Handlungsabschnitte.

Dieses Verhältnis der szenisch dargebotenen zu den vom Zuschauer imaginierten Handlungsteilen ist ein epochenübergreifendes Merkmal der dramatischen Gattung. Es muß unterschieden werden von jener Leistung, die der Chorus im Eingang des Shakespeare-Dramas ‚König Heinrich V.' vom Zuschauer verlangt, aus dem einen gezeigten Soldaten tausend, aus dem kleinen Bühnenrund die Ebenen Frankreichs zu machen. Das waren Zumutungen an den Zuschauer, die sich aus der technisch äußerst bescheidenen Ausstattung der elisabethanischen Bühne ergaben. Auch ist nicht von der psychologischen Leistung des Romanlesers die Rede, die darin besteht, aus den Rezeptionsvorgaben des Textes jeweils ein raumzeitliches Kontinuum zu machen. Dort bleibt ja alles in der Sphäre der Imagination, während der Theaterbesucher das, was sich sinnlich vor ihm abspielt, mit Nichtgezeigtem in Verbindung bringt. Auf der anderen Seite ist von der nichtgezeigten Handlung die sogenannte ‚verdeckte Handlung' zu unterscheiden, die ja dem Zuschauer gezeigt wird, indem eine Figur sie auf der Bühne ‚erzählt' (‚Botenbericht'), wie es in der ‚Antigone' des Sophokles geschieht. Im antiken und klassischen europäischen Drama war diese epische Technik notwendig, weil unschickliche, grausame und blutige Handlungen von der Bühne verbannt waren. Während im Botenbericht bereits anderswo geschehene Ereignisse dem Zuschauer mitgeteilt, also ‚gezeigt' werden, erlebt er in der ‚Teichoskopie' (griech. = Mauerschau) ein gegenwärtiges Ereignis in der Perspektive einer Figur mit, die sich darüber äußert wie z. B. Leicester über das Sterben der Maria Stuart in Schillers Trauerspiel (Vers 10). Zeitlich und räumlich ‚verdeckt' wird in der Schlußszene des ‚Faust I' dem Zuschauer die Hinrichtung in einer Angstvision Gretchens gezeigt, nicht aber mehr szenisch vergegenwärtigt:

Vgl. den Text dieser Stelle auf S. 24

Vgl. den Text dieses Botenberichts auf S. 17

Die Menge drängt sich, man hört sie nicht;
Der Platz, die Gassen
Können sie nicht fassen.
Die Glocke ruft, das Stäbchen bricht.
Wie sie mich binden und packen!
Zum Blutstuhl bin ich schon entrückt.

Da hier das Geschehen im Bewußtsein der Figur vorweggenommen wird, spricht man auch von ‚innerer Handlung'.

Schon zuckt nach jedem Nacken
Die Schärfe, die nach meinem zückt.
Stumm liegt die Welt wie das Grab!
(4587–95)

Räumlich verdeckte, d. h. auf der Bühne nicht dargestellte Handlung kann also in der fiktiven Zeit <u>vor</u>, gleichzeitig <u>mit</u> oder <u>nach</u> der auf der Bühne gespielten Handlung zu denken sein.

Grundsätze und Techniken der Handlungskomposition

Grundsätze

– <u>Konzentration</u>	Es können nur die Schwerpunkte einer Geschichte szenisch dargestellt werden.
– <u>Auswahl</u>	Deshalb werden bestimmte Handlungsabschnitte nach einem kompositorischen Konzept zur Darstellung ausgewählt.
– <u>Konvention</u>	Bei der Auswahl sind literarische Konventionen (Zuschauererwartungen, Schicklichkeitsregeln) zu beachten.
– <u>Gliederung</u>	Das Handlungsganze muß in Segmente zerlegt werden, die geeignet sind, das Ganze zu repräsentieren.

Verhältnis von szenischer und imaginativer Vergegenwärtigung

Auswahl, Schnitt und Verknüpfung der Szenen müssen dem Zuschauer ermöglichen, in dem, was sich *vor* ihm abspielt, die Fortsetzung dessen zu erkennen, was sich *hinter* der Bühne abspielt. Das jeweils Gezeigte enthält stets Nichtgezeigtes.

Verdeckte Handlung

Räumlich und/oder zeitlich gegenüber dem Bühnengeschehen versetzte Handlungsteile können dem Zuschauer vermittelt werden durch:

– <u>Botenbericht</u>	Eine Figur berichtet auf der Bühne von einem vergangenen Geschehen.
– <u>Mauerschau</u> (‚Teichoskopie')	Eine Figur berichtet von einem gleichzeitigen Geschehen, dem sie zuschaut oder zuhört.
– <u>Innere Handlung</u>	Eine Figur nimmt visionär ein zukünftiges Geschehen vorweg, das im Stück szenisch nicht dargestellt wird.

Die <u>Bauelemente der dramatischen Handlung</u> sind Figur, Situation und Begebenheit: Eine oder mehrere Figuren treten in der Szene auf, woraus sich eine bestimmte Situation ergibt, z. B. daß der eine über den anderen Macht hat. Das Handeln der Figuren führt zu einer Veränderung der Situation, es begibt sich etwas; der eine lehnt sich gegen den anderen auf, oder er unterwirft sich ihm. Für die Handlungskomposition des jeweiligen Dramas ist es von Bedeutung, in welchem Verhältnis diese Bauelemente zueinander stehen. Das soll an ein paar Beispielen gezeigt werden. Schillers Trauerspiel ‚Kabale und Liebe' hat folgenden Handlungsverlauf:

Von der Eingangsszene des Stücks ist auf S. 25 f. die Rede.

Der Präsidentensohn Ferdinand von Walter hat beim Stadtmusikus Miller Flötenstunden genommen und sich in dessen Tochter Luise verliebt, die sein Gefühl erwidert. Ferdinands Vater jedoch, der seine Stelle finsteren Machenschaften verdankt, will sich den Herzog dadurch verpflichten, daß er seinen Sohn mit dessen Mätresse Lady Milford verheiratet. Als er nun bei Ferdinand auf Widerstand stößt, will er die Familie Miller unschädlich machen, besinnt sich aber, als ihm sein Sohn droht, der Öffentlichkeit bekannt zu machen, wie er die Präsidentenwürde erlangt habe. Hier nun tritt Sekretär Wurm, der selbst ein Auge auf Luise geworfen, ein Mitwisser des Präsidenten, mit einem teuflischen Plan in Aktion. Er zwingt Luise unter Androhung der Bestrafung ihrer Eltern, einen von ihm diktierten Brief zu schreiben, der den Beweis ihrer Untreue enthält. Der Brief wird Ferdinand in die Hände gespielt und tut seine Wirkung. Es kommt zur Szene zwischen den Liebenden, bei der sich Luise an ihre Abmachung mit Wurm hält und weiter die Untreue spielt. Da beschließt Ferdinand, sie zu töten, und gießt Gift in die bereitstehende Limonade, von der beide trinken. Im Beisein der Väter erfolgt angesichts des Todes die Aufklärung der Intrige. Der Sohn verzeiht dem Vater, der sich dem Gericht stellt.

Die Figurenkonstellation ergibt sich aus dem Standesgegensatz, durch den die Situation der einzelnen Szenen geprägt ist. Aus der Situation der Auseinandersetzung zwischen den beiden Seiten, der bürgerlichen und der adligen, ergibt sich wiederum die Begebenheit, nämlich die Intrige mit ihren tragischen Folgen. Diese Begebenheit wird nur in den Abschnitten szenisch dargestellt, in denen die Situation der Spannung zwischen den beiden Figurengruppen deutlich wird:

Chronologische Abfolge des Geschehens	Präsident und Wurm planen die Intrige	Präsident weist von Kalb in seine Rolle dabei ein	Die Eltern Miller werden verhaftet	Wurm diktiert Luise den Brief an von Kalb	Von Kalb läßt den Brief auf der Parade vor Ferdinands Füße fallen	Ferdinand fordert von Kalb zum Duell

Geschichte (story)

Bühnenhandlung (plot):

Abfolge der Bühnenhandlung						
	III,1 →	III,2 →		III,6 →		IV,3 →

Die Frage nach dem Verhältnis der Bauelemente Figur, Situation und Begebenheit zueinander führt bei einem anderen Sturm-und-Drang-Drama, dem Schauspiel ‚Die Soldaten' von Jakob Michael Reinhold Lenz (1776), zu einer ganz anderen Antwort:

„Um das Zusammenwirken individueller und gesellschaftlicher Kausalität exemplarisch vorzuführen, setzt Lenz seine Figuren Situationen aus, denen ein nicht sonderlich gefestigter Charakter erliegt…" Jürgen Zenke in: Walter Hinck (Hg.): Handbuch des deutschen Dramas 1980, S. 131

Es ist ein Gesellschaftsstück mit sozialkritischer Absicht, in dem die Probleme des ehelosen Soldatenstandes und die damit in Zusammenhang stehenden Gefährdungen der Bürgerwelt, vor allem die Verführbarkeit der Mädchen, dargestellt werden. Die Geschichte ist kurz folgende: Mariane, Tochter des Kaufmanns Wesener aus Lille, ist verliebt in den Tuchhändler Stolzius aus Armentières. Als aber der Offizier Desportes ihr die Heirat verspricht, läßt sie sich zu einer Trennung von Stolzius bewegen. Desportes läßt sie bald fallen. Sie wendet sich dem Offizier Mary zu, der ausgerechnet Stolzius zu seinem Burschen macht. Auch ein Graf de la Roche bewirbt sich um Mariane, die inzwischen einen schlechten Ruf genießt. Seine Mutter kümmert sich um das Mädchen, das sich aber von Mary wieder aus dem Hause locken läßt. Als Desportes sie seinem Jäger verkuppeln will, vergiftet Stolzius ihn und sich selbst. Mariane irrt umher und trifft schließlich halbverhungert auf ihren Vater.

Während die Handlung bei Schiller sogleich in spannungsgeladene Situationen hineinführt und im Schauplatzwechsel zwischen Bürgerhaus und Adelspalais gezeigt wird, wie die Auseinandersetzung an Schärfe zunimmt, beginnt dieses Stück mit einer lockeren Szenenfolge, in der zunächst in Lille ein Brief abgefaßt (I, 1) und in Armentières gelesen wird (I, 2), wobei der Zuschauer das bürgerliche Milieu kennenlernt. Dann treten adlige Offiziere und einfache Soldaten auf, deren Rede und Verhalten den Lebensstil des Militärs kennzeichnen. So werden allmählich die beiden Welten aufgebaut, zwischen die Mariane, die eigentliche Hauptfigur, gerät und an deren Unvereinbarkeit sie zugrunde geht. Statt einer geradlinigen, auf den Standesgegensatz konzentrierten Handlungsführung, wie sie den Aufbau von ‚Kabale und Liebe' bestimmt, gibt es hier eine Fülle von Lokalitäten, Figuren und kleinen, manchmal nur aus wenigen Worten bestehenden Szenen (‚Fetzenszenen'), in denen die soziale Problematik entfaltet wird. Kompositionsprinzip ist statt der Konzentration die detaillierte Darstellung der gesellschaftlichen Gegebenheiten. Wieder eine andere Handlungsstruktur ergibt sich in Brechts ‚Leben des Galilei' (1938/39) aus dem Umstand, daß hier die Hauptfigur den Kristallisationspunkt für wechselnde Situationen und Begebenheiten bilden muß, in denen eine ganze Geschichtsepoche, der Beginn der Neuzeit, und dazu noch eine epochenübergreifende Problematik, nämlich die Spannung zwischen Geist und Macht, zur Anschauung gebracht werden.

Ein ganz eigenartiges Verhältnis der drei Bauelemente Figur, Situation und Begebenheit zeigen die Stücke des absurden Theaters, in denen sich eigentlich gar nichts mehr begibt, die Figuren kaum mehr unterscheidbar sind und die Situation durch Warten oder eine ähnliche Weise des Auf-der-Stelle-Tretens gekennzeichnet ist. Es ist erstaunlich, was für eine

Wirkung auf den Zuschauer dennoch von solchen Stücken ausgeht. Der ‚Klassiker‘ dieser dramatischen Gattung ist immer noch die 1952 entstandene ‚tragi-comedy‘ in zwei Akten ‚Warten auf Godot‘ von Samuel Beckett (geb. 1906):

Die ‚Fabel‘ des Stücks besteht darin, daß die beiden Vagabunden Wladimir und Estragon – sie nennen sich gegenseitig Didi und Gogo – auf einen gewissen Godot warten, sich langweilen und deshalb allerlei Zeitvertreib ersinnen. So beschäftigen sie sich z. B. mit dem An- und Ausziehen der Schuhe, setzen sich den Hut auf und ab, beschimpfen sich und vertragen sich wieder. Diese Vorgänge haben weder Anfang noch Ende, sondern verlaufen vielmehr im Kreis. Das Ritual dieser wiederkehrenden Bewegungen und Wortwechsel der beiden wird zweimal in jedem der beiden Akte unterbrochen, einmal durch die Ankunft Pozzos, der seinen Diener Lucky am Strick führt (also einem Bild für die Beziehung ‚Herr und Knecht‘), das andere Mal durch einen Jungen, der die Botschaft bringt: „Herr Godot hat mir gesagt, Ihnen zu sagen, daß er heute abend nicht kommt, aber sicher morgen“ (S. 131). Auch das Paar Pozzo und Lucky führt allerlei Bewegungsrituale und Wortspiele vor. Eine Veränderung wird dadurch angedeutet, daß Pozzo im 2. Akt blind (S. 209), Lucky stumm ist (S. 221). Doch das Stück hat keine zeitliche Erstreckung: Es endet, wie es begann, indem die beiden Vagabunden weiter vergeblich auf Godot warten. Der zweite Akt hat den gleichen Inhalt wie der erste und endet genauso:

1. Akt: [...]

WLADIMIR: Wir können noch auseinandergehen, wenn du meinst, daß es besser wäre.
ESTRAGON: Jetzt lohnt es sich nicht mehr. *Schweigen.*
WLADIMIR: Nein, jetzt lohnt es sich nicht mehr. *Schweigen.*
ESTRAGON: Also, wir gehen?
WLADIMIR: Gehen wir!
Sie gehen nicht von der Stelle.

Vorhang   (S. 139)

2. Akt: [...]

ESTRAGON: Also, wir gehen?
WLADIMIR: Zieh deine Hose rauf.
ESTRAGON: Wie bitte?
WLADIMIR: Zieh deine Hose rauf.
ESTRAGON: Meine Hose ausziehen?
WLADIMIR: Zieh deine Hose herauf.
ESTRAGON: Ach ja, *Er zieht seine Hose herauf. Schweigen.*
WLADIMIR: Also? Wir gehen?
ESTRAGON: Gehen wir!
Sie gehen nicht von der Stelle.

Vorhang   (S. 233)

Die Figuren scheinen der Situation des Wartens ohnmächtig ausgeliefert. Sie können nichts tun, d. h. es begibt sich nichts. Trotz-

Stellenangaben nach der dreisprachigen Ausgabe: suhrkamp taschenbuch 1, Frankfurt am Main 1971 (Deutsche Übertragung von E. Tophoven, Vorwort von J. Kaiser)

dem sind sie zwei Akte lang beschäftigt, d. h. auch das absurde Drama hat eine Handlungsstruktur, in der allerdings die drei Bauelemente in einem Verhältnis stehen, das von dem in anderen Dramentypen üblichen Verhältnissen deutlich abweicht.

Bauelemente der Dramenhandlung

Figur   Figuren repräsentieren bestimmte Kräfte (sozialer Stand, Interessen, Zu- und Abneigung u. a.), die Figurenkonstellation stellt ein Kräftespiel dar.

Situation   Figuren begründen, wenn sie auf der Bühne zusammentreffen, durch ihre Einwirkung aufeinander bestimmte Situationen, in denen sie sich mit dem Partner auseinandersetzen.

Begebenheit   Die Auseinandersetzungen zwischen den Figuren führen zur Veränderung der Situation, aus der eine Begebenheit, ein Ereignis, ein Vorfall folgt.

Verhältnis der Bauelemente zueinander

Die Handlungsstruktur eines Dramas läßt sich dadurch beschreiben, daß man angibt, welche Ausprägung und welches Verhältnis zueinander die drei Bauelemente haben.

---

5. Figur und Personal

Bewunderer des Lustspiels von Kleist haben sich immer wieder gefragt,

„wie ein gut dargestellter Richter Adam irgend ein Herz kalt lassen könnte mit seinem komischen Selbstbewußtsein böser Dinge, und dennoch mit der wahrhaft heroischen Standhaftigkeit, die ihm gleich nach jeder verlornen Position unmittelbar zu einer andern verhilft [...]"

Der Dichter Friedrich de la Motte Fouqué in einem Zeitschriftenartikel 1816

Wenn man das liest, kommt man leicht auf den Gedanken, es sei von einem wirklichen Menschen die Rede und nicht von einem künstlichen Gebilde, einem ‚literarischen Konstrukt‘. Die üblichen Bezeichnungen für dieses Konstrukt legen diesen Gedanken nahe. Da möchte sich jemand „von der Wahrheit insbesondere der <u>Hauptperson</u>, des Dorfrichters Adam, [...] überzeugen" und findet diese in seiner eigenen Erfahrung vom Zustand der unteren Gerichtsbarkeit bestätigt. In einer anderen Rezension heißt es:

Zeitschriftenaufsatz 1821

„Die Handlung selbst ist es, was hier die Komik birgt, und erst in ihrem Widerschein strahlt der Humor aus den <u>Charakteren</u> hervor."

Der Kulturhistoriker Wilhelm Heinrich <u>Riehl</u> in einem Zeitungsartikel 1847

Der Dichter Friedrich Hebbel gebraucht einen anderen Terminus:

„Seit dem Falstaff ist im Komischen keine <u>Figur</u> geschaffen worden, die dem Dorfrichter Adam auch nur die Schuhriemen auflösen dürfte [...]"

Alle Belege bei H. Sembdner (Hg.): H. v. Kleist, Der zerbrochene Krug, Erläuterungen und Dokumente Reclam UB 8123, Stuttgart 1982

Die biblische Redensart (NT Ev. Joh. 1, 27) zeigt deutlich, daß hier nicht von einem realen Menschen, sondern vom Produkt eines Lustspieldichters die Rede ist. In der Perspektive des Theaters wird ein anderer Begriff verwendet:

„Jede Generation, die das Stück nicht zu den Akten legen will und kann, muß einen neuen Darsteller finden, der dieser fast (aber nur fast) diabolischen <u>Rolle</u> gewachsen ist [...]"

Theaterkritiker in einer Rezension 1968

Um die Bedeutung der Begriffe ‚Person‘, ‚Charakter‘, ‚Figur‘ und ‚Rolle‘ innerhalb der Dramenpoetik zu klären, muß sie jeweils vom Begriffsgebrauch, wie er in der Ethik, Psychologie, Sozialwissenschaft usw. herrscht, abgegrenzt werden. Die vier Begriffe sind nicht gleichbedeutend, sondern heben jeweils ein bestimmtes Bedeutungsmerkmal an dem Phänomen der literarischen Gestalt hervor.

Person

Die Maske war im antiken Theater üblich. Vgl. S. 21

Das lateinische Wort ‚persona' bedeutet ursprünglich die Maske des Schauspielers, wird aber auch zur Bezeichnung für soziale Rollen, etwa die des Rechtsanwalts oder Politikers gebraucht (z. B. personam rei publicae agere = eine politische Rolle spielen, d. h. den Staat darstellen). Im Programmheft der Theater findet sich dieser Wortgebrauch noch heute: „Personen und ihre Darsteller". Der philosophische Begriff der Person als Bezeichnung der leiblich-seelischen Ganzheit des Menschen (heute spricht man lieber von „Persönlichkeit") war der Antike unbekannt. Auch die juristischen Termini der ‚natürlichen' (einzelner Mensch) und der ‚juristischen Person' (Verein, Körperschaft) haben nichts mit dem Drama zu tun. Mit ‚Person' ist also die Rolle gemeint, die eine Dramenfigur im Ensemble sämtlicher Figuren des Stücks zu spielen hat.

Charakter

In dem oben angeführten Beleg bedeutet der Begriff, der aus dem Griechischen kommt (= Abdruck, Gepräge), nicht mehr und nicht weniger als der englische Terminus ‚character', den das ‚Shorter Oxford English Dictionary' mit ‚personality in a novel or a play' erklärt. Er entspricht dem Begriff der dramatischen Person, hebt aber das Merkmal hervor, daß diese mit bestimmten moralischen Qualitäten, geistigen Kräften und Zielvorstellungen versehen ist.

Darin liegt die Entsprechung des dramentheoretischen Begriffsgebrauchs zur umgangssprachlichen Verwendung des Wortes ‚Charakter', bei dem drei Bereiche zu unterscheiden sind:

Der Große Brockhaus, Kompaktausgabe, aktualisierte 18. Auflage in 26 Bänden, Wiesbaden 1983, Band 4 S. 164 s. v. Charakter

– Ganz allgemein spricht man vom „Charakter einer Landschaft" oder vom „Charakter eines Kunststils" oder auch einer Person und meint damit die typische Eigenart bestimmter Erscheinungen.

– In der Redensart „Ein Mann von Charakter" wird das Wort als ethischer Begriff verwendet, mit dem eine innere Haltung bezeichnet wird, die sich im verantwortungsvollen sittlichen Handeln eines Menschen ausdrückt.

– Schließlich bezeichnet die moderne Charakterkunde, ein Zweig der Psychologie, die Struktur der seelischen Anlagen eines Menschen, die seine individuelle Geprägtheit ausmachen, mit dem Wort ‚Charakter'.

Der umgangssprachliche Gebrauch bewegt sich also zwischen den Polen ‚typische Eigenart' und ‚individuelle Ausprägung'. Genau diese Bedeutungsdiskrepanz ist in der Verwendung des Charakterbegriffs in der Geschichte des Dramas zu beobachten:

Charakter als Verhaltenstyp

Für die europäische Komödiendichtung hat die kleine Schrift des Aristoteles-Schülers Theophrast (371–287 vor Chr.) mit dem Titel ‚Charaktere' Bedeutung erlangt, weil in ihr dreißig allgemeine, häufig vorkommende Verhaltenstypen (Typo griech. = Schlag, Prägeform) wie der Geizhals, der Heuchler, der Prahlhans u.v.a. beschrieben werden. Die Komödiendichter haben sich immer wieder aus diesem Vorrat bedient. So ist der Geizhals z. B. in der ‚Goldtopf-Komödie' des Plautus (ca. 250–184 vor Chr.) auf folgende Weise um seinen Schatz besorgt:

Übersetzung von H. Rädle, Reclam UB 9898, Stuttgart 1978, S. 77 (IV, 9)

EUKLIO *(von links auf die Bühne stürzend):* Mit mir ist's aus, ich bin verloren, bin vernichtet. Wohin soll ich laufen? Wohin soll ich nicht laufen? Haltet den Dieb! Wen? Wer? Ich weiß nicht, ich sehe nichts, ich irre blind umher; wohin ich gehen soll, oder wo ich bin, oder wer ich bin, kann ich nicht sicher herausfinden. Ich beschwöre euch, bitte und flehe euch an, kommt mir zu Hilfe und zeigt mir, wer ihn gestohlen hat. *(Zu einem Zuschauer.)* Was sagst du? Dir kann man glauben, denn ich sehe es dir am Gesicht an, daß du anständig bist. – Was ist? Was lacht ihr? Ich kenne euch alle, ich weiß, daß hier eine Anzahl Diebe sind, die sich verkleidet und geschminkt verbergen und dasitzen, als wären sie ehrliche Leute. Nun, hat ihn niemand von denen? – Du hast mich vernichtet. Sag doch, wer ihn hat. Weißt du es nicht? – Ach, ich Elender, ich bin elend zugrunde gerichtet; elend verloren, übel zugerichtet gehe ich umher.

Bei Molière (‚Der Geizige' 1668) wird das Spiel mit den Zuschauern in einen inneren Dialog verwandelt, den der Geizhals mit dem Geld, seinem „teuren Freunde" hält:

Übersetzung v. H. Stenzel, Reclam UB 8040, Stuttgart 1984, S. 143 (IV, 7)

HARPAGON *(ruft schon aus dem Garten nach dem Dieb und kommt ohne Hut):* Haltet den Dieb! den Dieb! den Mörder! den Totschläger! Gerechtigkeit, gerechter Himmel! ich bin verloren, bin ermordet, man hat mir die Kehle durchgeschnitten, man hat mir mein Geld geraubt. Wer kann das sein? Wo ist er abgeblieben? Wo steckt er? Wo verbirgt er sich? Was soll ich tun, um ihn zu finden? Wohin eilen? Wohin nicht eilen? Ist er nicht dort? Ist er nicht hier? Wer ist es? Halt! Gib mir mein Geld, Lump… *(Er packt sich selbst am Arm.)* Ach! das bin ich selbst. Mein Verstand ist verwirrt, und ich weiß nicht, wo ich bin, wer ich bin und was ich mache. Ach! mein armes Geld, mein armes Geld, mein teurer Freund! Man hat mich deiner beraubt; und da du mir entführt bist, habe ich meine Stütze, meinen Trost, meine Freude verloren; alles ist zu Ende für mich, und ich habe auf der Welt nichts mehr zu schaffen: ohne dich vermag ich unmöglich zu leben.

Ullstein Theater-Texte 4975
Frankfurt/M 1979, S. 33
(2. Akt) – Bei Rentier Krüger
ist Leontine, die Tochter von

Frau Wolff, in Stellung. Sie
weigert sich, nach Feier-
abend noch zwei Meter Holz
einzuräumen. Das besorgt
dann ihre Mutter, aber in
ihren eigenen Schuppen.

In Gerhart Hauptmanns Diebskomödie ,Der Biberpelz'
(1893) zeigt der Rentier Krüger das gleiche Entsetzen des be-
sitzorientierten Menschen angesichts eines Diebstahls wie
Euklio oder Harpagon:

*Krüger ist ein kleiner, etwas schwerhöriger, fast siebzigjähriger
Mann. Er geht schon etwas gebückt, mit der linken Schulter ein wenig
geneigt, ist aber im übrigen noch sehr rüstig und unterstützt seine Wor-
te mit heftigen Handbewegungen. Er trägt eine Pelzmütze, die er im
Amtslokale in der Hand behält, einen braunen Winterüberzieher, um
den Hals einen dicken Wollschal.*
KRÜGER, *mit Ärger geladen, platzt heraus:* Pestohlen bin ich, Herr
Amtsvorsteher. *Er wischt sich, verschnaufend, mit dem Taschen-
tuch den Schweiß von der Stirn und sieht dem Vorsteher nach Art
der Schwerhörigen starr auf den Mund.*
WEHRHAHN: Bestohlen? Hm!
KRÜGER, *schon gereizt:* Jawohl pestohlen. Ich bin pestohlen.
Man hat mir zwei Meter Holz entwendet.
WEHRHAHN, *mit halbem Lächeln bei den Anwesenden umblickend,
leichthin:* Es ist doch sonst in der letzten Zeit hier nicht das je-
ringste vorjekommen.
KRÜGER, *die Hand am Ohr:* Was? Nicht das keringste. Du lieber
Chott! Dann steh' ich vielleicht zum Spaße hier?

In der Komödie ,Die Kassette' (1911) von Carl Sternheim haben wir auch wieder den ,Goldtopf', wie er bei Plautus und
Molière als Leitrequisit vorkommt:

Die Geldkassette, welche die Erbtante dem verschuldeten Oberleh-
rer Krull in Verwahrung gegeben hat, zerstört seine Ehe, weil er sich
in seiner Besitzgier nicht mehr um seine Frau kümmert. Doch ist ihr
Freund ebenfalls hinter dem Geld her und heiratet deshalb ihre Stief-
tochter. Der Zuschauer weiß jedoch längst, daß die Tante ihr Vermö-
gen der Kirche vermacht hat.

So wird das Verhaltensmuster in immer neue historische und
soziale Gegebenheiten hineingestellt. Die Situationskomik
des Plautus, der sich nach dem Geschmack des antiken Publikums richtete, verwandelt Molière in den tragischen Irrtum
des alten Mannes, dem das Geld wichtiger ist als seine mit-
menschlichen Beziehungen. Bei Hauptmann wird eine Kari-
katur des um Besitz, Sicherheit und Gesundheit besorgten
Kleinbürgers daraus. Sternheim verbindet dann wieder das
Geld- mit dem Liebesmotiv; aber es gibt bei ihm keine Versöhnung mehr am Ende, wie es die alte Komödienkonvention
vorsah. Die Komödie ist zur Satire geworden.

Charakter als Individualität
Je mehr Eigenschaften in einer typischen Figur kombiniert
werden, desto mehr nähert sie sich dem individuellen Charakter. Die Mischung von Behäbigkeit und Bodenständigkeit mit

Bauernschläue und Gerissenheit, das Hin und Her zwischen sinnlicher Begierde und Angst vor Entdeckung, das Beieinander von amtlicher Arroganz und Unterwürfigkeit gegenüber dem Vorgesetzten macht den Dorfrichter Adam über den Typ des ‚korrupten Richters' oder des ‚lüsternen Alten' hinaus zu einem unverwechselbaren Charakterporträt.

Andererseits neigt die dramatische Gattung zur Typisierung. Denn Typenfiguren als Verkörperungen menschlicher Verhaltensmuster sind hilfreich bei der <u>Konzentration</u> der Begebenheiten einer Geschichte in der Dramenhandlung, sie sind <u>lebensecht</u> und daher dem Zuschauer willkommen, sie lassen sich leicht zu <u>individuellen Charakteren</u> ausarbeiten, und sie kommen den Traditionen des Theaterbetriebs insofern entgegen, als dieser bis in unser Jahrhundert hinein durch die <u>Rollenfächer</u> (z. B. Erster Liebhaber, komische Alte, Bonvivant, Naive) bestimmt ist. Je mehr aber nicht nur das Allgemeine und Moralische an der dramatischen Figur interessierten, sondern auch, weshalb sie „auf eine so besondere Weise handelt, als ein anderer ihres gleichen in gleichen Umständen nicht würde gehandelt haben", desto mehr kam es auf die Individualität des dramatischen Charakters an. Deshalb können heute ‚Charakter' und ‚Typ' bisweilen geradezu etwas Gegensätzliches bezeichnen.

Friedrich Nicolai: Abhandlung von dem Trauerspiele 1757 (J. Schulte-Sasse (Hg.): Lessing, Mendelssohn, Nicolai, Briefwechsel über das Trauerspiel 1972, S. 32 und 224 f.)

Figur

Mit dem Begriff der Figur kann eine dramatische Person nur als Phantasieprodukt des Dramatikers bezeichnet werden. Das lateinische Wort ‚figura' (= Gebilde, Gestalt) ist von dem gleichen Verb abgeleitet, von dem auch die Begriffe ‚Fiktion', ‚fiktional', ‚fiktiv' herstammen, mit denen die Nichtwirklichkeit jenes Phantasieprodukts betont wird. Hier wird also jenes Merkmal hervorgehoben, das auf die Seinsweise der dramatischen Gestalt als eines ‚literarischen Konstrukts' hinweist.

Rolle

Für den Schauspieler ist der dramatische ‚character' eine Rolle, die er in der kollektiven Theaterproduktion des Stücks zu übernehmen hat. Im Übernehmen von Bühnenrollen besteht seine Berufsrolle als Schauspieler. Daß die Bühne ein Gleichnis für das Leben und umgekehrt die Welt ein Gleichnis für das Theater sei, hat Shakespeare immer wieder ausgesprochen (um 1600):

„Die ganze Welt ist eine Bühne, und alle Männer und Frauen bloß Spieler. Sie haben ihre Abgänge und ihre Auftritte. Und ein Mensch spielt in seinem Leben viele Rollen [...]" [Wie es euch gefällt (As You Like It), II, 7, 140 ff.]

Hugo von *Hofmannsthal* hat
Calderóns Stück in seinem
Weihespiel ‚Das Salzburger
große Welttheater' nachge-
dichtet, um zu zeigen, „daß
die Welt ein Schaugericht
aufbaut, worauf die Men-
schen in ihren ihnen von
Gott zugeteilten Rollen das
Spiel des Lebens aufführen."

Welche Schwierigkeiten eine
junge Schauspielerin heutzu-
tage mit der glaubwürdigen
Darstellung dieses Rollen-
konflikts hat, ist von Hajo
Kurzenberger beschrieben
worden (Norbert Greiner
u. a.: Einführung ins Drama,
Band 2, S. 135)

„Der Mensch, und zwar der
fleischliche Mensch, ist nur
mehr aus den Prozessen, in
denen er und durch die er
steht, erfaßbar." (Bert Brecht)

Während hier bei Shakespeare nur die Altersrollen als Beispiel angeführt werden, teilt der ‚Spielmeister' in Calderóns
geistlichem Festspiel (auto sacramental) ‚Das Große Welttheater' (1675) den Figuren im Namen Gottes die Berufs- und
Standesrollen zu, z. B. König, Minister, General, Mönch, Verbrecher (!), Edelmann, Bauer, Dame, Bettler u. a. Rollenspiel
aber ist nicht nur die Grundbedingung des Menschen im Leben und des Schauspielers im Theater, sondern auch der Figuren in der fiktiven Welt des Dramas. Vater Miller ist in Schillers Trauerspiel ‚Kabale und Liebe' nicht nur das Familien-
oberhaupt in seinem Hause, sondern auch der Untertan des
Regenten, Luise hat nicht nur die Verpflichtungen, die sich aus
ihrer Rolle als Liebende gegenüber Ferdinand ergeben, sondern auch jene zu erfüllen, die ihr die Rolle der gehorsamen
Tochter gegenüber dem alternden Vater aufgibt. In einer Zeit,
in welcher der Staat der Familie die Sorge für die nicht mehr
erwerbsfähigen Alten weithin abgenommen hat, ist der Rol-
lenkonflikt, in den Luise gerät, als Ferdinand sie auf dem
Höhepunkt der Handlung zur gemeinsamen Flucht bewegen
will (III, 4), für jüngere Zuschauer und vielleicht auch für die
Schauspielerin, welche die Luise glaubwürdig spielen soll,
nicht mehr ohne weiteres verständlich. Um ein Drama angemessen verstehen zu können, muß daher auch das Rollenspiel
der Figuren analysiert werden.

Moderne Veränderungen der dramatischen Figur

Brechts Begriff der ‚Verhaltensweise'
Ohne den Begriff des ‚Charakters' aufgeben zu wollen, hat ihn
Brecht durch den der ‚Verhaltensweise' präzisiert. Er wollte
sich damit gegen die Auffassung einer idealistischen ‚Einheit
des Charakters', wie er sie im bürgerlichen Drama fand,
abgrenzen, weil er erkannt hatte, daß der Mensch keinen einmal vorgegebenen, unveränderlichen Charakter habe, sondern sich vielmehr im Laufe seines Leben sehr verschieden-
artig, ja oft höchst widerspruchsvoll verhalte. Die Verhaltensweise einer Figur in einer bestimmten Situation mache die
gesellschaftlichen Verhältnisse und damit die Widersprüche
deutlich, denen der Mensch ausgesetzt sei.

Wenn z. B. Mutter Courage sich weigert, ihre Offiziershemden für
Verwundete herauszugeben, wird ihre Haltung in eine gesellschaftliche Sicht gerückt:

„Ich kann nix geben. Mit all die Abgaben, Zöll, Zins und Beste-
chungsgelder! […] Ich gib nix, ich mag nicht, ich muß an mich selber
denken … (5. Bild)

Dadurch, daß die behinderte Kattrin keine solchen Bedenken hat und ihre Mutter bedroht, wird der gesellschaftliche Widerspruch verdeutlicht. Die Verhaltensweise der Courage ist aber nicht ihr Charakter. Sie ist nicht hartherzig, sondern in einer Lage, die sie zu diesem Verhalten zwingt.

Der Charakter einer Figur setzt sich bei Brecht aus vielen, allerdings zum Teil auch konträren Verhaltensweisen zusammen, die durch die jeweilige Situation bedingt sind. Den Charakter aber einfach als Summe der Verhaltensweisen zu definieren, lehnt Brecht als allzu mechanische Auffassung ab.

Abbau der Persönlichkeit

Im absurden Theater (Ionesco, Beckett) wird zu den bisherigen Möglichkeiten der dramatischen Figur noch eine weitere hinzugefügt, die der Marionette. Im Gegensatz zum Typus und zum Charakter kämpft die Marionette nicht mehr gegen die Umstände, die sie zur Marionette machen, sondern erweist sich als willenlos und apathisch wie Wladimir und Estragon in ‚Warten auf Godot'. Auch für diese Entwicklung finden sich die ersten Anzeichen bei Büchner, wo in ‚Dantons Tod' die Titelfigur zur Ehefrau die Worte spricht:

Marianne Kesting: Der Abbau der Persönlichkeit, in: W. Keller (Hg.): Beiträge zur Poetik des Dramas, a. O. S. 211–235

Puppen sind wir von unbekannten Gewalten am Draht gezogen; nichts, nichts wir selbst! Die Schwerter, mit denen Geister kämpfen, man sieht nur die Hände nicht, wie im Märchen. (II,5)

Eugène Ionesco nennt die Figuren in seinen Stücken ‚Personen ohne Charakter' (personnages sans caractères), ‚gesichtslose Wesen' (êtres sans visages) und erkennt in den Kleinbürgern seiner Zeit, die er darin parodiert, den ‚außengelenkten Menschen' schlechthin, der nicht versteht, was mit ihm geschieht.

Wie bei der Dramenhandlung gelten auch bei der Konzipierung der Figuren bestimmte Grundsätze: Konzentration auf die wesentlichen Züge, deutliche Konturierung dieser Züge, damit der Zuschauer die Figuren erfassen kann, und Funktionalität, d. h. ihre Einbettung in das Handlungsganze, in dem sie ihre Aufgabe zu erfüllen haben. Um zu prüfen, wieweit die Figuren eines Stücks diesen Grundsätzen gehorchen, wäre nach dreierlei zu fragen:

Der außengelenkte (other-directed) Mensch richtet sein Verhältnis zu seiner Gesellschaft nicht nach seinen Wünschen, Bedürfnissen, Interessen oder Überzeugungen, sondern nach den Forderungen und Erwartungen anderer ein (Wörterbuch der Soziologie, begr. v. G. Hartfiel. neu bearb. v. K.-H. Hillmann, Kröner TA 410, Stuttgart 1982, S. 49 s. v. ‚Außenlenkung')

– nach der Konzeption der Figur, wie sie sich im Hinblick auf die Handlung des Dramas ergibt;
– nach der Konstellation des Figuren-Ensembles, mit dessen Hilfe die Handlung entfaltet wird, sowie nach der jeweiligen Konfiguration, in welcher die Figuren in bestimmten Szenen miteinander auftreten;
– nach der Charakterisierung, welche die Figuren in den Reden und Handlungen, die der Autor ihnen zuweist, erfahren.

Bezeichnungen für die literarischen Gestalten im Drama

Person	In der Antike: Maske, soziale Rolle Moderne: leib-seelische Ganzheit des Menschen, im Recht natürliche (Einzelner) und juristische Person (Verein)	Personen handeln miteinander im Drama und stellen eine fiktive Welt auf der Bühne dar.
Charakter	Typische Eigenart einer Erscheinung, verantwortungsvolle sittliche Haltung, individuelle Geprägtheit	Handelnde Person im Drama: 1. Verhaltenstyp (Geizhals, Prahlhans o. ä.) 2. Individualität (Kombination von Eigenschaften)
Figur	Statur, Gestalt eines Menschen	Vom Dichter erfundene (fiktionale) Gestalt im Drama
Rolle	Altersrolle, Berufsrolle, soziale Rolle, die jemand in der Gesellschaft erfüllt, welche die Verhaltenserwartungen der anderen begründet	Dramatische Person, die der Schauspieler auf der Bühne darstellt (das zu tun, ist seine Berufsrolle) Figuren spielen in der fiktiven Welt Rollen.

Moderne Veränderungen der dramatischen Figur

Verhaltensweise	Situationsbestimmtes menschliches Verhalten ist oft widersprüchlich.	Brecht lehnt idealistische ‚Einheit des Charakters‘ ab, zeigt in seinen Figuren, daß Charakter in z.T. konträren Verhaltensweisen zum Ausdruck kommt und so die gesellschaftlichen Widersprüche deutlich macht
Abbau der Persönlichkeit	Puppe, Marionette: Figur, die an Drähten hängt und von außerhalb bewegt wird	Modell für dramatische Figur, die den ‚außengelenkten‘ Menschen verkörpern soll (Ionesco: ‚Personen ohne Charakter‘)

Figurenkonzeptionen

Zur Beschreibung der Konzeption dramatischer Figuren werden vier Begriffspaare benutzt, mit denen man bestimmte Merkmale dieser Konzeption erfassen kann.

Statische oder dynamische Figurenkonzeption?
Man kann zunächst danach fragen, ob sich eine Figur während des ganzen Textverlaufs gleich bleibt oder ob sie während des Spiels eine Entwicklung zeigt. So ist z. B. Maria Stuart am Anfang des Trauerspiels von Schiller noch die schöne Verführe-

rin, während sie sich am Ende zur ‚schönen Seele' läutert, die „sich auf Engelsflügeln schwingt zur ew'gen Freiheit" (V, 6), d. h. gefaßt in den Tod geht. Brechts ‚Mutter Courage' dagegen ist am Ende nicht klüger als zu Anfang des Stücks, da sie sich mit den Worten vorstellt:

„Wenn jedoch die Courage weiter nichts lernt – das Publikum kann dennoch etwas lernen, sie betrachtend." (Bert Brecht)

Courage heiß ich, weil ich den Ruin gefürchtet hab, Feldwebel, und bin durch das Geschützfeuer von Riga gefahrn mit fünfzig Brotlaib im Wagen. Sie waren schon angeschimmelt, es war höchste Zeit, ich hab keine Wahl gehabt.

Am Schluß will sie immer noch am Krieg verdienen:

Hoffentlich zieh ich den Wagen allein. Es wird schon gehn, es ist nicht viel drinnen. Ich muß wieder in'n Handel kommen.

In Ibsens Schauspiel ‚Nora' (1879) beruht die Handlung auf der Spannung zwischen einer statisch und einer dynamisch angelegten Figur:

Rechtsanwalt Helmer hat seiner jungen Frau Nora ein ‚Puppenheim' eingerichtet, das ihr äußerlich alles bietet, sie jedoch zu seinem ‚Spielzeug' degradiert. Zum Bankdirektor avanciert, will Helmer den Angestellten Krogstad entlassen. Bei diesem aber hatte Nora seinerzeit, als ihr Mann sehr krank war und eine dringend notwendige Kur nicht bezahlen konnte, ein Darlehen aufgenommen. Auf dem Schuldschein hatte sie die Unterschrift ihres todkranken Vaters gefälscht. Krogstad droht nun mit Enthüllung, wenn Nora seine Entlassung nicht verhindern würde. Doch sie kann bei ihrem Mann nichts erreichen. Als dieser Krogstads Brief mit der Enthüllung erhält, hat er nur Vorwürfe für Nora, nur Angst um seinen guten Ruf, aber kein Verständnis für die Opferbereitschaft und Liebe seiner Frau. Als Krogstad zurückzieht, wähnt Helmer, es sei alles wieder beim alten, doch Nora ist durch die Krise zur reifen Frau geworden: […]

HELMER: Und kannst du mir auch erklären, wodurch ich deine
   Liebe verscherzt habe?
NORA: Ja, das kann ich. Es war heut abend, als das Wunderbare nicht kam; da sah ich, daß du nicht der Mann warst, für
5   den ich dich hielt.
HELMER: Erkläre dich deutlicher; ich verstehe dich nicht.
NORA: Ich habe nun acht Jahre lang sehr geduldig gewartet;
   denn – Gott, ich sah ja ein, daß das Wunderbare nicht so wie
   etwas Alltägliches kommt. Dann brach dieses Unglück über
10   mich herein; und da war ich unerschütterlich fest überzeugt:
   jetzt kommt das Wunderbare! Als Krogstads Brief da draußen lag – nie kam mir der Gedanke, du könntest dich durch
   die Drohungen dieses Menschen einschüchtern lassen. Ich
   war so felsenfest überzeugt, du würdest sagen: „Machen Sie
15   die Sache nur der ganzen Welt bekannt." Und wenn das geschehen –
HELMER: Was dann? Wenn ich meine eigene Frau der
   Schmach und Schande preisgegeben –
NORA: Danach würdest du, wie ich felsenfest glaubte, vor die

Akt III Szene 5 (Übersetzung von Richard Linder, Reclam UB 1257, Stuttgart 1959)

20 Welt hintreten, alles auf dich nehmen und sagen: Ich bin der
Schuldige!

HELMER: Nora –!

NORA: Du meinst, ein solches Opfer hätte ich niemals von dir
angenommen? Nein, gewiß nicht. Aber was hätten meine
25 Versicherungen gegenüber den deinen gegolten? – Das war
das Wunderbare, worauf ich mit Furcht und Beben hoffte.
Nur um das zu verhindern, wollt' ich meinem Leben ein
Ende machen.

HELMER: Freudig würd' ich Tag und Nacht für dich arbeiten,
30 Nora – Kummer und Not um deinetwillen tragen. Aber niemand opfert derjenigen, die er liebt, seine *Ehre*.

NORA: Das haben Millionen von Frauen getan!

HELMER: Ach, du denkst und redest wie ein unverständiges
Kind.

35 NORA: Mag sein. Aber du denkst und redest nicht wie der
Mann, an den ich mich halten könnte. Als dein Schreck vor-
über war – nicht über das, was mir drohte, sondern über das,
was dir bevorstand – und als dann nichts mehr zu fürchten
war – da war's in deinen Augen, als sei gar nichts geschehen.
40 Ich war wieder wie vorher deine kleine Singlerche, deine
Puppe, die du in Zukunft doppelt behutsam auf Händen tragen wolltest, weil sie so zart und zerbrechlich war. *(Erhebt
sich.)* Torvald – in diesem Augenblick wurde mir klar, daß
ich acht Jahre lang mit einem fremden Manne zusammenge-
45 lebt, daß ich ihm drei Kinder geboren – oh, der Gedanke ist
mir unerträglich! Ich könnte mich selbst in Stücke reißen.

HELMER *(mit schwerem Herzen):* Ich seh es, ich seh es: ein
Abgrund hat sich zwischen uns aufgetan. – Aber Nora, sollte
er sich nicht überbrücken lassen?

50 NORA. So wie ich jetzt bin, bin ich keine Frau für dich.

HELMER: Ich habe die Kraft, mich zu ändern.

NORA: Vielleicht – wenn dir die Puppe genommen ist.

HELMER: Mich trennen – mich von dir trennen? Nein, nein,
Nora, den Gedanken kann ich nicht fassen.

55 NORA *(geht in das Zimmer links):* Um so notwendiger muß es
geschehen. *(Sie kommt mit ihren Überkleidern und einer kleinen Reisetasche zurück, die sie auf den Stuhl neben dem Tische
stellt.)*
[…]

In Nora ist also eine Wandlung vorgegangen. Sie hat durch die
Enttäuschung, daß Helmer ihr in der Stunde der Not den Beweis seiner Liebe („das Wunderbare" 3/4, 8, 11, 26) schuldig
blieb, erkannt, daß sie „acht Jahre lang mit einem fremden
Mann zusammengelebt" hat (44). Helmer dagegen versteht
sie nicht (6), begreift nicht, daß es gar nicht um seine „Ehre"
(31) gegangen war, nicht um das, was ihm „bevorstand"
(37/38), sondern um das, was seiner Frau „drohte" (37). Er
erkennt nicht, daß er die Probe, ob er ein Mann sei, an den man

sich halten kann (36), ob er zur Liebe fähig sei, nicht bestanden hat. Mit den Worten, daß sich „ein Abgrund" zwischen ihnen „aufgetan" habe, redet er Nora nur nach dem Munde. In Wirklichkeit wehrt er sich gegen den Gedanken, daß eine Trennung zwischen ihnen stattgefunden hat (53/54). Wegen Helmers Unbeweglichkeit muß diese Trennung endgültig sein.

Auf Wunsch eines Theateragenten und einer Schauspielerin mußte Ibsen für eine deutsche Inszenierung widerwillig den Schluß ändern: Nora blieb um der Kinder willen bei ihrem Mann.

Eindimensionale oder mehrdimensionale Konzeption?

Wichtig ist auch die Frage, ob eine Figur mit wenigen Merkmalen festgelegt wird, die alle in einer Eigenschaft konvergieren, oder ob ihre Merkmale auf verschiedene Ebenen verteilt sind, so daß in jeder Situation neue Seiten ihres Wesens aufscheinen.

Eindimensional ist z. B. die Figur des Geizhalses Harpagon in Molières Komödie angelegt. Bei ihm bricht auch in seiner Rolle als Liebhaber die Angst um sein Geld durch. Als er gute Nachricht über den Erfolg seines Werbens erhält, läßt er die Überbringerin trotz seiner Neugier warten: „Einen Augenblick! Ich will gleich mit ihnen sprechen. Ich muß nur eben noch nach meinem Geld schauen […]" (II, 3)

Vgl. Harpagons Monolog, der auf S. 65 wiedergegeben ist!

Lessings Minna von Barnhelm ist dagegen mehrdimensional konzipiert. Major von Tellheim hat im Siebenjährigen Krieg den sächsischen Behörden eine Kontributionssumme vorgeschossen, die sie an Preußen zu zahlen hatten. Bei dieser Gelegenheit hatte er Minna von Barnhelm kennengelernt und sich mit ihr verlobt. Nun ist der Krieg zu Ende. Der Major ist entlassen und wegen Bestechung angeklagt. In seiner Ehre gekränkt, lebt er mittellos in einem Berliner Gasthof. In diesem erscheint ausgerechnet an dem Tag, an dem Tellheim dem Wirt seinen Verlobungsring versetzt hat, Minna von Barnhelm auf der Suche nach ihrem Verlobten. Tellheim geht auf Distanz und erklärt sich ihrer für unwürdig. Da greift Minna zur List: Sie löst den Ring aus, gibt ihn Tellheim wieder, der die Rückgabe als Auflösung des Verlöbnisses interpretiert, und gibt vor, enterbt und daher völlig arm zu sein. Nun nimmt Tellheim das Darlehen, welches ihm sein Wachtmeister Werner angeboten hatte, an, um der vermeintlich Verarmten zu helfen. Er bittet Minna um ihre Hand; die Ringe und damit die List Minnas kommen zum Vorschein, der König aber rehabilitiert den Major.

G. E. Lessing, ‚Minna von Barnhelm' mit Materialien, ausgew. und eingel. v. Joachim Bark, ‚Editionen', Stuttgart: Klett 1979

Zeigt sie sich zunächst ganz als stolze Adlige („ich ließ ihn das Kompliment auch bloß machen, um Gelegenheit zu haben, mich … bei ihm zu erkundigen.." II, 1), so beweist sie bald auch Warmherzigkeit und Großzügigkeit („Hier ist Geld. Hier sind Wechsel. Alles ist sein!" II, 2), kann im Verhältnis zu ihrer Zofe die Distanz der Herrin („Franziska, die Schatulle her!" II, 2) mit freundschaftlicher Gemeinsamkeit verbinden („Aber freue dich nur mit mir." II, 3). Zielstrebig verfolgt sie ihren Zweck, den Verlobten zu gewinnen, weiß ihn auch mit List zu erreichen und entwickelt dabei beachtliche schauspielerische Fähigkeiten: „… aber ein Streich ist mir beigefallen, ihn wegen dieses Stolzes mit ähnlichem Stolze ein wenig zu martern" (III, 12).

Geschlossene oder offene Konzeption?

Eine andere Frage ist, ob eine Figur durch die im Stück (explizit oder implizit) gegebenen Informationen vollständig definiert, d. h. für den Zuschauer ohne interpretatorische Mühe verständlich wird, oder ob sie eine nicht auflösbare Mehrdeutigkeit zeigt, so daß sich eine große Variationsbreite für ihre schauspielerische Ausführung ergibt.

Trotz ihrer Mehrdimensionalität ist z. B. die Figur der Minna von Barnhelm geschlossen konzipiert. D. h. sie gibt keine Interpretationsprobleme auf. Alle Fragen, die der Zuschauer haben könnte, werden auf der Bühne beantwortet. Auch die anderen Figuren beruhen auf einem geschlossenen Konzept. Daher kann man das Stück mit dem üblichen Ensemble von Rollenfächern, erster und zweiter Liebhaber, erste und zweite Liebhaberin, Bedienstete, Vater usw. aufführen. Ein Charakterdarsteller – wie ihn Shakespeare fordert – ist nicht nötig.

Eine Figur wie Hamlet ist offen konzipiert, d. h. im Text nicht vollständig festgelegt, z. T. gewollt widersprüchlich angelegt. Das erfährt der Zuschauer am Ende des ersten Aktes aus Hamlets Munde selbst. Als der Geist des ermordeten Vaters erschienen ist, den wahren Hergang aufgedeckt und Rache gefordert hat, läßt Hamlet die Zeugen schwören, niemandem etwas zu verraten:

„Das Drama ebenso wie der Charakter seines Titelhelden ist nicht auf eine einzige Deutung festzulegen – seine Rätselhaftigkeit selbst macht vielleicht seinen größten Reiz aus." (Ina Schabert [Hg.]: Shakespeare-Handbuch 1978, S. 606)

Es gibt mehr Ding' im Himmel und auf Erden,
Als Eure Schulweisheit sich träumt, Horatio.
Doch kommt!
Hier, wie vorhin, schwört mir, so Gott euch helfe,
5 Wie fremd und seltsam ich mich nehmen mag,
Da mir's vielleicht in Zukunft dienlich scheint,
Ein wunderliches Wesen anzulegen:
Ihr wollet nie, wenn ihr alsdann mich seht,
Die Arme so verschlingend, noch die Köpfe
10 So schüttelnd, noch durch zweifelhafte Reden,
    Als: „Nun, nun, wir wissen" – oder: „Wir könnten, wenn
    wir wollten" – oder: „Ja, wenn wir reden möchten"; oder:
    „Es gibt ihrer, wenn sie nur dürften" –
Und solch verstohlnes Deuten mehr, verraten,
15 Daß ihr von mir was wisset: dieses schwört,
So Gott in Nöten und sein Heil euch helfe!
GEIST (*unter der Erde*): Schwört!
HAMLET: Ruh', ruh', verstörter Geist! – Nun, liebe Herrn,
Empfehl' ich euch mit aller Liebe mich,
20 Und was ein armer Mann, wie Hamlet ist,
Vermag, euch Lieb' und Freundschaft zu bezeugen,
So Gott will, soll nicht fehlen. Laßt uns gehn,
Und, bitt' ich, stets die Finger auf den Mund!
Die Zeit ist aus den Fugen: Schmach und Gram,

25   Daß ich zur Welt, sie einzurichten, kam!
       Nun kommt, laßt uns zusammen gehn!   *(Alle ab)*
                                        (I, 5)

Die Titelfigur macht den Zuschauer rechtzeitig auf ihr „fremdes" und „seltsames" Verhalten (5), auf ihr „wunderliches Wesen" (7) aufmerksam. Das Verbot „verstohlnen Deutens" (14), an Horatio gerichtet, kann der Zuschauer auch auf die eigenen Interpretationsbedürfnisse beziehen, welche die Figur in ihm erweckt. Die Sentenzen zu Anfang („Es gibt mehr Ding' ..." 1 f.) und am Schluß des Textabschnitts („Die Zeit ist aus den Fugen..." 24) stellen die Figur in einen weiten Rahmen, den die Offenheit ihrer Konzeption ermöglicht.

Rationale oder psychologische Konzeption?
Schließlich kann gefragt werden, ob eine Figur als Repräsentant des Menschen so angelegt ist, daß sie stets bewußt handelt und Situationen rational bewältigt, oder ob sie nur ein einzelnes Exempel darstellen soll, in dem sich das Menschliche in subjektiv begrenzter Perspektive zeigt. In diesem Fall bleibt ihr Tun und Reden im Bereich des psychologisch Plausiblen, das sonst durchaus überschritten werden kann.

Eine rational konzipierte Figur ist z. B. Lessings ‚Nathan der Weise‘ (1783), in der sich die Utopie des religiösen Friedens verkörpert. Zum Sultan Saladin gerufen, erwartet Nathan, zu einem größeren Darlehen für den Krieg gegen die Kreuzfahrer aufgefordert zu werden, wird jedoch zu seiner Überraschung um die Beantwortung der Frage gebeten, welche der drei Religionen, Islam, Judenglaube oder Christenlehre, nach seiner Ansicht die wahre sei. Nathan befindet sich in der Zwickmühle, über die er im folgenden Auftritt (III, 6) in einem längeren Selbstgespräch laut nachdenkt:

      Hm! hm! – wunderlich! – Wie ist
      Mir denn? – Was will der Sultan? was? – Ich bin
      Auf Geld gefaßt; und er will – Wahrheit. Wahrheit!
      Und will sie so, – so bar, so blank, – als ob
  5 Die Wahrheit Münze wäre! – Ja, wenn noch
      Uralte Münze, die gewogen ward! –
      Das ginge noch! Allein so neue Münze,
      Die nur der Stempel macht, die man aufs Brett
      Nun zählen darf, das ist sie doch nun nicht!
 10 Wie Geld in Sack, so striche man in Kopf
      Auch Wahrheit ein? Wer ist denn hier der Jude?
      Ich oder er? – Doch wie? Sollt' er auch wohl
      Die Wahrheit nicht in Wahrheit fordern? – Zwar,
      Zwar der Verdacht, daß er die Wahrheit nur
 15 Als Falle brauche, wär' auch gar zu klein! –
      Zu klein? – Was ist für einen Großen denn
      Zu klein? – Gewiß, gewiß: er stürzte mit
      Der Türe so ins Haus! Man pocht doch, hört

Doch erst, wenn man als Freund sich naht. – Ich muß
20 Behutsam gehn! – Und wie? wie das? – So ganz
Stockjude sein zu wollen, geht schon nicht. –
Und ganz und gar nicht Jude, geht noch minder.
Denn, wenn kein Jude, dürft' er mich nur fragen,
Warum kein Muselmann? – Das war's! Das kann
25 Mich retten! – Nicht die Kinder bloß, speist man
Mit Märchen ab. – Er kömmt. Er komme nur!

Aus dem schlauen Juden seiner Vorlage (Boccaccio, Decamerone X, 3) hat Lessing das Idealbild des toleranten Menschen gemacht, der den fremden Standpunkt versteht, ohne den eigenen aufzugeben.

Zunächst äußert Nathan seine Überraschung, daß er anstelle von Geld Wahrheit geben solle (1–5). Dann wird ihm klar, daß es diese Wahrheit noch gar nicht gibt (5–9). Er fragt nach den Motiven Saladins (10–13), erwägt, ob es sich um eine Falle handeln könne (13–19), und beschließt, „behutsam" zu sein (19/20). Nun geht er Möglichkeiten einer Antwort durch: Die jüdische für die wahre Religion zu erklären, erscheint ihm nicht gut (20/21), sie ganz herauszulassen, findet er auch nicht zweckmäßig, weil er Saladins Gegenfrage fürchtet, warum es dann nicht der Islam sei (22–24). Und beim Durchgehen dieser Möglichkeiten kommt ihm der rettende Gedanke, fällt ihm das alte „Märchen" von den drei Ringen ein (24–26). Die Entscheidung ist getroffen, die Figurenperspektive des Juden im Hinblick auf eine umfassendere Orientierung überschritten.

Wie eine psychologisch konzipierte Figur in einer Entscheidungssituation vor Augen geführt wird, kann man z. B. in dem Stück ‚Der Hauptmann von Köpenick. Ein deutsches Märchen in 3 Akten' von Carl Zuckmayer erfahren: Der Schuster Wilhelm Voigt hat wegen Urkundenfälschung fünfzehn Jahre im Zuchthaus gesessen, war dann im Ausland gewesen und ist aus Heimweh zurückgekehrt. Um ein neues Leben zu beginnen, tat er das unter falschem Namen. Auch dafür wurde er bestraft. Vergeblich bemüht er sich seit seiner Freilassung um Arbeitserlaubnis oder Paß, weil er im Einwohnerregister gestrichen ist. Müde vom Herumlaufen auf den Ämtern sinnt er auf einen Coup, mit dem er an die begehrten Papiere herankommen könnte. Zu seinem Schwager, der von der gerechten Ordnung im Vaterland überzeugt ist, spricht er von seiner Absicht. Wie diese konkret aussieht, weiß der Zuschauer aufgrund der ersten beiden Akte, in denen die fast magische Bedeutung der Militäruniform in den verschiedenen Bereichen der Gesellschaft veranschaulicht wurde. Vom Begräbnis der Nichte heimkommend, kündigt Voigt Schwester und Schwager seinen Abschied an und sagt schließlich als Antwort auf dessen Versicherung, daß er sicher sein Recht erhalten werde:

[…]
VOIGT: Vorhin – aufn Friedhof – wie de Brockn aufn Sarch
runterjekullert sind – da hab ick's jehört – da war se janz
laut, war se –
HOPRECHT: Wer? Was haste jehört?
5 VOIGT: De innere Stimme. Da hatse jesprochen, du , und da
is alles totenstill jeworden in de Welt, und da hab ick's
vernommen: Mensch, hatse jesagt, – einmal kneift jeder 'n
Arsch zu, du auch, hatse jesagt. Und denn, denn stehste vor
Gott dem Vater, stehste, der allens jeweckt hat, vor dem
10 stehste denn, und der fragt dir ins Jesichte: Willem Voigt,
wat haste jemacht mit dein Leben? Und da muß ick sagen –
Fußmatte, muß ick sagen. Die hab ick jeflochten im Jefäng-

nis, und denn sind se alle druff rumjetrampelt, muß ick
sagen. Und zum Schluß haste jeröchelt und jewürcht, um det
15 bißchen Luft, und denn war's aus. Det sagste vor Gott,
Mensch. Aber der sagt zu dir: Jeh wech! sagt er! Ausweisung! sagt er! Dafür hab ick dir det Leben nich jeschenkt, sagt
er! Det biste mir schuldig! Wo is et? Wat haste mit jemacht?!
Ganz ruhig Und denn, Friedrich – und denn is et wieder
20 nisch mit de Aufenthaltserlaubnis.
HOPRECHT: Willem – du pochst an de Weltordnung – dat is
ne Versündigung, Willem! Det änderste nich, Willem! Det
änderste doch nich!!
VOIGT: Det will ick auch nich. Det will ick nich, Friedrich.
25 Det könnt ick ja nich, da bin ick viel zu alleine für ... Aber so
knickerich, verstehste, möcht ick mal nich vor mein Schöp-
fer stehn. Ick will ihm nichts schuldig bleiben, verstehste?
Ick wer noch was machen mit.
HOPRECHT: Du pochst an de Weltordnung, Willem.
30 VOIGT: Ausjeschlossen. Det wär ne Dummheit, det mach
ick nich. Nee, Friedrich, da mach dir man keene Sorjn. Ick
wer mir nur mal 'n bißken ranhalten, wer ick. Was de andern
können, det kann ick noch lange. *Lacht*
HOPRECHT: Willem, wat haste denn vor? Wat willste denn
35 anfangen, Mensch! Sprich dich doch aus, Willem – also ich
hab dich gewarnt!!
VOIGT *hat inzwischen sein Paket verschnürt, setzt den Hut auf:* Is
gut, Friedrich. Du bist 'n echter Kerl. Da, dein Anzuch hab ick
übern Stuhl jehängt. Marie wird 'n klopfen. *Geht auf ihn zu,*
40 *gibt ihm die Hand, die Hoprecht zögernd nimmt* Adieu,
Friedrich, Dank dir für alles. *Ab*
HOPRECHT *klammert sich mit den Händen an eine Stuhllehne:*
Der Mensch – der Mensch is ja gefährlich!!
Dunkel

(II, 14)

Die Figur äußert sich – psychologisch plausibel – nicht im
Monolog über ihr Vorhaben, sondern im Gespräch mit einem
Verwandten. Die Sprechweise, Wortwahl, Satzbau, Berliner
Mundart, entspricht dem sozialen Status der Figur. Der geistige Horizont ist realistisch gezeichnet. Seinen Einfall nennt
Voigt eine „innere Stimme" (5). Die Entscheidungssituation
wird in dem durch Religionsunterricht und Anstaltsgottes-
dienst geprägten Orientierungsrahmen erlebt. Was er wirklich
vorhat, sagt er Hoprecht nicht, dessen Reaktion allerdings auf
Außergewöhnliches schließen läßt. Der Satz „Was de andern
können, det kann ick noch lange" (32/33) läßt den Zuschauer
daran denken, was „de andern" in den ersten beiden Akten
gezeigt haben, daß sich nämlich alles um die Uniform dreht.
Natürlich ist die dramatische Figur ein Geschöpf ihres Autors.
Deshalb muß sie sagen, was dieser dem Zuschauer übermit-

Voigt geht hier vom passiven
Erleiden zum aktiven Han-
deln über, indem er sich das
militärische Wissen zunutze
macht, das man ihm in der
Haft eingebleut hat, d. h.
indem er mit den Mitteln des
Systems selbst gegen das
System antritt.

teln möchte, nicht nur das, was zu einem Berliner Schuster und entlassenen Zuchthäusler kurz vor dem ersten Weltkrieg gehört. Daher enthält die psychologisch plausible, der Figurenperspektive entsprechende Rede Voigts auch Elemente, die darüber hinausgehen, z. B. die symbolische Bedeutung der „Fußmatte" (12), auf der „se alle druff rumjetrampelt" (13) sind, als Kennzeichnung von Voigts Leben, oder die Übertragung der Begriffe „Aufenthaltserlaubnis (20)" und „Ausweisung" (16/17) von der Ebene der dramatischen Handlung in die theologische Dimension.

Gesichtspunkte zur Analyse der Figurenkonzeption

<u>Statisch oder dynamisch?</u>	Zeigt die Figur Veränderungen während des Spielverlaufs oder bleibt sie sich gleich?
<u>Ein- oder mehr-dimensional?</u>	Beziehen sich die Merkmale der Figur auf eine vorherrschende Eigenschaft oder zeigt sie in verschiedenen Situationen unterschiedliche Seiten ihres Wesens?
<u>Geschlossen oder offen?</u>	Wird die Figur im Stück vollständig definiert oder weist sie eine nicht auflösbare Mehrdeutigkeit auf?
<u>Rational oder psychologisch?</u>	Handelt die Figur stets voll bewußt und verhält sie sich als Vernunftswesen oder zeigt sie eine subjektiv begrenzte Perspektive, die psychologisch plausibel gemacht wird?

Konstellation und Konfiguration der Figuren:
Jede Figur erhält ihre Bedeutung und ihre Funktion nur in Beziehung zu allen anderen Figuren des Dramas (= Ensemble, Personal). Dieses Beziehungsgeflecht heißt ‚Konstellation'. Dem <u>Umfang</u> nach kann eine Figurenkonstellation vom Ein-Personen-Stück (= Monodrama) bis zum vielfigurigen Drama mit Massenszenen (z. B. Büchners ‚Dantons Tod') reichen.
Im Hinblick auf die <u>Struktur</u> lassen sich nach den Merkmalen der Präsenz auf der Bühne und des Anteils am Sprechtext <u>Haupt- und Nebenfiguren</u> unterscheiden. Unter den Hauptfiguren wiederum kann man je nach ihrer <u>Funktion</u> für die Handlung des Stücks den Helden (Protagonisten) und seinen Gegenspieler (Antagonisten) erkennen, z. B. Götz von Berlichingen und Weislingen in Goethes Drama oder Maria Stuart und Elisabeth in Schillers Trauerspiel. In einem Intrigenstück lassen sich die Figuren, wie es bei Schiller schon der Titel ‚Kabale und Liebe' nahelegt, nach den Intriganten und deren Opfern gruppieren:

Eine Inhaltsangabe von ‚Kabale und Liebe' findet sich auf S. 59

Präsident von Walter	Ferdinand von Walter
Hofmarschall von Kalb	Luise Millerin
Sekretär Wurm	Musikus Miller und Frau

Von Lady Milford erfährt Ferdinand – und mit ihm der Zuschauer – im Lauf des Stücks, daß sie nicht, wie es anfangs schien, auf die Seite der Intrige, sondern auf die Seite der Opfer gehört.

Die <u>Konstellation</u> der Figuren läßt sich oft mit Hilfe von wiederkehrenden Oppositionen beschreiben, z.B.

- männlich ⟷ weiblich (Helmer und Nora in Ibsens ‚Nora‘),
- alt ⟷ jung (Carlos und Posa gegenüber König Philipp in Schillers ‚Don Carlos‘) oder
- sozial höher ⟷ tiefer gestellt (Adlige ⟷ Bürger oder Bürger ⟷ Proletarier).

Eine Inhaltsangabe von ‚Nora‘ findet sich auf S. 71

Stehen die Figuren auf verschiedenen Seiten dieser Gegensatzpaare, dann spricht man von <u>Kontrastbeziehung</u> (Posa ⟷ Philipp), gehören sie auf die gleiche Seite, von <u>Korrespondenzbeziehung</u> (Don Carlos/Marquis von Posa).

Die Figurenkonstellation wird oft in einer Graphik dargestellt. Eine solche Graphik sieht für die Hauptfiguren von Lessing's Trauerspiel ‚Emilia Galotti‘ folgendermaßen aus:

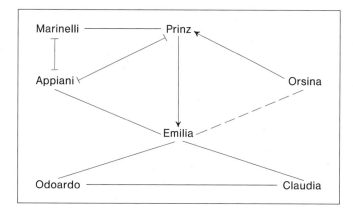

Graphik nach Bernhard Asmuth: Einführung in die Dramenanalyse, S. 97

Dabei bedeutet

——————— eine gegenseitige, nicht gestörte Beziehung

⊢————⊣ eine gestörte, gegnerische Beziehung

————————▶ eine einseitig erstrebte Beziehung, die nicht erwidert wird

– – – – – eine über die in der Handlung aufgerichteten Grenzen hinübergreifende Beziehung

Für sich allein ist das Schaubild nicht informativ genug. Es muß dazu notiert werden, worauf die Beziehung jeweils beruht, also z. B.

Prinz, Marinelli: Herr und Diener
Appiani, Emilia: Bräutigam und Braut
Odoardo, Emilia: Vater und Tochter usw.

Fügt man hinzu, wie sich diese Beziehungen jeweils entwickkeln, so hat man ein Gerüst der Handlung:

Der Prinz Gonzaga ist in Leidenschaft zu Emilia entbrannt, der Tochter des sittenstrengen Obersten Galotti. Als der Prinz erfährt, Emilia solle noch heute den Grafen Appiani heiraten, überläßt er seinem Kammerherrn Marinelli das Gesetz des Handelns. Da Appiani sich nicht durch einen diplomatischen Auftrag weglocken läßt, arrangiert Marinelli einen Überfall auf den Wagen des Paares. Appiani findet dabei den Tod, Emilia wird in das „zufällig nahegelegene" Lustschloß Dosalo gebracht. Dorthin eilen auch die besorgten Eltern sowie die Gräfin Orsina, die frühere Geliebte des Prinzen, die den Vater Odoardo Galotti über die Intrige aufklärt und ihm einen Dolch in die Hand gibt, mit dem er seine Tochter tötet, um sie vor Schande zu bewahren.

Im Verlauf der Handlung werden die Figuren in unterschiedlicher Kombination auf der Bühne zusammengeführt. Diejenige Teilmenge des Figuren-Ensembles, die jeweils in einer Szene zusammen agiert, wird als <u>Konfiguration</u> bezeichnet. Ein Wechsel der Konfiguration markiert einen neuen Auftritt. Im Hinblick auf die Konfiguration kann man die Figuren folgendermaßen gruppieren:

concomitari lat. = jemanden begleiten

- szenisch <u>konkomitante</u> Figuren sind solche, die <u>stets</u> zusammen auftreten (z. B. Rosencrantz und Güldenstern in Shakespeare's ‚Hamlet'),

In seiner an dies Stück angelehnten ‚Komödie der Irrungen' hat Shakespeare dem Brüderpaar Diener beigegeben, die ebenfalls Zwillinge sind.

- szenisch <u>alternative</u> Figuren, die nie zusammen auftreten (wie es bis zur Wiedererkennungsszene mit den beiden Zwillingsbrüdern in der Komödie ‚Menaechmi' des Plautus der Fall ist) und
- szenisch <u>dominante</u> Figuren, die in der Mehrzahl der Szenen auf der Bühne sind. Eine solche szenisch dominante Figur ist z. B. Iphigenie in Goethes gleichnamigem Schauspiel. Eine Übersicht über die zwanzig Auftritte zeigt, wie die Fragen nach der Konstellation und nach der Konfiguration miteinander zusammenhängen:

I, 1 Iph.	III, 1 Iph. Orest	V, 1 Thoas, Ark.
I, 2 Iph. Ark.	III, 2 Orest	V, 2 Thoas
I, 3 Iph. Thoas	III, 3 Iph. Orest Pyl.	V, 3 Iph. Thoas
I, 4 Iph.	IV, 1 Iph.	V, 4 Iph. Thoas, Orest
II, 1 Orest, Pyl.	IV, 2 Iph. Ark.	V, 5 Iph. Thoas Orest, Ark. Pyl.
II, 2 Iph. Pyl.	IV, 3 Iph.	
	IV, 4 Iph. Pyl.	V, 6 Iph. Thoas, Orest
	IV, 5 Iph.	

Iphigenie ist in 16 von 20 Auftritten auf der Bühne, Orest und Thoas in 7, Pylades in 5 und Arkas in 4 Auftritten. Iphigenie steht mit allen Figuren im Dialog, Arkas sonst nur mit Thoas, Pylades sonst nur mit Orest, d. h. Arkas und Pylades sind Nebenfiguren, Thoas und Orest Hauptfiguren, doch unter Führung von Iphigenie. Daher könnte man die Konstellation in folgendes Bild fassen:

```
                          Iphigenie
              Thoas                        Orest
    Arkas                                          Pylades
```

In der ursprünglichen Prosa-Fassung wurde das Stück am 6. 4. 1779 am Weimarer Liebhabertheater aufgeführt. Goethe selbst spielte den Orest. Auf der Italienreise entstand die Versfassung 1786, mit der Goethe den Schritt zur Klassik tat.

Iphigenie als Mittel- und Mittlerfigur hat im Verlauf der Handlung drei sich steigernde Konflikte zu bewältigen, zunächst den Konflikt mit Thoas, der sie heiraten und im Land behalten möchte, dann den Konflikt mit dem Bruder Orest, der auf Flucht sinnt, den sie aber von dem Wahn heilen will, in den ihn die Rachegöttinen (die Erynnien) getrieben haben, schließlich den Zwiespalt, der in ihr selbst zwischen der Solidarität mit dem Bruder und der Verpflichtung gegenüber dem König Thoas besteht. Sie löst diese Probleme, indem sie sich Thoas offenbart und seine Hilfe erbittet. Alle drei Hauptpersonen finden – ohne wie in dem antiken Iphigenie-Drama des Euripides eines ,deus ex machina', d. h. einer Hilfe von oben zu bedürfen, – aus sittlicher Autonomie heraus die Versöhnung. Iphigenie verläßt das Bild der Göttin Diana, der sie gedient hatte, Thoas und Orest verzichten auf die Anwendung von Gewalt. Nur Pylades und Arkas sind als Untergebene von der Wandlung nicht betroffen.

Zum ,deus ex machina' bei Euripides vgl. o. S. 43

Aus szenisch alternativen Figuren besteht das Personal in dem Stück ,Reigen' von Arthur Schnitzler (1896/97). Bezeichnet man das Auftreten einer der zehn Figuren in den zehn Szenen mit 1, das Nichtauftreten mit 0, so zeigt sich folgendes Konfigurationsmuster:

	I	II	III	IV	V	VI	VII	VIII	IX	X
1. Dirne	1	0	0	0	0	0	0	0	0	1
2. Soldat	1	1	0	0	0	0	0	0	0	0
3. Stubenmädchen	0	1	1	0	0	0	0	0	0	0
4. Junger Herr	0	0	1	1	0	0	0	0	0	0
5. Junge Frau	0	0	0	1	1	0	0	0	0	0
6. Ehemann	0	0	0	0	1	1	0	0	0	0
7. Süßes Mädel	0	0	0	0	0	1	1	0	0	0
8. Dichter	0	0	0	0	0	0	1	1	0	0
9. Schauspielerin	0	0	0	0	0	0	0	1	1	0
10. Graf	0	0	0	0	0	0	0	0	1	1

Schnitzler äußerte über die Szenenfolge: „Ich glaube, ihr Wert liegt anderswo als darin, daß ihr Inhalt den geltenden Begriffen nach die Veröffentlichung zu verbieten scheint."

Zweier-Konfigurationen sind kettenartig miteinander verknüpft. Mit der Wiederaufnahme der Dirne in der letzten Konfiguration kehrt das Geschehen zyklisch wieder an den Anfang zurück. Es könnte immer so weitergehen. In der Monotonie der wiederkehrenden geschlechtlichen Vereinigung, in der die sozialen Unterschiede aufgehoben werden, gibt es dennoch zahlreiche Abstufungen des Liebesverhaltens und seiner Rechtfertigung, z. B. doppelte Moral, Tugendheuchelei, Besitzanspruch u. v. a. Das Miteinander der Figuren zeigt, wie fern sie sich in Wirklichkeit sind, wie sie einander suchen und

---

Konstellation und Konfiguration der Figuren

Figurengruppierung (Konstellation)

- Zahl der Figuren (Monodrama, wenige Figuren, viele Figuren und Massenszenen, Volk)
- Haupt- und Nebenfiguren
- Held (Protagonist) und Gegenspieler (Antagonist)
- Intriganten und Opfer der Intrige, außenstehende Figuren
- Wiederkehrende Gegensätze (männlich ←→ weiblich; alt ←→ jung; sozial höher ←→ tiefer gestellt)
- Kontrastbeziehung (Gegner, Figuren mit unterschiedlichen Merkmalen) und Korrespondenzbeziehung (Verbündete, Figuren mit übereinstimmenden Merkmalen)

Figurenverteilung (Konfiguration)

- Zusammen auftretende (konkomitante) Figuren
- Getrennt auftretende (alternative) Figuren
- Immer wieder auftretende (dominante) Figuren

verfehlen. Die kreisförmige Gestalt des Stücks, in dem sich einer mit einem andern und dieser wieder mit dem nächsten verbindet, eben der „Reigen", symbolisiert ein Dahinleben in Sinnlichkeit und Lust und eine Leere des Daseins:

GRAF: […] Sie wissen doch wenigstens, warum Sie leben!
SCHAUSPIELERIN: Wer sagt Ihnen das? Ich habe keine Ahnung, wozu ich lebe! (IX)

Charakterisierung der Figuren

Um die Handlung verstehen zu können, benötigt der Zuschauer möglichst viele Informationen über die Eigenart der einzelnen Figuren und über ihre Bedeutung innerhalb des Ensembles der Figuren, die auf der Bühne miteinander agieren. Diese Informationen können entweder direkt vom Autor aus, d. h. ‚auktorial', gegeben werden (z. B. in einem Nebentext) oder dadurch, daß die Figuren sich selbst oder andere Figuren charakterisieren, also ‚figural'. So charakterisiert sich die Titelfigur in Shakespeares ‚König Richard III.' im ersten Auftritt selbst als Mißgeburt und äußert ihr Vorhaben, „ein Bösewicht zu werden". In der Eingangsszene des ‚Macbeth' wird die Hauptfigur in ihrer Kämpferrolle durch einen Soldaten, also in der Perspektive ‚von unten', vorgestellt („Held Macbeth, das Glück verachtend, mit geschwungnem Stahl…"). Das Bild vom „Stahl, der heiß von Blut und Niederlage dampfte…", kehrt dann als Element der Selbstcharakterisierung im ‚Dolch-Monolog' (II, 1) wieder, in dem Macbeth die „blut'ge Arbeit" seiner Mörderlaufbahn vor sich sieht.

Figurencharakterisierung im Nebentext: Krüger in Hauptmanns ‚Biberpelz' (s. o. S. 66)

Ein Ausschnitt aus dem Eingangsmonolog auf S. 46

Eine zweite Unterscheidung der Charakterisierungstechniken läuft quer zu den Kategorien ‚auktorial' und ‚figural'. Sie betrifft die Frage, ob eine Figur ‚explizit' charakterisiert wird, indem von ihr die Rede ist, oder ob die Informationen über sie ‚implizit', unausdrücklich, gegeben werden, so daß der Zuschauer die charakterisierenden Elemente selbst den sprachlichen und außersprachlichen Zeichen der Bühnendarstellung entnehmen muß. So gibt der Dorfrichter Adam in Kleists Lustspiel ‚Der zerbrochene Krug' sogleich im ersten Auftritt eine Probe von seiner Fähigkeit, unangenehmen Fragen durch ablenkende und verwirrende Ausreden auszuweichen. Der Rentner Krüger wird in Hauptmanns Komödie ‚Der Biberpelz' nicht nur explizit durch den Nebentext charakterisiert, sondern auch implizit durch seinen Sprachfehler („pestohlen"). Daß damit ein Zug ängstlicher Korrektheit gemeint ist, wird erst an dem Kontrast zu der jovial-selbstsicheren Art des Amtsvorstehers von Wehrhahn deutlich:

Der Eingangsdialog des Lustspiels ist auf den Seiten 33–35 abgedruckt

vgl. oben S. 66

Es ist doch sonst in der letzten Zeit nicht das <u>jering</u>ste vorjekommen. –
Was? Nicht das <u>kering</u>ste […]

Bühnenanweisung des
1. Aktes s. o. S. 26 f.

Auch durch die Gestaltung seiner Umgebung kann der Held implizit charakterisiert werden, wie es bei Torvald Helmer in Ibsens ‚Nora' der Fall ist.

In einer Kombination auktorialer und figuraler sowie expliziter und impliziter Charakterisierungstechniken entfaltet Schiller in seiner Wallenstein-Trilogie die ganze Problematik der vielschichtigen Titelfigur, bevor diese selbst auf der Bühne erscheint. Die Soldaten machen sich Gedanken über das Erscheinen des kaiserlichen Rates im Lager („Das hat was zu bedeuten, ich wette" WL 2). Die meisten von ihnen identifizieren sich mit Wallenstein in dem aufkommenden Konflikt mit dem Kaiser. Sie sehen ihren Generalissimus als Garanten der Ordnung:

WL: Wallensteins Lager
P: Die Piccolomini
WT: Wallensteins Tod

Da gibt's nur e i n Vergehn und Verbrechen:
Der Ordre fürwitzig widersprechen! (WL 6)

Sie glauben – wie Wallenstein selbst – an seinen Glücksstern und sehen in ihm ihre eigenen Aufstiegswünsche verkörpert:

War erst nur ein schlichter Edelmann,
Und weil er der Kriegsgöttin sich vertraut,
Hat er sich diese Größ erbaut […] (WL 7)

Doch der Zwiespalt, in dem Wallenstein selbst steckt, geht auch mitten durch sein Heer. Viele wagen es nicht, für die Treue zu Wallenstein den Gehorsam gegenüber dem Kaiser aufs Spiel zu setzen:

„Und so lang der Kaiser diesen Friedland läßt walten, wird nicht Fried im Land."
(WL 8)

Der Herzog ist gewaltig und hochverständig;
Aber er bleibt doch, schlecht und recht,
Wie wir alle, des Kaisers Knecht. (WL 11)

Der Kapuzinerpater sieht gar in ihm die Ursache dafür, daß es keinen Frieden gibt.
Dadurch, daß die Soldaten beschließen, eine Eingabe (ein „Pro memoria") beim Kaiser zu machen und den jungen Piccolomini mit der Übermittlung zu betrauen, weil er „sich auf solche Sachen" verstehe, „bei dem Friedländer alles machen" könne und auch beim Kaiser „einen großen Stein im Brett" habe (WL 11), wird eine weitere Figur charakterisiert und auf den Treuekonflikt Max Piccolominis zwischen Herzog und Kaiser vorausgedeutet, aus dem dieser in den Tod fliehen wird (WT II, 2).
Im ersten Akt des zweiten Teils der Trilogie wird der Zuschau-

er mit den Stabsoffizieren des Herzogs von Friedland bekannt gemacht, von denen sich einige schon gegen Wallenstein entschieden haben.

Ehe der Zuschauer in den innersten Kreis um den Herzog geführt wird, gibt es noch den bezeichnenden Aufenthalt durch den Astrologen Seni, der die Vorbereitungen zum Empfang auf seine Weise überprüft. Dann erst tritt Wallenstein auf (P II, 2) und erfährt von seiner Frau, daß sich die Sympathie für ihn am Wiener Hof abgekühlt hat.

„Seni (zählt die Stühle): Eilf! Eine böse Zahl. Zwölf Stühle setzt…" (P II, 1)

Dadurch, daß Schiller die Titelfigur vor ihrem ersten Auftreten in zahlreichen Perspektiven anderer Figuren in ihren Vorzügen und ihrer Gefährdung erscheinen läßt, gibt er zugleich eine Exposition der verwickelten historischen Lage, in der sich die Figur befindet und innerhalb deren sie dann handeln muß. Handlungssituation und Charakter der Figur sowie ihre Spiegelung in anderen Figuren werden dem Zuschauer in einer Bewegung zunehmender Komplexität vor Augen geführt.

Besonders aufschlußreich für den Charakter einer Figur ist ihr Verhalten in Entscheidungssituationen. So siegt, als ihr Faust den Schlaftrunk übergibt, bei Gretchen die zur Hingabe drängende Liebe über alle Bedenken:

Überblick über die Gretchenhandlung s. o. S. 53–58

Seh' ich dich, bester Mann, nur an,
Weiß nicht, was mich nach deinem Willen treibt;
Ich habe schon so viel für dich getan,
Daß mir zu tun fast nichts mehr übrig bleibt.

(3517–20)

Als Luise in Schillers Trauerspiel ‚Kabale und Liebe' zwischen der Flucht mit dem Geliebten und der Pflicht gegenüber dem Vater zu wählen hat, erweist sie sich als liebende Tochter (III, 4). Helmer gelingt es in Ibsens ‚Nora' im entscheidenden Moment nicht, sich in seine Frau hineinzuversetzen und das Bild, das er sich von ihr gemacht hatte, zu korrigieren (III,5). Wallenstein aber muß erkennen, daß seine Taktik, sich die Wege offen zu halten, das Gegenteil bewirkt und seine Entscheidungsfreiheit eingeschränkt hat (WT I, 4):

Zum Inhalt des Trauerspiels ‚Kabale und Liebe' s. o. S. 59

Zum Inhalt von ‚Nora' s. o. S. 71 f.

Wärs möglich? Könnt ich nicht mehr, wie ich wollte?
Nicht mehr zurück, wie mirs beliebt? Ich müßte
Die Tat vollbringen, weil ich sie gedacht,
Nicht die Versuchung von mir wies – das Herz
Genährt mit diesem Traum, auf ungewisse
Erfüllung hin die Mittel mir gespart,
Die Wege bloß mir offen hab gehalten? –
[…]

Nun sieht er sich „mit eignem Netz verderblich … umstrickt"
und genötigt, es mit „Gewalttat" zu „lösen", d.h. sich offen
gegen den Kaiser zu stellen.

Techniken der Figurencharakterisierung		
	explizit (ausdrücklich)	impizit (mitenthalten)
auktorial (vom Autor unmittelbar an den Zuschauer gerichtet)	Figurenbeschreibung im Nebentext Sprechende Namen (telling names)	Hervorhebung von Merk- malen einer Figur durch Übereinstimmung (Korre- spondenz) mit anderen Figuren oder durch Gegensatz (Kontrast) zu ihnen

figural
(von den Figuren selbst
dem Zuschauer
dargestellt)
	Figur kommentiert sich
	selbst im Monolog oder
	im Dialog mit anderen
	Figuren
	
	Figuren kommentieren
	eine andere Figur:
	a) im Monolog oder
	    Dialog
	b) in Anwesenheit oder
	    Abwesenheit der kom-
	    mentierten Figuren
	c) vor, während oder
	    nach dem ersten Auf-
	    treten der kommentier-
	    ten Figur
		Außersprachliche Mittel:
		a) Aussehen, Mimik,
		    Gestik
		b) Masken, Kostüme,
		    Requisiten
		c) Verhalten, Benehmen
		d) Schauplatz, Umge-
		    bung
		
		Sprachliche Mittel:
		a) Stimmqualität
		b) Dialekt, schicht-
		    spezifische Sprache,
		    Fachsprache
		c) Persönlicher Stil,
		    Satzbau, Wortwahl

6. Sprache und Stil der Figurenrede

Die Figurenrede dient nicht nur der Selbstdarstellung und der Charakterisierung anderer Figuren, sondern hat eine Fülle weiterer Funktionen. Das kann an der Szene II, 6 aus dem bürgerlichen Trauerspiel ‚Kabale und Liebe' von Schiller gezeigt werden:

Über Inhalt und Aufbau des Stücks vgl. S. 59

DER PRÄSIDENT *mit einem Gefolge von Bedienten.* VORIGE
PRÄSIDENT *(im Hereintreten):* Da ist er schon.
ALLE *(erschrocken).*
FERDINAND *(weicht einige Schritte zurück):* Im Hause der
5   Unschuld.
PRÄSIDENT: Wo der Sohn Gehorsam gegen den Vater lernt?
FERDINAND: Lassen Sie uns das – –
PRÄSIDENT *(unterbricht ihn, zu Millern):* Er ist der Vater?
MILLER: Stadtmusikant Miller.
10 PRÄSIDENT *(zur Frau):* Sie die Mutter?
FRAU: Ach ja! die Mutter.
FERDINAND *(zu Millern):* Vater, bring Er die Tochter weg – Sie
   droht eine Ohnmacht.
PRÄSIDENT: Überflüssige Sorgfalt. Ich will sie anstreichen.
15   *(Zu Luisen)* Wie lang kennt Sie den Sohn des Präsiden-
   ten?
LUISE: Diesem habe ich nie nachgefragt. Ferdinand von Wal-
   ter besucht mich seit dem November.
FERDINAND: Betet sie an.
20 PRÄSIDENT: Erhielt Sie Versicherungen?
FERDINAND: Vor wenigen Augenblicken die feierlichste im
   Angesicht Gottes.
PRÄSIDENT *(zornig zu seinem Sohn):* Zur Beichte d e i n e r Tor-
heit wird man dir schon das Zeichen geben. *(Zu Luisen)* Ich
25   warte auf Antwort.
LUISE: Er schwur mir Liebe.
FERDINAND: Und wird sie halten.
PRÄSIDENT: Muß ich befehlen, daß du schweigst? – Nahm Sie
den Schwur an?
30 LUISE *(zärtlich):* Ich erwiderte ihn.
FERDINAND *(mit fester Stimme):* Der Bund ist geschlossen.
PRÄSIDENT: Ich werde das Echo hinauswerfen lassen. *(Boshaft
zu Luisen)* Aber er bezahlte Sie doch jederzeit bar?
LUISE *(aufmerksam):* Diese Frage verstehe ich nicht ganz.
35 PRÄSIDENT *(mit beißendem Lachen):* Nicht? Nun! ich meine
   nur – Jedes Handwerk hat, wie man sagt, seinen goldenen
   Boden – auch S i e, hoff ich, wird Ihre Gunst nicht ver-

schenk haben – oder wars Ihr vielleicht mit dem bloßen Verschluß gedient? Wie?

40 FERDINAND *(fährt wie rasend auf):* Hölle! was war das?

LUISE *(zum Major mit Würde und Unwillen):* Herr von Walter, jetzt sind Sie frei.

FERDINAND: Vater! Ehrfurcht befiehlt die Tugend auch im Bettlerkleid.

45 PRÄSIDENT *(lacht lauter):* Eine lustige Zumutung! Der Vater soll die Hure des Sohns respektieren.

LUISE *(stürzt nieder):* O Himmel und Erde!

FERDINAND *(mit Luisen zu gleicher Zeit, indem er den Degen nach dem Präsidenten zückt, den er aber schnell wieder sinken*
50 *läßt):* Vater! Sie hatten einmal ein Leben an mich zu fodern – Es ist bezahlt. *(Den Degen einsteckend)* Der Schuldbrief der kindlichen Pflicht liegt zerrissen da –

MILLER *(der bis jetzt furchtsam auf der Seite gestanden, tritt hervor in Bewegung, wechselsweis für Wut mit den Zähnen knir-*
55 *schend und für Angst damit klappernd):* Euer Exzellenz – Das Kind ist des Vaters Arbeit – Halten zu Gnaden – Wer das Kind eine Mähre schilt, schlägt den Vater ans Ohr, und Ohrfeig um Ohrfeig – Das ist so Tax bei uns – Halten zu Gnaden.

FRAU: Hilf, Herr und Heiland! – Jetzt bricht auch der Alte los –
60 über unserm Kopf wird das Wetter zusammenschlagen.

PRÄSIDENT *(der es nur halb gehört hat):* Regt sich der Kuppler auch? – Wir sprechen uns gleich, Kuppler.

MILLER: Halten zu Gnaden. Ich heiße Miller, wenn Sie ein Adagio hören wollen – mit Buhlschaften dien ich nicht.
65 Solang der Hof da noch Vorrat hat, kommt die Lieferung nicht an uns Bürgersleut. Halten zu Gnaden.

FRAU: Um des Himmels willen, Mann! Du bringst Weib und Kind um.

FERDINAND: Sie spielen hier eine Rolle, mein Vater, wobei Sie
70 sich wenigstens die Zeugen hätten ersparen können.

MILLER *(kommt immer näher, herzhafter):* Teutsch und verständlich. Halten zu Gnaden. Euer Exzellenz schalten und walten im Land. Das ist meine Stube. Mein devotestes Kompliment, wenn ich dermaleins ein Promemoria brin-
75 ge, aber den ungehobelten Gast werf ich zur Tür hinaus – Halten zu Gnaden.

PRÄSIDENT *(vor Wut blaß):* Was? – Was ist das? *(Tritt ihm näher)*

MILLER *(zieht sich sachte zurück):* Das war nur so meine Mei-
80 nung, Herr – Halten zu Gnaden.

PRÄSIDENT *(in Flammen):* Ha, Spitzbube! Ins Zuchthaus spricht dich deine vermessene Meinung – Fort! Man soll Gerichtsdiener holen. *(Einige vom Gefolg gehen ab; der Präsident rennt voll Wut durch das Zimmer)* Vater ins Zuchthaus –
85 an den Pranger Mutter und Metze von Tochter! – Die Gerechtigkeit soll meiner Wut ihre Arme borgen. Für diesen Schimpf muß ich schreckliche Genugtuung haben – Ein sol-

ches Gesindel sollte meine Plane zerschlagen, und unge-
straft Vater und Sohn aneinander hetzen? – Ha, Verfluchte!
90   Ich will meinen Haß an eurem Untergang sättigen, die ganze
Brut, Vater, Mutter und Tochter, will ich meiner brennenden
Rache opfern.
FERDINAND *(tritt gelassen und standhaft unter sie hin):* O nicht
doch! Seid außer Furcht! I c h bin zugegen. *(Zum Präsiden-*
95   *ten mit Unterwürfigkeit)* Keine Übereilung, mein Vater!
Wenn Sie sich selbst lieben, keine Gewalttätigkeit – Es gibt
eine Gegend in meinem Herzen, worin das Wort V a t e r
noch nie gehört worden ist – Dringen Sie nicht bis in d i e s e.
PRÄSIDENT: Nichtswürdiger! Schweig! Reize meinen Grimm
100 nicht noch mehr.
MILLER *(kommt aus einer dumpfen Betäubung zu sich selbst):*
Schau du nach deinem Kinde, Frau. Ich laufe zum Herzog –
Der Leibschneider – das hat mir Gott eingeblasen! – der
Leibschneider lernt die Flöte bei mir. Es kann mir nicht feh-
105 len beim Herzog. *(Er will gehen)*
PRÄSIDENT: Beim Herzog, sagst du? – Hast du vergessen, daß
ich die Schwelle bin, worüber du springen oder den Hals
brechen mußt? – Beim Herzog, du Dummkopf? – Versuch
es, wenn du, lebendig tot, eine Turmhöhe tief unter dem
110 Boden im Kerker liegst, wo die Nacht mit der Hölle lieb-
äugelt, und Schall und Licht wieder umkehren, raßle dann
mit deinen Ketten und wimmre: Mir ist zuviel geschehen!

Kabale = Intrige, hinterhälti-
ger Anschlag (Die Änderung
des ursprünglichen Titels
‚Luise Millerin' geht auf den
Schauspieler und Dramatiker
August Wilhelm Iffland
[1759–1814] zurück.)

Im Redestil der beiden Vaterfiguren erfolgt deutlich eine
Selbstcharakteristik. Musikus Miller ist ein einfacher, argloser
Mann, dessen Mentalität durch formelhafte Wendungen zum
Ausdruck kommt („Das Kind ist des Vaters Arbeit" 56, „Das
ist so Tax bei uns" 58, „Teutsch und verständlich" 71/72). Der
Präsident tritt dagegen wie einer auf, der Unterwürfigkeit erwartet – und auch erhält: „Er ist der Vater? – Stadtmusikant
Miller." (8/9). Doch charakterisieren sich die Figuren auch
gegenseitig in ihrer Beziehung zueinander. Viele Merkmale
zeigen sie erst deshalb, weil sie aufeinander reagieren. So
zwingt seine niedrige soziale Stellung Miller dazu, mit stereo-
typen Ergebenheitsformeln („Halten zu Gnaden" 56, 58, 63,
66, 72, 75, 80) Kompromißbereitschaft zu signalisieren, während der Präsident keine Rücksicht nehmen zu müssen glaubt
und den Herrn hervorkehrt. Er stellt kurze Fragen – wie bei
einem Verhör – und trifft knappe Feststellungen („Überflüssige Sorgfalt" 14, „Ich warte auf Antwort" 25/26). Er droht,
zwingt, kündigt Strafe an 6, 28, 81, 84, 109, 112). Die Wortwahl
verrät seine Auffassung von der in ‚Oben' und ‚Unten' geteil-
ten Gesellschaft. Menschenverachtung beweist seine zyni-
sche Unterstellung eines bloß sexuellen Verhältnisses (33,
37–39). Seine Rede strotzt von Schimpfwörtern („Hure" 46,

„Kuppler" 61/62, „Spitzbube" 81, „Metze" 85, „Gesindel" 88
usw.), während Musikus Miller Hemmungen hat, solche Ausdrücke in den Mund zu nehmen (In I, 1 spricht er nur von
„einer daß Gott erbarm"). Für die zu erwartende <u>Handlung</u>
ergibt das den Hinweis, daß die adlige Gegenseite mit brutalen
Mitteln ihre Interessen durchzusetzen versuchen wird.

Rede und Verhalten der Figuren stehen also auch für <u>innere
Vorgänge</u>. Der Zuschauer erfährt etwas von den <u>Zielen</u> und
<u>Beweggründen</u> der handelnden Figuren. Er sieht, wie sie von
sich aus die <u>Situation beurteilen</u>. Miller schwankt zwischen
Angst und Wut ob des unerhörten Verhaltens des Präsidenten.
Immer wieder schlägt bei ihm Ehrerbietung in Empörung um.
Der Umschlag spiegelt sich im Satzbau, wo der Gliedsatz am
Anfang in verhaltenem Ton, der Hauptsatz dann mit scharfem
Akzent gesprochen wird:

Wer das Kind eine
   Mähre schilt,   schlägt den Vater ans Ohr, und
                               Ohrfeig um Ohrfeig […] (56–58)

[…] wenn Sie ein Adagio
   hören wollen –   mit Buhlschaften dien ich nicht.
                               Solang der Hof da noch Vorrat hat
                               […] (63–65)

Als er dann eine Handlungsmöglichkeit sieht, geht er zu kur-
zen Sätzen über: „Schau du nach deinem Kinde, Frau. Ich laufe zum Herzog…" (102/3). Nun ist es psychologisch sicher
nicht plausibel, daß er seinen Schritt dem Gegner verraten
hätte. Die Mitteilung ist für den <u>Zuschauer</u> bestimmt. Er soll
sich über das plötzliche Erschrecken des Präsidenten wun-
dern („Beim Herzog, sagst du?" 106) und erkennen, daß dieser
etwas zu verbergen hat. Ferdinand spielt darauf an („Es gibt
eine Gegend in meinem Herzen, worin das Wort Va t e r noch
nie gehört worden ist" 96–98), zunächst nur warnend („Dringen Sie nicht bis in d i e s e." 98). In der nächsten Szene wird er
drohen: „… unterdessen erzähl ich der Residenz eine Geschichte, w i e m a n P r ä s i d e n t w i r d" (II,7). Die Aufklärung gibt das Gespräch zwischen dem Präsidenten und dem
Sekretär Wurm, der dem Vater vorwirft, es sei falsch gewesen,
den Sohn in die Umstände seines gesellschaftlichen Aufstiegs
einzuweihen (III, 1). Diese Inhalte der Figurenrede gehören
zur spielinternen <u>Exposition</u> der Vorgeschichte, durch die der
Zuschauer allmählich mit den Voraussetzungen der Handlung
vertraut gemacht wird.

Bei den Funktionen der Figurenrede handelt es sich also einmal um solche im inneren Kommunikationssystem, in dem es
die Figuren miteinander zu tun haben, zweitens aber auch um

*Wurm: „Sie haben, dünkt
mich, der biegsamen Hof-
kunst den ganzen Präsidenten zu danken […]" – Präsident: „Mein ganzer Einfluß ist
in Gefahr, wenn die Partie mit
der Lady zurückgeht, und
wenn ich den Major zwinge,
mein Hals." (III, 1)*

*Zu dieser Doppelfunktion
der Figurenrede vgl. o. S. 14
und 31*

solche des äußeren Kommunikationssystems, in dem der Autor dem Zuschauer mit Hilfe der Figurenrede etwas mitteilen will, wovon er meint, daß dieser es wissen müsse, um der Handlung folgen zu können.

Funktionen der Figurenrede

Äußere Vorgänge (was der Zuschauer sehen und hören kann)

- Die Figur charakterisiert sich selbst, ihre Mentalität, ihren Beruf, ihre soziale Stellung, durch Wortwahl, Satzbau und Sprechweise.
- Die Figur wirkt im Dialog auf die anderen Figuren ein und veranlaßt sie zu entsprechenden Reaktionen.
- In der Art, wie sie miteinander sprechen, zeigen die Figuren, in welcher Beziehung sie zueinander stehen und wie sie diese Beziehung fortsetzen oder verändern.
- Durch die Figurenrede wird der Zuschauer in die fiktive Welt des Stücks und in den Handlungszusammenhang eingeführt.

Innere Vorgänge (was der Zuschauer erschließen kann)

- Die Figurenrede enthält Hinweise auf die Ziele der handelnden Personen sowie auf ihre Beweggründe bzw. die Interessen, die sie beim Handeln verfolgen.
- An den Äußerungen der Figuren wird deutlich, in welch unterschiedlicher Weise sie die Situation interpretieren, in der sie sich durch den gemeinsamen Auftritt befinden.
- An der sprachlichen Form der Figurenrede läßt sich ablesen, welche Taktik die betreffende Figur einschlägt, um die Situation im Sinne ihrer Handlungsziele zu verändern.

Im Hinblick auf die Formen der Figurenrede ergibt sich die einfache Unterscheidung in Dialog und Monolog. Beim Dialog läßt sich das Zwiegespräch vom Dialog mit mehreren Gesprächsteilnehmern unterscheiden, wie ihn die oben besprochene Beispielsszene aufweist. Ihre Dialogstruktur illustriert die folgende Definition des dramatischen Dialogs:

„Die Redeäußerungen jeder der Personen bilden, obwohl sie mit den Äußerungen der zweiten Person (bzw. der übrigen Personen) abwechseln, eine gewisse Sinneinheit. Da die Kontexte, die sich im Dialog solcherart gegenseitig durchdringen, verschieden, oft sogar gegensätzlich sind, kommt es an den Übergängen der einzelnen Repliken zu scharfen semantischen Richtungsänderungen. Je lebhafter ein Gespräch ist, je kürzer die einzelnen Repliken sind, desto deutlicher offenbart sich dieses Aufeinanderprallen der Kontexte […]"

J. Mukařovský: Kapitel aus der Poetik, deutsch von W. Schamschula, edition suhrkamp 230, Frankfurt am Main 1967, S. 117

In der Szene II, 6 aus ‚Kabale und Liebe‘ gibt es einmal den Kontrast zwischen der Sprache der Liebe, die von den jungen

Leuten gesprochen wird („Betet sie an" 19; „Er schwur mir Liebe" 26), und dem Zynismus des Präsidenten; ein Kontrast, der durch Luises Einwürfe besonders kraß hervortritt („Diese Frage verstehe ich nicht ganz" 34). Zweitens aber wird der Gegensatz zwischen dem biederen Bürger, der den Anstand wahrt, und dem wütenden Adligen, der Selbstbeherrschung in dieser Situation für überflüssig hält, da er seine Heiratspläne durchkreuzt sieht, durch einen scharfen Wortwechsel herausgestellt. Während hier die „scharfen semantischen Richtungsänderungen" durch das Aufeinanderprallen unterschiedlicher Kontexte im Konflikt zustande kommen, gibt es andere Dialoge, in denen die abweichenden Bedeutungssysteme, in denen die Figuren zuhause sind, aneinander vorbeigleiten. Das ist z. B. in der Komödie ‚Der Kirschgarten' von Anton Tschechow der Fall, wo die vergehende Welt des Landadels und die neue Generation der tüchtigen, plebejischen Geldleute verschiedene Sprachen sprechen und einander gar nicht zuhören. Lopachin, Sohn eines ehemaligen Leibeigenen, der das Gut am Ende erwirbt und den Kirschgarten parzellieren läßt, spricht vom Verkaufswert der Dinge, während die Besitzerin und ihr Bruder vom ästhetischen Reiz des Besitztums schwärmen:

Übersetzung von Hans Walter Poll, Reclam UB 7690, Stuttgart 1984, S. 15 f. (1. Akt)

LOPACHIN: [...] Mein Projekt ist folgendes. Bitte hören Sie zu! Ihr Gut liegt nur zwanzig Werst von der Stadt entfernt. Die Eisenbahn geht daran vorbei, und wenn der Kirschgarten und das Land am Fluß in Baugrundstücke parzelliert wird,
5 um Datschen darauf zu bauen, und wenn man dann diese Sommerhäuser verpachtet, dann haben Sie mindestens Einnahmen von fünfundzwanzigtausend Rubeln jährlich.
GAJEW: Verzeihen Sie: Was für ein Unsinn!
LJUBOW ANDREJEWNA: Ich begreife Sie überhaupt nicht,
10 Jermolaj Alexeitsch!
LOPACHIN: Sie werden von den Leuten in den Sommerhäusern wenigstens fünfundzwanzig Rubel jährlich pro Desjatine kassieren, und wenn Sie das Projekt jetzt schon bekanntgeben, dann garantiere ich Ihnen mit allem was Sie wollen,
15 dann werden Sie bis zum Herbst kein freies Fleckchen mehr haben. Die Leute werden alles pachten. Mit einem Wort: Ich gratuliere! Sie sind gerettet! Die Lage der Grundstücke ist wunderbar, der Fluß ist tief. Nur ... man muß natürlich Ordnung schaffen, saubermachen ... zum Beispiel, sagen wir
20 mal, alle alten Gebäude abreißen, dies Haus hier, das sowieso zu nichts mehr taugt, den alten Kirschgarten abholzen...
LJUBOW ANDREJEWNA: Abholzen? Mein Lieber, entschuldigen Sie, davon verstehen Sie nichts. Wenn es in diesem Gouvernement etwas Interessantes gibt, sogar etwas sehr
25 Sehenswertes, so ist das doch nur unser Kirschgarten.

Lopachin unterbreitet der Herrschaft seines Vaters ein Sanierungskonzept, das die verschuldete Familie retten könnte (1–7, 11–21), diese aber reagiert mit Unverständnis („Was für ein Unsinn!" 8, „Ich begreife Sie überhaupt nicht . . ." 9, „. . . davon verstehen Sie nichts" 23). So muß das Schicksal seinen Lauf nehmen, der Kirschgarten abgeholzt werden.

Wieder ein anderer Dialogtyp ist das Enthüllungsgespräch, in dem sich eine Person Mühe gibt, ihren ‚Kontext' nicht offenbar werden zu lassen, während die andere sich anstrengt, die Dinge ans Licht zu ziehen, wie es der Schreiber Licht im ersten Auftritt von Kleists Lustspiel ‚Der zerbrochene Krug' macht, um aus Richter Adam herauszubekommen, was in der letzten Nacht passiert ist. Dieser Typ gehört in die Situation der Gerichtsverhandlung. Schließlich ist es möglich, daß in einem Dialog sozusagen ein gemeinsamer Kontext erarbeitet wird, daß man etwas gemeinsam klären möchte. Das geschieht in der ersten Szene von Shakespeares Tragödie ‚Hamlet', wo Horatio, Hamlets Freund, mit den Offizieren Marcellus und Bernardo die Erscheinung des ermordeten Königs erlebt und die drei herausfinden möchten, was es mit der Sache auf sich hat. Da auch der Zuschauer bei dieser Gelegenheit das Wichtigste aus der Vorgeschichte erfährt, verbindet sich hier der Erkundungsdialog mit dem Expositionsdialog.

Fortinbras, der junge König von Norwegen, bedroht Dänemark, um verlorenes Land wiederzugewinnen. Am Ende wird er kampflos das Gewünschte erhalten.

Die Untersuchung bestimmter Dialoge läuft meist auf die Analyse des gesamten Handlungsverlaufs hinaus, in dem sie ihren Stellenwert für den Aufbau des Dramas haben. Da ein dramatisches Kräftespiel sich nur aus Polaritätsverhältnissen ergeben kann (z. B. Standesgegensatz, Konkurrenzneid, Eifersucht u. ä.), ist ein Dialog gleichgerichteter Kräfte – wie in der ersten Geisterszene des ‚Hamlet' – höchstens am Anfang einer Handlungsphase denkbar.

Ebenso müssen die unterschiedlichen Arten des Monologs in ihrer Bedeutung für den Handlungsaufbau gesehen werden. Da laute Selbstgespräche im normalen Leben kaum vorkommen, wurde in der Regelpoetik des 17. Jahrhunderts gefordert, daß diese Äußerungsform dramatischer Figuren irgendwie motiviert werden, d. h. dem Zuschauer plausibel erscheinen müsse. Wenn das nicht möglich sei, könne der Dialog mit einem Vertrauten die Stelle eines Monologs einnehmen.

So hält in der ersten Szene von Schillers ‚republikanischem Trauerspiel' „Die Verschwörung des Fiesco zu Genua" Leonore, die Gattin des Titelhelden, eigentlich einen Monolog, in dem sie Ihrer Eifersucht auf Julia Imperiali Ausdruck gibt und den Zuschauer bei dieser Gelegenheit mit der Vorgeschichte bekanntmacht. Zugegen sind auch Rosa und Arabella, Leonores Kammermädchen. Doch diese be

Fiesco will die Familie des Dogen Andrea Doria entmachten. Sein Werben um Julia, die Schwester des jungen Doria, ist nur ein taktischer Schachzug des Ver

schränken sich auf kurze Zwischenbemerkungen, in denen sie ihr Mitgefühl äußern. Goethes Schauspiel ‚Iphigenie auf Tauris‘ beginnt dagegen mit einem ‚echten‘ Monolog, aus dem der Zuschauer ebenfalls etwas über die innere Verfassung der Figur und einiges aus der Vorgeschichte erfährt.

Bei diesen Beispielen hat der Monolog zwei Funktionen: Er dient einerseits der Charakterisierung der redenden Figur und gibt einen Einblick in ihr Innenleben, andererseits leistet er etwas für die Exposition der Handlungsvoraussetzungen. Oft hat ein großer Monolog kompositorische Bedeutung. Er bildet z. B. die Brücke zwischen zwei Handlungsphasen (‚Brükkenmonolog‘). Das ist z. B. der Fall bei dem Monolog König Philipps in Schillers dramatischem Gedicht ‚Don Carlos‘ (III, 5), in dem Philipp seiner Einsamkeit Ausdruck gibt, nach einem Mann seines Vertrauens sucht und sich dazu entschließt, Marquis Posa („Der einzige Mensch, der meiner nicht bedarf“) an sich zu ziehen. Der Monolog nimmt genau die Stelle der Wende von der steigenden zur fallenden Handlung ein. Jeder von den beiden wird nun versuchen, den anderen für seine Zwecke einzuspannen, so daß das Verhängnis seinen Lauf nehmen muß. Lessing benutzt eine ganze Reihe von Monologen als Bauelemente für den Handlungsaufbau seines Trauerspiels ‚Emilia Galotti‘. Die drei Monologe des Prinzen im ersten und die drei Monologe des Odoardo Galotti im letzten Akt entsprechen einander, so daß man sie einander gegenüberstellen kann:

Ihr Bild! – mag! – Ihr Bild, ist sie doch nicht selber. – Und vielleicht find’ ich in dem Bilde wieder, was ich in der Person nicht mehr erblicke. – Ich will es aber nicht wiederfinden. – Der beschwerliche Maler! Ich glaube gar, sie hat ihn bestochen. – Wär’ es auch! Wenn ihr ein anderes Bild, das mit andern Farben, auf einen andern Grund gemalet ist, – in meinem Herzen wieder Platz machen will: – Wahrlich, ich glaube, ich wär’ es zufrieden. Als ich dort liebte, war ich immer so leicht, so fröhlich, so ausgelassen. – Nun bin ich von allem das Gegenteil. – Doch nein; nein, nein! Behäglicher, oder nicht behäglicher: ich bin so besser. (I, 3)

[…] Genug für mich, wenn dein Mörder die Frucht seines Verbrechens nicht genießt. – Dies martere ihn mehr, als das Verbrechen! Wenn nun bald ihn Sättigung und Ekel von Lüsten zu Lüsten treiben; so vergälle die Erinnerung, diese eine Lust nicht gebüßet zu haben, ihm den Genuß aller! In jedem Traume führe der blutige Bräutigam ihm die Braut vor das Bette; und wann er dennoch den wollüstigen Arm nach ihr ausstreckt: so höre er plötzlich das Hohngelächter der Hölle, und erwache! (V, 2)

So viel er will! – *(Gegen das Bild:)* Dich hab’ ich für jeden Preis noch zu wohlfeil. – Ah! schönes Werk der Kunst, ist es wahr, daß ich dich besitze? – Wer dich auch besäße, schönres Meisterstück der Natur! – Was Sie dafür wollen, ehrliche Mutter! Was du willst, alter Murrkopf! Fodre nur! Fordert nur! – Am liebsten kauft’

Wie? – Nimmermehr! – Mir vorschreiben, wo sie hin soll? – Mir sie vorenthalten? – Wer will das? Wer darf das? – Der hier alles darf, was er will? Gut, gut; so soll er sehen, wie viel auch ich darf, ob ich es schon nicht dürfte! Kurzsichtiger Wüterich! Mit dir will ich es wohl aufnehmen. Wer kein Gesetz achtet, ist eben so mächtig, als

ich dich, Zauberin, von dir selbst! – Dieses Auge voll Liebreiz und Bescheidenheit! Dieser Mund! und wenn er sich zum Reden öffnet! wenn er lächelt! Dieser Mund! – Ich höre kommen. – Noch bin ich mit dir zu neidisch. *(Indem er das Bild gegen die Wand kehret:)* Es wird Marinelli sein. Hätt' ich ihn doch nicht rufen lassen! Was für einen Morgen könnt' ich haben! (I, 5)

[…] Doch betrachten? betrachten mag ich dich fürs erste nicht mehr. – Warum sollt' ich mir den Pfeil noch tiefer in die Wunde drücken? *(Setzt es bei Seite.)* – Geschmachtet, geseufzet hab' ich lange genug, – länger als ich gesollt hätte: aber nichts getan! und über die zärtliche Untätigkeit bei einem Haar' alles verloren! – Und wenn nun doch alles verloren wäre? Wenn Marinelli nichts ausrichtete? – Warum will ich mich auch auf ihn allein verlassen? Es fällt mir ein, – um diese Stunde, *(nach der Uhr sehend:)* um diese nämliche Stunde pflegt das fromme Mädchen alle Morgen bei den Dominikanern die Messe zu hören. – Wie wenn ich sie da zu sprechen suchte? – […] (I, 7)

wer kein Gesetz hat. Das weißt du nicht? Komm an! komm an! – Aber, sieh da! Schon wieder; schon wieder rennet der Zorn mit dem Verstande davon. – Was will ich? Erst müßt' es doch geschehen sein, worüber ich tobe. Was plaudert nicht eine Hofschranze! Und hätte ich ihn doch nur plaudern lassen! […] (V, 4)

[…] Das Spiel geht zu Ende. So, oder so! – Aber – *(Pause)* wenn sie mit ihm sich verstünde? Wenn es das alltägliche Possenspiel wäre? Wenn sie es nicht wert wäre, was ich für sie tun will? – *(Pause)* Für sie tun will? Was will ich denn für sie tun? – Hab' ich das Herz, es mir zu sagen? – Da denk' ich so was: So was, was sich nur denken läßt. – Gräßlich! Fort, fort! Ich will sie nicht erwarten. Nein! – *(Gegen den Himmel:)* Wer sie unschuldig in diesen Abgrund gestürzt hat, der ziehe sie wieder heraus. Was braucht er meine Hand dazu? Fort! *(Er will gehen und sieht Emilien kommen:)* Zu spät! Ah! er will meine Hand; er will sie! (V, 6)

In allen Monologen dieser Reihe ist die Sprache stark affektbestimmt. In ihrer Abfolge zeigt sich jeweils eine Steigerung (Klimax), insofern beide Figuren der entscheidenden Tat immer näher kommen. In den jeweils ersten Monologen (I, 3 und V, 2) kommen die beiden Sprecher von der Gräfin Orsina her und wenden sich Emilia zu. Der Prinz hat ein Bild von ihr erhalten (I, 2), Odoardo aber hat sie den Dolch zugesteckt (IV, 7). Die beiden mittleren Monologe haben mit Marinelli zu tun. Der Prinz erfährt von ihm, daß Emilia noch am gleichen Tage den Grafen Appiani heiraten soll (I, 6). In dem Pendant hat Odoardo gerade von Marinelli erfahren, daß man seine Tochter „vors erste" in das Schloß des Prinzen bringt (V, 3). In dem jeweils letzten Monolog schreiten die beiden Kontrahenten, der Liebhaber und der Vater Emilias, zur Tat. Der Prinz eilt davon, um sie in der Kirche zu treffen (I, 7). Von dieser Begegnung wird Emilia dann bei ihrem ersten Auftreten im Stück berichtet (II, 6). Odoardo schreckt vor der Tat zurück (V, 6), die er dann doch durch Emilias Mithilfe vollzieht (V, 7).

Nach der Sprachform, in der sich die innere Erregtheit der Figuren zeigt, könnte man diese Monologe zu den <u>Affektmonologen</u> rechnen, welche der Gefühlsäußerung dienen. Dann läßt sich der Brückenmonolog des Königs im ‚Don Carlos' als <u>Entschlußmonolog</u> bezeichnen, der die Aufgabe hat, die Handlungsmotivationen der Figur bloßzulegen und zu zeigen, wie sie ihre Entscheidung zu begründen versucht. Davon wäre wiederum der <u>Reflexionsmonolog</u> zu unterscheiden, wie ihn Iphigenie in der ersten Szene des Schauspiels von Goethe führt, um sich über sich selbst klarzuwerden:

Zu ‚Emilia Galotti' vgl. o. S. 79f., zu ‚Iphigenie' S. 81f.

Prosafassung 1779: „Der
Frauen Zustand ist der
schlimmste vor allen Men-
schen. Will dem Mann das
Glück, so herrscht er und
erficht im Felde Ruhm, [...]
und haben ihm die Götter
Unglück zubereitet, fällt er,
der Erstling von den Seinen
in den schönen Tod. Allein
des Weibes Glück ist eng
gebunden, sie dankt ihr Wohl
stets andern, öfters
Fremden..."

[...]
Ich rechte mit den Göttern nicht; allein
Der Frauen Zustand ist beklagenswert.
Zu Haus und in dem Kriege herrscht der Mann,
Und in der Fremde weiß er sich zu helfen.
Ihn freuet der Besitz; ihn krönt der Sieg!
Ein ehrenvoller Tod ist ihm bereitet.
Wie eng-gebunden ist des Weibes Glück!
Schon einem rauhen Gatten zu gehorchen
Ist Pflicht und Trost; wie elend, wenn sie gar
Ein feindlich Schicksal in die Ferne treibt!
[...]

Eine überzeugende Klassifizierung der Monologarten gibt es nicht. Vielmehr überschneiden sich bei ihren Bezeichnungen kompositorische (Expositionsmonolog, Brückenmonolog), funktionale (Figurencharakterisierung, Affektäußerung) und inhaltliche Gesichtspunkte (Entschluß, Reflexion).
Eine weitere Einteilung ergibt sich, wenn man z. B. Odoardos Monolog in der Szene V, 6 der ‚Emilia Galotti' auf seine innere Form hin untersucht. Odoardo macht dort sich selbst gegenüber einen Einwand („Aber ... wenn sie mit ihm sich verstünde?"), wie ihn in einem Dialog der Gesprächspartner hätte machen können. Trotz seiner Erregtheit gerät Odoardo dabei ins Abwägen. Er stellt sich die Frage, ob Emilia es wert sei, daß er für sie Blutschuld auf sich nimmt, ob er damit tatsächlich zu ihrem Besten handeln würde, ob Gott nicht auch ohne ihn Gerechtigkeit walten lassen könne. Diese Einwände erscheinen ihm so wichtig, daß er sein Vorhaben schließlich aufgibt („Fort!"), als habe ihn der Gesprächspartner eines Besseren belehrt. Erst das Erscheinen der Tochter legt er als Zeichen Gottes aus, das ihn zum ursprünglichen Vorhaben zurückruft. Das Hin und Her von Einwand und Reaktion gibt dem Monolog einen <u>dialoghaften Charakter</u>. Umgekehrt gibt es auch Dialoge, in denen ein Teilnehmer einen Monolog hält, also <u>monologhafte Dialoge</u>. Ein Beispiel enthält Schillers ‚Wallenstein' in der Szene, die den nach dem Tod von Max Piccolomini Vereinsamten im Gespräch mit seiner Schwägerin, der Gräfin Terzky, zeigt (WT V, 3). Bei der Betrachtung des Himmels, an dem er kein Zeichen für seine Entschlüsse zu entdecken vermag, vergißt er ganz die Anwesenheit seiner Verwandten. Diese wiederum vermag trotz aller Bemühung nicht, dem Gedankengang des Schwagers zu folgen, der von den Sternen plötzlich auf den Stern, der seinem Leben gestrahlt habe, nämlich den jungvollendeten Max, übergeht. So spricht Wallenstein trotz ihrer Repliken im Grunde einen Monolog. Da Eigenart und Bedeutung des einzelnen Dialogs und Monologs

Vgl. die Angaben zu diesem
Drama auf S. 84 ff.

nur im Zusammenhang mit dem Aufbau des betreffenden Dramas ermittelt werden können, führt die folgende Übersicht keine Systematik, sondern nur eine Reihe von Möglichkeiten vor:

Formen der Figurenrede

Unterscheidung nach der Konfiguration

Dialog als Zwiegespräch
Dialog mit mehreren Gesprächsteilnehmern
Monolog

Typische Dialogarten	
Auseinandersetzung	Austragung eines Konflikts zwischen einander widerstrebenden Kräften (Standesunterschied, Konkurrenz, Eifersucht, Parteigegensatz o.ä.), wobei unterschiedliche Kontexte aufeinanderstoßen
Expositionsdialog	Figuren machen im Gespräch mit Handlungsvoraussetzungen bekannt
Aneinandervorbeireden	Gespräch zwischen Partnern, die in verschiedenen Kontexten leben und einander nicht verstehen können
Enthüllungsdialog	Gespräch zwischen einer Figur, die etwas aufdecken will, und einer anderen, die etwas zu verbergen hat
Erkundungsdialog	Figuren sprechen bei gemeinsamer Unternehmung miteinander, ohne in Konflikt zu geraten

Typische Monologarten	
Selbstcharakterisierung	Eine Figur charakterisiert sich selbst und gibt Auskunft über ihre Ansichten und Gefühle.
Expositionsmonolog	Eine Figur macht im Selbstgespräch mit der Vorgeschichte der Handlung bekannt.
Affektmonolog	Eine Figur spricht in Erregung und wird von ihren Gefühlen überwältigt.
Reflexionsmonolog	Eine Figur löst sich aus dem konkreten Handlungszusammenhang und stellt allgemeine Überlegungen an.
Entschlußmonolog	Eine Figur erwägt das Für und Wider einer Entscheidung und kommt zu einem Entschluß.
Brückenmonolog	Monolog einer zentralen Figur, der zwei Handlungsphasen des Dramas trennt und einen Einschnitt markiert

Mischung der Formen	
Dialoghafter Monolog	Eine Figur führt ein Selbstgespräch, in dem sie Einwände vorbringt und diese beantwortet.
Monologhafter Dialog	Eine Figur folgt ohne Rücksicht auf den Gesprächspartner einem eigenen Kontext.

Vgl. den Text des Auftritts auf S. 87 ff.

Schließlich ist nach den sprachlichen und stilistischen Eigenarten der Figurenrede zu fragen. In vielfacher Hinsicht stimmt sie darin mit der Alltagsrede überein. Beide dienen bestimmten Redeabsichten, worauf Wortwahl und Satzbau verweisen. Beide sind situationsgebunden, worauf allerlei Zeigewörter hindeuten („Das ist meine Stube." sagt Musikus Miller zum Präsidenten 73). Beide sind partnerbezogen, was durch die Benutzung der zweiten grammatischen Person zum Ausdruck kommt („Du bringst Weib und Kind um." wirft Frau Miller ihrem Mann vor 67/68). Beide sind auch durch individuelle Redemerkmale charakterisiert, wie die Untersuchung der Szene aus ‚Kabale und Liebe' gezeigt hat. Auch den Charakter der Mündlichkeit (Einwortsätze, Ausrufe, Anakoluthe, d.h. abgebrochene Sätze, Gedankensprünge usw.) haben Alltagsrede und dramatische Figurenrede gemeinsam. Doch hat die Natürlichkeit gesprochener Sprache immer dort ihre Grenzen gefunden, wo der Kunstwille des Dichters und die literarische Konvention, welche die Publikumserwartungen bestimmt, eine stilisierte Sprache forderten.

In der antiken Dichtungstheorie, die bis in unsere Tage die Dramenproduktion beeinflußt hat, waren für die beiden dramatischen Gattungen unterschiedliche Stilebenen vorgeschrieben:

Manche Autoren unterscheiden drei Stilebenen, indem sie zwischen dem hohen und dem niederen Stil eine Zwischenkategorie (genus medium) annehmen, in der ebenfalls Redeschmuck verwendet wird. Die Unterscheidung erfolgt nach dem Redezweck. Der hohe Stil soll bewegen (movere), der mittlere erfreuen (delectare), der einfache informieren (docere).

– Die Tragödie hatte die menschliche Unzulänglichkeit gegenüber den Göttern und dem Schicksal zum Inhalt. Ihre Figuren waren Könige und Königskinder. Diesen Figuren hohen Standes war der erhabene Stil (genus grande) angemessen, der die Affekte erregen sollte und viele Figuren und Vergleiche, gewählte Ausdrücke und kunstvolle Formulierungen enthielt.

– In der Komödie wurden die menschlichen Schwächen nicht dazu entlarvt, damit an ihnen die göttliche Macht gezeigt werden sollte, sondern damit die Menschen darüber lachen konnten. In ihr traten deshalb keine Könige auf, sondern Bürger und Sklaven, ‚kleine Leute', die in einfacher Sprache (genus humile) ohne rhetorischen Schmuck redeten.

Das klassische französische Drama, das Gottsched den deutschen Dramendichtern als Vorbild empfohlen hatte, übernahm die ‚Ständeklausel', d.h. die Vorschrift, hochgestellte Personen auftreten zu lassen, und auch den erhabenen Stil aus der antiken Poetik. Dagegen aber wandte sich Gotthold Ephraim Lessing (1729–1781) im 59. Stück seiner ‚Hamburgischen Dramaturgie' (24.11.1767), indem er zu bedenken gab, daß ja nach Abschaffung des Chors und Verlegung des Schauplatzes, wo die Dichter nun die „Personen größtenteils zwischen ihren vier Wänden lassen", kein Grund mehr gegeben sei, die Figuren auf der Bühne im erhabenen Stil reden zu lassen. In den Dramen des deutschen bürgerlichen Trauerspiels, z. B. Lessings ‚Emilia Galotti' (1772) und Schillers ‚Kabale und Liebe' (1784), reden die Figuren deshalb eine Prosa, die viele Merkmale der Alltagssprache zeigt und rhetorische Stilmittel nur in bestimmter Funktion einsetzt, um etwa innere Vorgänge der Figuren zum Ausdruck zu bringen oder die im Konflikt zusammenstoßenden Positionen zu akzentuieren, nicht aber, um eine erhabene Stimmung zu erzeugen. Dieser Stil ist in dem antiken Modell der Stilebenen nicht mehr unterzubringen. Daneben gibt es aber im deutschen Drama durchaus noch den erhabenen Stil, wie der folgende Vergleich zeigt:

Lessing: „Bei einer gesuchten, kostbaren, schwülstigen Sprache kann niemals Empfindung sein… Aber wohl verträgt sie sich mit den simpelsten, gemeinsten, plattesten Worten und Redensarten."

Ähnlich wie der Prinz von Guastalla steht in Schillers Trauerspiel ‚Maria Stuart' Mortimer zwischen zwei Frauen. Elisabeth macht ihm Versprechungen für den Fall, daß er ihr die Rivalin aus dem Wege räumt. Doch Mortimer ist in Maria verliebt. Deshalb beschließt er, etwas für ihre Rettung zu unternehmen. In II,6 bringt er seine Leidenschaft zum Ausdruck.

Lessing: Emilia Galotti I,3:

PRINZ:
Ihr Bild! – mag! – Ihr Bild, ist sie doch nicht selber. – Und vielleicht find' ich in dem Bilde wieder, was ich in der Person nicht mehr erblicke. – Ich will es aber nicht wiederfinden. – Der beschwerliche Maler! Ich glaube gar, sie hat ihn be-
5 stochen. – Wär' es auch! Wenn ihr ein anderes Bild, das mit andern Farben, auf einen andern Grund gemalet ist, – in meinem Herzen wieder Platz machen will: – Wahrlich, ich glaube, ich wär' es zufrieden. Als ich dort liebte, war ich immer so leicht, so fröhlich, so ausgelassen. – Nun bin ich von
10 allem das Gegenteil. – Doch nein; nein, nein! Behäglicher oder nicht behäglicher: ich bin so besser.

Schiller: Maria Stuart II,6:

MORTIMER:
[…]
Wer bist du Ärmste, und was kannst du geben?
Mich locket nicht des eiteln Ruhmes Geiz!
Bei ihr nur ist des Lebens Reiz –
Um sie, in ewgem Freudenchore, schweben
5 Der Anmut Götter und der Jugendlust,
Das Glück der Himmel ist an ihrer Brust,
Du hast nur tote Güter zu vergeben!
Das eine Höchste, was das Leben schmückt,
Wenn sich ein Herz, entzückend und entzückt,
10 Dem Herzen schenkt in süßem Selbstvergessen,

Die Frauenkrone hast du nie besessen,
Nie hast du liebend einen Mann beglückt!
[…]

Im Monolog des Prinzen sind die Merkmale der Alltagsspra-
che, Mündlichkeit, Spontaneität, Sprunghaftigkeit usw., dem
Leidenschaftsausdruck dienlich gemacht. Auch die Wortwahl
bleibt im Rahmen der „simpelsten, gemeinsten, plattesten…
Redensarten". Doch sind diese Mittel so kunstvoll verwendet,
daß der innere Zustand des Prinzen glaubwürdig dargestellt
wird. Die Sprache in dem Textausschnitt aus Mortimers
Monolog zeigt dagegen den reichen Redeschmuck, den die
Tradition für den Ausdruck des Pathetischen auf der höchsten
Stilebene fordert:

*Zum Nachschlagen der ein-
zelnen Tropen (Umschrei-
bungen) und Figuren (Anord-
nungsmuster): Heinrich F.
Plett: Einführung in die rhetorische Textanalyse, 6. Aufl.,
Hamburg: Buske 1985*
Im Unterschied zu Lessings Prosa ist Schillers Text in Blankversen
(jambischen Fünfhebern – – – – – – – – – – (–)) gehalten und sogar
gereimt (in umschließender Form: abba cca ddeed).
Der Ausschnitt beginnt mit einer <u>rhetorischen Frage</u> (1), geht weiter
mit Versen, deren <u>Wortstellung</u> deutlich von der Alltagssprache abge-
hoben ist, wird mit <u>Umschreibungen</u> von Marias Schönheit fortgesetzt, die nach dem Prinzip der <u>Variatio</u> (= Ausdruckswechsel) angeordnet sind (Götter der Anmut umschweben sie 4/5; sie bietet das
„Glück der Himmel" 6; sie trägt die „Frauenkrone" 11). In <u>Wort-
wiederholungen</u> mit wechselnder grammatischer Form wird die
Liebe gepriesen als der höchste Schmuck des Lebens, „wenn sich ein
<u>Herz, entzückend</u> und <u>entzückt</u>, dem <u>Herzen</u> schenkt […]" (8–10)
Viele <u>schmückende Beiwörter</u> werden verwendet („des <u>eiteln</u> Ruhmes" 2; in <u>ewgem</u> Freudenchore" 4; in <u>süßem</u> Selbstvergessen" 10).
In scharfer <u>Antithese</u> dazu wird Elisabeth charakterisiert („[…] nur
tote Güter zu vergeben" 7).

Während man bei Schiller von rhetorischer Stilisierung sprechen
kann, markieren ähnliche Stilmittel, z. B. Wortwiederholungen, bei
Lessing die inneren Vorgänge der Figur in ihrem Sprachverhalten:
Der Prinz will sich von Gräfin Orsina lösen.
„Ihr Bild" (1) – der Monolog ist dadurch motiviert, daß Conti es gerade aus dem Vorzimmer holt – hat den Prinzen wieder an sie denken
lassen. Der Monolog zeigt nun das Hin und Her des innerlichen
Lösungsprozesses. Mit dem nur angedeuteten Satz „mag!" (1) setzt
eine Zuwendung ein, die mit der Wiederholung („Ihr Bild, ist sie doch
nicht selber") in eine Gegenbewegung übergeht. Dann wieder Zuwendung („[…] vielleicht find' ich in dem Bilde wieder […]" 2),
wieder Abwendung („Ich will es aber nicht wiederfinden" 3). Schließlich vergleicht der Prinz seinen früheren Zustand, als er die Orsina
noch liebte (8), mit seinem jetzigen, stellt fest, daß er „das Gegenteil"
(10) von „leicht", „fröhlich", „ausgelassen" sei, und tendiert wieder
zur früheren Geliebten hin. Aber sogleich ruft er sich selbst von diesem Weg zurück: „Doch nein; nein, nein!" (10) Er zieht den neuen Zustand vor.

Lessing und Schiller unterscheiden sich hier also nicht in
ihrem dichterischen Können, sondern in ihrem künstlerischen
Wollen. Schiller wählt hier den pathetischen Dramenstil, der
ältere Lessing aber die einfache Stilebene, während sich in der

Entwicklung der Gattungsgeschichte folgendes abzeichnet: Seit dem 18. Jahrhundert ist der Vers im Drama auf dem Rückzug. Die Sprache verläßt zunehmend die hohe Stilebene, nähert sich der Alltagsprosa, bis schließlich auch Dialekt und defekte, fehlerhafte Ausdrucksweise auf der Bühne zu hören sind. Im Dramenpersonal werden die Könige, Fürsten und Ausnahmemenschen seltener, während außer Bürgern zunehmend Proletarier, ja Randständige auftreten. In der Figurenkonzeption fehlt immer mehr die autonome Persönlichkeit, während das Interesse dem Menschen in seiner Abhängigkeit von den sozialen Verhältnissen gilt. Die Handlung wendet sich vom Bereich der großen geschichtlichen Taten und Entscheidungen ab und immer mehr den Alltagsproblemen zu, wie sie jedermann erlebt. Der Raum wird enger, zeigt die Menschen nicht mehr auf Schlössern, Burgen, Palästen, sondern – wie Lessing sagt – „größtenteils zwischen ihren vier Wänden".

Trotz dieser (hier schematisch dargestellten) Entwicklung ist Figurenrede im Drama immer stilisiert, behält sie ihre ‚auktoriale' Funktion, d. h. ihre Aufgabe, Bedeutungen vom Autor zum Zuschauer zu bringen, wird sie nie zum bloßen Abbild tatsächlich gesprochener Sprache. Es muß also immer nach dem Kunstwillen gefragt werden, der hinter der jeweiligen stilistischen Gestaltung der Figurenrede steht. Als Beispiel soll der Ausschnitt aus einem Volksstück dienen, aus ‚Kasimir und Karoline' von Ödön von Horváth (1932):

Vgl. zu diesem Stück Dietrich Steinbach in: J. Lehmann (Hg.): Kleines deutsches Dramenlexikon, S. 184–188

Es handelt sich – wie Horváth selbst formuliert – um „die Ballade vom arbeitslosen Chauffeur Kasimir und seiner Braut mit der Ambition". Der Ort sind die wechselnden Schauplätze des Oktoberfestes mit den typischen Rummelplatzsituationen (Haut-den-Lukas, Achterbahn usw.). Eine Szene gleitet in die andere über. Kasimir mit seinem Pessimismus und Karoline mit ihrem ‚Sinn fürs Höhere', d. h. ihrem Drang, aus dem sozialen Milieu herauszukommen, können sich nicht verstehen und gehen auseinander. Als in Szene 3 ein Zeppelin am Himmel erscheint, entspinnt sich folgendes Gespräch:

> [...]
> KAROLINE: Der Zeppelin, der fliegt jetzt nach Oberammergau, aber dann kommt er wieder zurück und wird einige Schleifen über uns beschreiben.
> KASIMIR: Das ist mir wurscht! Da fliegen droben zwanzig
> 5 Wirtschaftskapitäne, und herunten verhungern derweil einige Millionen! Ich scheiß dir was auf den Zeppelin, ich kenne diesen Schwindel und hab mich damit auseinandergesetzt – Der Zeppelin, verstehst du mich, das ist ein Luftschiff, und wenn einer von uns dieses Luftschiff sieht, dann hat er so ein
> 10 Gefühl, als tät er auch mitfliegen – derweil haben wir bloß die schiefen Absätz, und das Maul können wir uns an das Tischeck hinhaun!

KAROLINE: Wenn du so traurig bist, dann werd ich auch traurig.

15 KASIMIR: Ich bin kein trauriger Mensch.

KAROLINE: Doch. Du bist ein Pessimist.

KASIMIR: Das schon. Ein jeder intelligente Mensch ist ein Pessimist.

[…]

Die unscheinbare Zeppelin-Episode hat eine zentrale Bedeutung für die Thematik des Stücks. Gegenüber der gewählten Ausdrucksweise von Karoline („einige Schleifen über uns beschreiben" 2/3) erwecken die vulgärsprachlichen Elemente in Kasimirs Repliken („Das ist mir wurscht" 4; „Ich scheiß dir was" 6) zunächst den Eindruck, als sei er der Ungebildetere von den beiden. Doch ist er ihr weit überlegen. Während sie in ihrem Ehrgeiz, etwas ,Besseres' zu sein, die Verhältnisse kritiklos hinnimmt, besitzt Kasimir – ganz im Sinn seiner Anspielung auf den ,intelligenten Pessimisten' (17/18) – den Durchblick. In der <u>Antithese</u> zwischen den zwanzig „Wirtschaftskapitänen", die „da droben" (4) fliegen, und den „Millionen", die „herunten" (5) verhungern, wendet Kasimir die Feststellung einer räumlichen Distanz zwischen dem Zeppelin und dem Oktoberfest zu einer Metapher für das sozioökonomische ,Oben' und ,Unten'. Und er läßt es nicht bei der bloßen Feststellung, sondern erklärt auch, wie diese Sozialstruktur funktioniert, er hat sich mit dem „Schwindel" – wie er sagt – „auseinandergesetzt" (7). Die kleinen Leute bekommen nämlich beim Anblick des Zeppelins „so ein Gefühl", als täten sie „auch mitfliegen" (10), d. h. als hätten sie auch einen Vorteil von dieser Gesellschaftsordnung, die Kasimir gerade seine Existenzgrundlage entzogen hat. Doch er weiß genau, daß Leuten wie ihm nur „die schiefen Absätz" (11) bleiben, während Karoline seinen Pessimismus bloß für eine traurige Stimmung hält (13/14).

Auch die ganz an der Alltagssprache orientierte Figurenrede kann also bis in jede Einzelheit unter Verwendung rhetorischer Regeln durchstilisiert sein und mit wenigen Worten komplizierte Zusammenhänge erschließen.

Für Büchner steht jetzt die Münchner Ausgabe zur Verfügung: Georg Büchner, Werke und Briefe, hg. von Karl Pörnbacher u. a., dtv 2202, München: Deutscher Taschenbuch Verlag 1988

Georg Büchner (1813–1837) hat den Unterschied der Stilebenen in einer Szene seines ,Woyzeck' thematisiert. In ihr vertritt der Hauptmann die Rede der vornehmen Leute mit ihrem philosophischen Anspruch, während Woyzeck für die schlichte Ausdrucksweise der sozial Niedriggestellten steht. Das Verhältnis zwischen den beiden Redeweisen wird sozusagen auf den Kopf gestellt:

Hauptmann auf einem Stuhl. Woyzeck rasiert ihn.

HAUPTMANN: Langsam, Woyzeck, langsam; eins nach dem
andern! Er macht mir ganz schwindlig. Was soll ich dann mit
den zehn Minuten anfangen, die Er heut zu früh fertig wird?
Woyzeck, bedenk Er, Er hat noch seine schöne dreißig Jahr
5 zu leben, dreißig Jahr! Macht dreihundertsechzig Monate,
und Tage, Stunden, Minuten! Was will Er denn mit der unge-
heuren Zeit all anfangen? Teil Er sich ein, Woyzeck!
WOYZECK: Jawohl, Herr Hauptmann!
HAUPTMANN: Es wird mir ganz angst um die Welt, wenn ich an
10 die Ewigkeit denke. Beschäftigung, Woyzeck, Beschäftigung! Ewig, das ist ewig, das ist ewig – das siehst du ein; nun
ist es aber wieder nicht ewig, und das ist ein Augenblick, ja,
ein Augenblick, Woyzeck, es schaudert mich, wenn ich denke, daß sich die Welt in einem Tag herumdreht! Was'n Zeit-
15 verschwendung! Wo soll das hinaus? Woyzeck, ich kann
kein Mühlrad mehr sehn, oder ich werd melancholisch.
WOYZECK: Jawohl, Herr Hauptmann.
HAUPTMANN: Woyzeck, Er sieht immer so verhetzt aus! Ein
guter Mensch tut das nicht, ein guter Mensch, der sein gutes
20 Gewissen hat. – Red Er doch was, Woyzeck! Was ist heut für
Wetter?
WOYZECK: Schlimm, Herr Hauptmann, schlimm; Wind!
HAUPTMANN: Ich spür's schon, 's ist so was Geschwindes
draußen; so ein Wind macht mir den Effekt wie eine Maus.
25 *(Pfiffig).* Ich glaub, wir haben so was aus Süd-Nord?
WOYZECK: Jawohl, Herr Hauptmann.
HAUPTMANN: Ha, ha, ha! Süd-Nord! Ha, ha, ha! Oh, Er ist
dumm, ganz abscheulich dumm! *(Gerührt.)* Woyzeck, Er ist
ein guter Mensch – aber *(mit Würde)* Woyzeck, Er hat keine
30 Moral! Moral, das ist, wenn man moralisch ist, versteht Er.
Es ist ein gutes Wort. Er hat ein Kind, ohne den Segen der
Kirche, wie unser hochehrwürdiger Herr Garnisonspredi-
ger sagt, ohne den Segen der Kirche, es ist nicht von mir.
WOYZECK: Herr Hauptmann, der liebe Gott wird den armen
35 Wurm nicht drum ansehen, ob das Amen drüber gesagt ist,
eh er gemacht wurde. Der Herr sprach: Lasset die Kleinen
zu mir kommen!
HAUPTMANN: Was sagt Er da? Was ist das für eine kuriose Antwort? Er macht mich ganz konfus mit seiner Antwort. Wenn
40 ich sag: Er, so mein ich Ihn, Ihn –
WOYZECK: Wir arme Leut – Sehn Sie, Herr Hauptmann:
Geld, Geld! Wer kein Geld hat – Da setz einmal eines sei-
nesgleichen auf die Moral in die Welt. Man hat auch sein
Fleisch und Blut. Unsereins ist doch einmal unselig in der
45 und der andern Welt. Ich glaub, wenn wir in Himmel kämen,
so müßten wir donnern helfen.
HAUPTMANN: Woyzeck, Er hat keine Tugend, Er ist kein
tugendhafter Mensch. Fleisch und Blut? Wenn ich am Fenster lieg, wenn's geregnet hat, und den weißen Strümpfen so

50 nachseh, wie sie über die Gassen springen – verdammt,
Woyzeck, da kommt mir die Liebe. Ich hab auch Fleisch und
Blut. Aber, Woyzeck, die Tugend, die Tugend! Wie sollte ich
dann die Zeit herumbringen? Ich sag mir immer: du bist ein
tugendhafter Mensch, *(gerührt)* ein guter Mensch, ein guter
55 Mensch.
WOYZECK: Ja, Herr Hauptmann, die Tugend, ich hab's noch
nit so aus. Sehn Sie, wir gemeine Leut, das hat keine Tugend,
es kommt einem nur so die Natur; aber wenn ich ein Herr
wär und hätt ein' Hut und eine Uhr und eine Anglaise und
60 könnt vornehm reden, ich wollt schon tugendhaft sein. Es
muß was Schönes sein um die Tugend, Herr Hauptmann.
Aber ich bin ein armer Kerl.
HAUPTMANN: Gut, Woyzeck. Du bist ein guter Mensch, ein
guter Mensch. Aber du denkst zuviel, das zehrt; du siehst
65 immer so verhetzt aus. – Der Diskurs hat mich ganz angegriffen. Geh jetzt und renn nicht so; langsam, hübsch langsam die Straße hinunter!

Die Hälfte der Szene (1–33) stellt im Grunde einen Monolog
des Hauptmanns dar, auf den Woyzeck nach Untergebenen-
art reagiert („Jawohl, Herr Hauptmann" 8, 17, 26). Der Hauptmann beschäftigt sich mit großen Themen (6/7, 9, 10, 14, 15)
und verwendet große Worte („ewig" 11, 12) viermal; „guter
Mensch" 19 zweimal, 29). Aber er kommt im Denken nicht
vom Fleck, dreht sich mit seiner Rede im Kreise, wie es auch
der Jahreszyklus (5), der Tageslauf (13/14) und das Mühlrad
(15/16) tun. Seine Sätze sind Tautologien, d. h. sie sagen im Prä-
dikat nichts über das Subjekt aus („Ewig, das ist ewig" 11;
„Moral, das ist, wenn man moralisch ist" 30). Trotz der Igno-
ranz, die sich in dieser Redeweise zeigt, macht er sich zum
Tugendrichter über Woyzeck („Tugend" 47, 52 dreimal; „tugendhaft" 48, 54 zweimal), weil er sich selbst in seiner Arroganz für ein Vorbild hält (53–55).
Im Unterschied zu den monologischen Äußerungen des
Hauptmanns sind die drei Repliken Woyzecks gedanklich zu-
sammenhängend und aussagekräftig. Die Wiederholungen
haben nicht – wie beim Hauptmann – tautologischen Charakter, sondern dienen der Akzentuierung (z. B. das dreimalige
„Geld" 42 zur Betonung des Selbstverständnisses „wir arme
Leut" 41). In seiner ersten Antwort beruft sich Woyzeck
gegenüber der Autorität des „hochehrwürdigen Herrn Garni-
sonsprediger(s)" (32) auf den „lieben Gott" (34), d. h. er gibt
seinem Gottvertrauen Ausdruck, das er mit einem Bibelzitat
(36/37 = Ev. Matth. 19, 14) bekräftigt. In seiner zweiten Replik
artikuliert Woyzeck das Selbstverständnis der ‚armen Leut',
die nicht auf die Moral setzen können, sondern der Natur un-
terliegen (43/44) und sich „in der und der andern Welt" (44/

45) ausgeschlossen wissen. Auf des Hauptmanns Selbstdarstellung als „tugendhafter Mensch" (54) macht Woyzeck auf
den Zusammenhang zwischen Tugend, die für ihn ein uner-
reichbares Ideal darstellt („Es muß was Schönes sein" 60/61),
und materiellen Lebensvoraussetzungen (58 ff.) aufmerksam.
Unter diese Voraussetzungen rechnet er ausdrücklich auch
das „Vornehm-reden-können" (60), d. h. er formuliert bereits
den Satz von der gegenseitigen Abhängigkeit zwischen Sprache und Sozialstatus, wie er in der modernen Soziolinguistik
erörtert wird. Während Lessing die „gesuchte, kostbare,
schwülstige Sprache" der klassizistischen französischen
Tragödie nach ihrer Eignung zur Darstellung menschlicher
Empfindungen beurteilte, erscheint sie hier in einer völlig
anderen Beleuchtung: Sie wird zusammen mit „Hut", „Uhr"
und „Anglaise" (59) zu den Statussymbolen eines „Herrn" gerechnet und erweist sich im Munde des Hauptmanns nur noch
in dieser Funktion, ungeeignet dazu, ein vernünftiges Gespräch mit einem anderen Menschen zu führen.

Um dem Leser oder Zuschauer diese Erkenntnis über das
Verhältnis zwischen dem ‚gehobenen' und dem ‚niederen'
Sprachstil zu vermitteln, hat der Dichter die Figurenrede des
Friseurs Woyzecks und des anonymen Hauptmanns auf diesen Zweck hin stilisiert. Im Hinblick darauf müssen deshalb
auch ihre sprachlich-stilistischen Merkmale untersucht
werden.

*Zu Lessings These vgl. o.
S. 98 f.*

*Anglaise: Eine Art Gehrock,
wie er zu Büchners Zeit von
Beamten getragen wurde*

*„Im gleichen Maße wie der
Herrgott, ein Kumpan der
Herrschenden, ins Zwielicht
gerät, gewinnt der Mit-Lei-
dende, der am Kreuz einen
traurigen Erlöser-Tod stirbt,
an Tiefe und Transparenz."
(Walter Jens, Dankrede für
den ‚Alternativen Büchner-
Preis' 1988)*

Sprachliche und stilistische Eigenarten der Figurenrede	
Verhältnis zur Alltagsrede	
Gemeinsame Merkmale	Bestimmung durch Redeabsicht, Situationsgebundenheit, Partnerbezogenheit, individuelle Eigenheiten, Merkmale der Mündlichkeit (Ausrufe, Anakoluthe, Gedankensprünge u.a.)
Besondere Merkmale	Stilisierung nach dem Kunstwillen des Autors, Orientierung an der literarischen Konvention und den Zuschauererwartungen
Stilebenen	
Hoher Stil	Der erhabene Stil (genus grande) sollte die Affekte erregen und benutzte dazu die Mittel der literarischen Rhetorik (Abweichung von der Alltagsrede in Wortwahl und Satzbau, Figuren der Wortstellung, Worthäufung, Wortwiederholung usw.). Er war für die Tragödie vorgesehen, in der Könige und hochgestellte Personen dargestellt wurden.
Niederer Stil	Der einfache Stil (genus humile) sollte allgemeinverständlich sein und verzichtete weithin auf rhetorischen Redeschmuck. Er war für die Komödie vorgesehen, in der Bürger, Sklaven und andere ‚kleine Leute' als Figuren auftraten.

Stilisierung der Figurenrede

Pathetischer Stil	In Schillers Geschichtsdrama dienen rhetorische Stilmittel (Figuren der Wortstellung, Worthäufung, Wortwiederholung u. a.) der Überhöhung der Gefühle und Ideen, welche die Figuren äußern.
Stilisierte Alltagsrede	Im bürgerlichen Trauerspiel wird Alltagsprosa stilisiert, um die inneren Vorgänge der Figuren zum Ausdruck zu bringen und sie von den Zuschauern nachempfinden zu lassen.
Hervorhebung von Stilmerkmalen	Büchner hebt die stilistischen Merkmale standesspezifischer Redeweise in kritischer Absicht hervor, um soziale Gegensätze und Lebenslagen darzustellen und begreiflich zu machen.

Schema der Gattungsgeschichte vom 18. bis zum 20. Jahrhundert

Sprache	Personal	Figuren-konzeption	Handlung	Raum
Verse, hoher Stil	Könige und Fürsten	Autonome Persönlichkeiten	Große Entscheidungen der Geschichte	Schloß, Burg, öffentlicher Platz
Stilisierte Alltagsprosa	Hofadel und Bürgertum	Bestimmt durch Standesunterschiede	Durch soziale Ungleichheit bedingte Konflikte	Palais und Bürgerhaus (Innenräume)
Dialekt, defekte Sprache	Kleinbürger, Proletarier, Randständige	Menschen als Produkt ihrer sozialen Verhältnisse	Alltagsprobleme, Not des Daseins	Soziales Milieu, enge Räume

7. Gestaltung von Raum und Zeit

Raum und Zeit stellen zusammen mit den Figuren und ihren sprachlichen und außersprachlichen Aktivitäten, die sie auf der Bühne entfalten, die konkreten Gegebenheiten des Dramas dar. Dadurch unterscheidet sich das Drama von einem erzählenden Text, bei dem nur die Worte des Erzählers und die wörtlichen Reden der Figuren konkret sind, alles andere jedoch nur in sprachlicher Abstraktion, als erzählter Raum und erzählte Zeit und erzählte Gestalten, vorhanden ist. Wenn nun der Zuschauer einer Theateraufführung beiwohnt, wird für ihn der real auf der Bühne agierende Schauspieler zu der vom Dichter konzipierten Figur, der Bühnenraum verwandelt sich für ihn in den fiktiven Schauplatz der dramatischen Handlung, die Stunden, die er im Theater verbringt, dehnen sich für ihn zu der fiktiven Zeit, welche die dargestellten Ereignisse in ihrem Ablauf benötigen:

Überlagerung von Realität und Fiktion beim Drama	
Äußeres Kommunikationssystem: Realer Theaterbetrieb	Inneres Kommunikationssystem: Fiktionale Dramenhandlung
Schauspieler	Figuren
Bühnenraum	Schauplatz der Handlung
Spielzeit	gespielte Zeit

In der Einschätzung der imaginativen Kraft, welche der Zuschauer gebraucht, um sich mit Hilfe der Theateraufführung in die fiktive Welt der Dichtung zu begeben, weichen die Dramentheoretiker stark voneinander ab. Johann Christoph Gottsched sagt dazu in seinem ‚Versuch einer Critischen Dichtkunst vor die Deutschen' (1730) z. B.:

imaginary forces (Shakespeare, König Heinrich V., Prolog Vers 18), vgl. o. S. 24

„Die Einheit der Zeit ist das andere, das in der Tragödie unentbehrlich ist. Die Fabel eines Heldengedichts kann viele Monate dauern...; das macht, sie wird nur gelesen: aber die Fabel eines Schauspieles, das mit lebendigen Personen in etlichen Stunden wirklich vorgestellt wird, kann nur einen Umlauf der Sonne..., das ist einen Tag, dauern [...]“

§ 16 (bei Ulrich Staehle, a. O. S. 17; die erste Einheit von der Gottsched spricht, ist die Einheit der Handlung.)

Und zum Problem der Gestaltung des Raumes heißt es:

„Zum dritten gehöret zur Tragödie die Einigkeit des Ortes. Die Zuschauer bleiben auf einer Stelle sitzen: folglich müssen auch die spie-

ebda. § 18 (U. Staehle, a. O. S. 18)

lenden Personen alle auf einem Platze bleiben, den jene übersehen können, ohne ihren Ort zu ändern [...]"

Gottsched lehrte an der Universität Leipzig als Professor für Logik und Metaphysik auch Poesie.

Gottsched setzt der Auffassungsgabe des Zuschauers enge Grenzen. Er meint, daß man „in etlichen Stunden" Spielzeit, d. h. Aufführungsdauer, dem Zuschauer nur Ereignisse vermitteln könne, deren Ablauf, d. h. deren fiktive gespielte Zeit, nicht länger als von morgens bis abends dauern dürfe. Was aber den fiktiven Schauplatz, den gespielten Raum angehe, so traut er der Vorstellungskraft des Zuschauers noch weniger zu, wenn er meint, der im Spiel dargestellte Raum müsse unverändert bleiben, da ja auch die Zuschauer „auf einer Stelle sitzen" müßten. Von dieser Auffassung aus ist Gottsched mit Shakespeares dramatischer Kunst überhaupt nicht zufrieden. Das wiederum kann der englische Schriftsteller Samuel Johnson nicht verstehen und wendet deshalb im Vorwort zu seiner Shakespeare-Ausgabe von 1765 dagegen folgendes ein:

S. Johnson on Shakespeare, hg. v. W. K. Wimsatt, Harmondsworth: Penguin Books 1969, S. 69 f.

„Das Argument, es sei unmöglich, zur ersten Stunde in Alexandria, zur zweiten aber in Rom zu sein, setzt voraus, daß der Zuschauer bei Spielbeginn sich vorstellt, tatsächlich in Alexandria zu sein, seinen Gang zum Theater für eine Reise nach Ägypten hält und sich einbildet, in der Zeit des Antonius und der Kleopatra zu leben ... Die Wahrheit ist, daß die Zuschauer durchaus bei Sinnen sind und wissen, vom ersten bis zum letzten Akt, daß die Bühne nur eine Bühne ist, und daß die Schauspieler eben Schauspieler sind."

Johnson will sagen, daß die Regel von der Einheit von Raum und Zeit deshalb unsinnig sei, weil kein Zuschauer die dramatische Fiktion mit der Realität verwechseln werde, so daß es gemäß der geltenden literarischen Konvention keinen Unterschied mache, ob der Bühnenraum durchgehend einen fiktiven Ort oder aber mehrere hintereinander repräsentiere bzw. ob in der Spielzeit ein zeitliches Kontinuum oder aber eine Reihe von Zeitausschnitten zur Darstellung gelangten. Johnson bezieht sich hier auf das Drama ‚Antonius und Kleopatra' (1607).

44 vor Chr. Ermordung Caesars;
43 Triumvirat zwischen Antonius, Oktavian und Lepidus; Ermordung Ciceros;
42 Vernichtung der Caesarmörder Brutus und Cassius bei Philippi in Griechenland;
40 Teilung des Reichs (Oktavian: Westen, Antonius: Osten, Lepidus: Afrika – Italien neutral);
33 Bruch zwischen Oktavian und Antonius;

Shakespeares Tragödie hat den Konflikt des Markus Antonius (82–30 vor Chr.) zwischen seiner Pflicht gegenüber Rom und seiner Liebe zu Ägypten zum Gegenstand. Nach Caesars Ermordung hatte dieser Feldherr und Politiker mit Oktavian, dem späteren Kaiser Augustus, und Lepidus das sogenannte zweite Triumvirat geschlossen, um die Cäsarmörder zu bekämpfen, die dann in der Schlacht bei Philippi (42 vor Chr.) vernichtet wurden. Antonius erhielt die Herrschaft über den Osten des Reiches einschließlich Ägypten, wo er sich – obwohl bereits mit Oktavia, der Schwester des Oktavius Cäsar, verheiratet – mit der Königin Kleopatra vermählte, um mit ihr das Reich Alexanders des Großen wiederzuerrichten. Daher kam es zum Kampf mit Oktavian, der Antonius in der Schlacht bei Aktium in Griechenland besiegte (31 vor Chr.). Nach der Einnahme Alexandrias durch den Sieger nahmen sich Antonius und Kleopatra das Leben.

In der Verletzung der Einheitsregeln für Raum und Zeit zeigt sich kein dramatisches Unvermögen, sondern ein klares Konzept:

Die Liebesgeschichte des Antonius und der Kleopatra wird in einen weltgeschichtlichen Bezugsrahmen hineingestellt, damit deutlich gemacht werden kann, was bei ihr alles auf dem Spiele steht. Deshalb umspannt die Szenerie Europa und Asien, West und Ost gleichermaßen. Alexandria und Rom als Hauptschauplätze stehen für zwei Welten mit gegensätzlichen und unvereinbaren Wertvorstellungen. Dieses Panorama entfaltet Shakespeare dadurch, daß er die 41 Szenen an 15 verschiedenen Lokalitäten spielen läßt, zwischen denen die Handlung wechselt.

Der ortsneutrale Hintergrund des elisabethanischen Theaters erlaubt ein solches Vorgehen, weil kein realistisches Bühnenbild die Illusion eines bestimmten Schauplatzes suggerierte, sondern die Imaginationskraft des Zuschauers die nötigen Anregungen durch die Figurenrede erhielt:

Mit Philos Worten: „Nein, dieser Liebeswahnsinn unsres Feldherrn steigt übers Maß [...]" erfolgt der Hinweis, daß die Szene im Bannkreis von Kleopatra spielt (I, 1). Wenn Oktavian sich mit den Worten einführt:

Ihr seht nun, Lepidus, und wißt hinfort,
Es ist nicht Cäsars neid'sche Art, zu hassen
Den großen Mitbewerber. Aus Ägypten
Schreibt man uns dies [...] (I, 4),

so hat sich die Figur selbst vorgestellt und sogleich angedeutet, daß wir uns nicht in Ägypten, sondern (wahrscheinlich) in Rom befinden.

Man spricht in diesem Fall von ‚Wort-Regie'. Während es in ‚Antonius und Kleopatra' bei bloßen Andeutungen bleibt, kann der ‚gesprochene Raum' bisweilen die Ausführlichkeit einer ‚Wort-Kulisse' annehmen wie im ‚Macbeth', wenn das Schloß des Mörders vorgestellt wird:

DUNCAN: Dies Schloß hat eine angenehme Lage;
    Gastlich umfängt die lichte, milde Luft
    Die heitern Sinne.
BANQUO: Dieser Sommergast,
    Die Schwalbe, die an Tempeln nistet, zeigt
    Durch ihren fleiß'gen Bau, daß Himmelsatem
    Hier lieblich haucht. Kein Vorsprung, Fries, noch Pfeiler,
    Kein Winkel, wo der Vogel nicht gebaut
    Sein hängend Bett und Wiege für die Brut.
    Wo er am liebsten heckt und wohnt, da fand ich
    Am reinsten stets die Luft.

(I, 6)

In den historisierenden Ausstattungsinszenierungen des 19. Jahrhunderts hat man solche Stellen oft als bloßen Kulissener-

31 Oktavian besiegt Antonius bei Actium (Westgriechenland) und nimmt Alexandria ein;
29 Oktavian kehrt nach Rom zurück, Beginn des Prinzipats

Zum elisabethanischen Theater s. o. S. 23 f.

Ein Beispiel für diesen Inszenierungsstil ist auf S. 27 angeführt.

Zum Begriff der dramatischen Ironie s. o. S. 31

satz betrachtet und die Bühne entsprechend gestaltet. Damit aber wurden andere Funktionen des Textes übersehen, hier z. B. die in der Wortkulisse enthaltene dramatische Ironie: Was der Zuschauer bereits ahnt, damit rechnen die künftigen Mordopfer des Macbeth nicht. In ihren Worten drücken sich also auch Sorglosigkeit und Vertrauensseligkeit aus. Durch das Vordringen der realistischen Illusionsbühne und das Aufkommen der technischen Medien, welche ihre Perfektionierung ermöglichten, ist also der Sinn für die Spielregeln, die Konventionen des Dramas – von denen Samuel Johnson sprach – geschwunden. Nun hielt man die Abbildung der Wirklichkeit für die wichtigste Aufgabe des Theaters.

Wie der Raum können auch die Requisiten eine symbolische Funktion erfüllen. Im naturalistischen Drama werden beide nicht – wie meist im elisabethanischen Theater – bloß in der Figurenrede präsentiert, sondern durch die Bühnengestaltung detailliert ausgeführt. Der schwedische Dramatiker August Strindberg, mit seiner psychologisch analysierenden Figurenkonzeption einer der Väter des modernen Dramas, behandelt z. B. in seinem Einakter ‚Fräulein Julie‘ (1888) ein ähnliches Thema wie Schiller in ‚Kabale und Liebe‘, nämlich das Liebesverhältnis zwischen einer Adligen und einem Diener ihres Vaters. Im Unterschied zu Schillers Trauerspiel gibt es hier nur noch einen Schauplatz, auf dem der Konflikt ausgetragen wird, das gräfliche Schloß. Nach den Vorschriften des Nebentextes wird der Standesgegensatz durch die Raumgestaltung <u>symbolisch</u> dargestellt:

Eine große Küche, deren Decke und Seitenwände durch Draperien und Soffitten verhüllt sind. Die Rückwand verläuft von links schräg nach dem Hintergrund; links an der Wand zwei Regale mit Kupfer-, Eisen- und Zinngefäßen. Die Regale sind mit gemustertem Papier ausgelegt. Etwas weiter rechts ein Teil (drei Viertel) des großen gewölbten Ausgangs mit zwei Glastüren, durch die man einen Springbrunnen mit einer Amorette, blühende Syringensträucher und hochaufragende Pyramidenpappeln sieht. – Links im Vordergrund die Ecke eines großen Kachelherdes mit einem Stück des eingebauten Kessels. – Rechts ragt das eine Ende des Gesindetisches aus weißem Föhrenholz in den Raum; an ihm einige Stühle. – Der Herd ist mit Birkenzweigen bedeckt, der Fußboden mit Wacholderreisern bestreut. – Auf dem Tisch ein großer japanischer Gewürztopf mit blühenden Syringen. – Ein Eisschrank, ein Spültisch und ein Waschgestell. – Über der Tür eine altmodische Klingel. Links von der Tür mündet ein Sprachrohr. Die Handlung spielt in der Küche des Grafenhauses.

Der Kontrast zwischen dem Gesinde-Interieur der Küche und dem gräflichen Ziergarten im Hintergrund steckt das Handlungsfeld der Tragödie ab. Von den „blühenden Syringensträuchern" des gräflichen Gartens, einem Liebessymbol (daneben eine „Amorette"), hat man einen Strauß in einen „Gewürztopf", d. h. einen Gebrauchsgegenstand der Küche gesteckt, womit die soziale Grenzüberschreitung der Titelheldin symbolisiert wird. Also auch das Illusionstheater mutet dem Zuschauer eine erhebliche Betätigung seiner Imaginationskräfte zu.

In Schillers Drama hat der Raum auch eine <u>kompositorische</u> Bedeutung. Der Schauplatz wechselt regelmäßig zwischen dem bürgerlichen Milieu und der Adelswelt, den beiden Gegenspielern in diesem Drama, wobei mitten in der adligen Sphäre wiederum ein Gegensatz zwischen dem nichtswürdigen Präsidenten und der edlen Lady Milford durch den zweimaligen Übergang von seinem zu ihrem Palais gekennzeichnet wird:

Ein Überblick über die Handlung von ,Kabale und Liebe' findet sich auf S. 59

Akt	Szenen	Ort	Ereignisse
I	1–4	Zimmer beim Musikus	Liebesbund zwischen Luise und Ferdinand, Werbung Wurms bei Miller, Sorgen der Eltern Miller
	5–7	Saal beim Präsidenten	Der Präsident berät den Heiratsplan mit Wurm und von Kalb und konfrontiert seinen Sohn damit.
II	1–3	Ein Saal im Palais der Lady Milford	Ferdinand entdeckt der Lady seine Liebe zu Luise, während die Lady ihm ihre Lebensgeschichte erzählt.
	4–7	Zimmer beim Musikanten	Der Präsident erscheint mit Polizei bei Millers und setzt die Familie unter Druck.
III	1–3	Saal beim Präsidenten	Der Präsident fürchtet Entdeckung seiner Machenschaften; Millers verhaftet
	4–6	Zimmer in Millers Wohnung	Wurm zwingt Luise, den Liebesbrief an von Kalb zu schreiben.
IV	1–5	Saal beim Präsidenten	Ferdinand ist der Brief zugespielt worden; er ist verzweifelt.
	6–9	Ein sehr prächtiger Saal bei der Lady	Luise will Ferdinand der Lady überlassen und sich das Leben nehmen. Diese aber verschenkt ihre Habe und verläßt den Hof.
V	1–8	In einem Zimmer beim Musikanten	Luise mit dem Vater versöhnt, Ferdinand vergiftet die Limonade, Aufklärung der Intrige im Angesicht des Todes, Wurm und der Präsident verhaftet

Die Handlung beginnt ganz menschlich in der Wohnung des Musikus, dessen Flötenschüler sich in seine Tochter verliebt. Ohne es zu wollen, gerät der Musikus damit aber in die politischen Machenschaften des Adels hinein, an denen schließlich beide Familien zugrunde gehen, die bürgerliche wie die adlige, wobei sich auch das Ende in Millers Wohnung abspielt.

Zu ‚Nora' s. o. S. 71 und den Nebentext S. 26 f.

Eine weitere Funktion, nämlich die der Figurencharakterisierung, hat der Raum in Ibsens ‚Nora', wo er die Mentalität des Rechtsanwalts Torvald Helmer widerspiegelt. Wenn König Lear bei Shakespeare im beginnenden Wahnsinn durch Sturm, Donner und Blitz, „im Kampf mit dem erzürnten Element", über die Heide irrt, sich „sein weißes Haar ausrauft" und „des Sturmes und Regens Wettkampf übertrotzen will" (III, 1), so veranschaulicht der Raum eine bestimmte Stimmung. Er spiegelt die inneren Vorgänge der Titelfigur, die sich

Vgl. die Angaben zu ‚Warten auf Godot' S. 61 f.

gegen den Wahnsinn wehrt. Die leere Bühne bei Beckett macht die Thematik des Stücks sichtbar. Der Raum entspricht hier der existentiellen Situation, die gezeigt werden soll, die von Isoliertheit und Weltverlust gekennzeichnet ist. Als Projektion von Bewußtseinszuständen ist diese Verwendung des Raumes durchaus mit der ‚Walpurgisnacht' in Goethes ‚Faust' zu vergleichen. Schließlich kann der Raum unmittelbar im Hinblick auf die Handlung entworfen sein, wie es in der Szene IV, 3 von Schillers ‚Wilhelm Tell' der Fall ist:

Das Stück wurde zweimal offiziell von den Lehrplänen gestrichen, 1854 durch das preußische Kultusministerium, 1941 auf persönlichen Wunsch Hitlers.

Die hohle Gasse bei Küßnacht

Man steigt von hinten zwischen Felsen herunter, und die Wanderer werden, ehe sie auf der Szene erscheinen, schon von der Höhe gesehen. Felsen umschließen die ganze Szene, auf einem der vordersten ist ein Vorsprung mit Gesträuch bewachsen.

TELL *(tritt auf mit der Armbrust):*
    Durch diese hohle Gasse muß er kommen,
    Es führt kein andrer Weg nach Küßnacht – Hier
    Vollend ichs – Die Gelegenheit ist günstig.
    [...]

Bis hin zu dem „Vorsprung mit Gesträuch" sind alle räumlichen Details auf die entscheidende Handlung, den Schuß auf Geßler, hin angeordnet.

Die wichtigsten dramatischen Funktionen des Raumes und die Möglichkeiten, den Raum auf der Bühne zu gestalten (‚Lokalisierungstechniken'), lassen sich folgendermaßen zusammenfassen:

Funktionen des Raums

Symbolisch	Raumgestaltung und Requisiten stellen die Kräfte, die in der Handlung aufeinandertreffen, symbolisch dar.
Kompositorisch	Schauplatzwechsel wird als Strukturmuster für den Aufbau der Dramenhandlung benutzt.
Figuren-charakterisierung	Der Raum wird als charakteristische Umgebung einer Figur ausgestaltet.
Stimmung	Der Raum wird so gewählt, daß er die innere Verfassung und Stimmung einer Figur widerspiegelt.
Thematik	Der Raum dient als Ausdrucksmittel für die in dem Stück behandelte Thematik.
Handlung	Der Raum wird so eingerichtet, daß er die auf der Bühne darzustellenden Handlungen ermöglicht.

Lokalisierungstechniken

Verbale Zeichen	Der Raum wird in der Figurenrede beschrieben (‚gesprochen‘): Wort-Kulisse (Shakespeare) oder durch Schrifttafeln angezeigt (Brecht).
Außersprachliche Zeichen	Der Raum wird in einem detaillierten Bühnenbild dargestellt (Illusionsbühne).

Bei der Gestaltung der Zeit muß der Dramatiker die Schwierigkeit bewältigen, die damit gegeben ist, eine komplexe Handlung längerer Dauer (= gespielte Zeit) in den wenigen Stunden eines Theaterabends (= Spielzeit) unterzubringen. Die gespielte Zeit erstreckt sich in drei Dimensionen:

(1) die fiktive Zeitdauer der Handlung, soweit sie in den Szenen auf der Bühne präsentiert wird (primäre gespielte Zeit),

(2) die fiktive Zeitdauer der gesamten Dramenhandlung vom Einsatz der Handlung (point of attack) bis zum Textende, einschließlich der nichtgezeigten Handlungsteile, die der Zuschauer ‚imaginiert‘, sowie der ‚verdeckten Handlung‘ (sekundäre gespielte Zeit) und

(3) die fiktive Zeitdauer der Geschichte (story), die in der Dramenhandlung (plot) verarbeitet ist, einschließlich der Vorgeschichte (soweit sie sprachlich vermittelt wird) und des Endes, das sich der Zuschauer vom Dramentext her vorstellen kann, z. B. der Hinrichtung Gretchens am Ende von ‚Faust I‘ (tertiäre gespielte Zeit).

Zu ‚story‘, ‚plot‘, ‚point of attack‘ s. o. S. 51, zur ‚imaginativen Vergegenwärtigung‘ S. 56 f., zur ‚verdeckten Handlung‘ und zum Ende von ‚Faust I‘ S. 57 f.

Man sieht, daß die sekundäre gespielte Zeit in der tertiären enthalten ist und ihrerseits wiederum die primäre gespielte Zeit in sich enthält (s. Schaubild unten).

Das Verhältnis dieser drei Dimensionen bestimmt der Dichter. In seinem Stück ‚Warten auf Godot‘, das keine Vor- und Nachgeschichte kennt, raum-zeitlich kontinuierlich verläuft und keine Zeitraffung benötigt, hält sie Beckett fast in Dekkung. Shakespeare läßt dagegen in ‚Antonius und Kleopatra‘ (1) und (2) weit auseinanderklaffen. Diese Diskrepanz ist bezeichnend für den Dramentyp der ‚offenen Form‘.

Zum Inhalt von ‚Warten auf Godot‘ s. o. S. 61 f., ‚Antonius und Kleopatra‘ S. 108 f., ‚Emilia Galotti‘ S. 79 f. und 94 f.

Setzt die Dramenhandlung in einer frühen Phase der Geschichte ein wie in Lessings ‚Emilia Galotti‘, so ist die Abweichung zwischen (3) und (2) gering. Erfolgt der Einsatz der Handlung jedoch kurz vor dem Ende der Geschichte wie in Kleists Lustspiel ‚Der zerbrochene Krug‘, so klaffen (3) und (2) weit auseinander.

Zur Zeitstruktur in ‚Der zerbrochene Krug‘ s. o. S. 51

Für die Gestaltung der Zeit, d. h. eine zweckmäßige Bemessung der Diskrepanz zwischen Spielzeit und gespielter Zeit, stehen u. a. folgende künstlerische Mittel zur Verfügung:

Die Zeitraffung

Lessing: Hamburgische Dramaturgie, 45. Stück (1767)

In seiner Kritik an Gottscheds Einheitsregel hat Lessing der „physischen Einheit" der Zeit, wie sie sich an einem Chronometer ablesen läßt, die „moralische Einheit" der Zeit entgegengestellt. Damit meint er einen dichterischen Umgang mit der Zeit, der dem Zuschauer plausibel erscheint. Diese Unterscheidung deckt sich mit einem Grundsatz, den schon Aristoteles formuliert hat:

Poetik, 24. Kapitel 1460 a 27/28

„Das Unmögliche, das wahrscheinlich ist, muß dem (objektiv) Möglichen vorgezogen werden, das (subjektiv) unglaubwürdig ist."

Dieser Grundsatz und die Lessingsche Unterscheidung werden dadurch bestätigt, daß der Zuschauer selbst bei einer sehr starken Zeitraffung keine Schwierigkeiten hat, das dargestellte Geschehen für einleuchtend zu halten. Ein Beispiel gibt etwa die Eröffnungsszene von Shakespeares ‚Hamlet', die mit einer Wachablösung um Mitternacht („Es schlug schon zwölf") beginnt. Ganze 132 Verse später wird der Geist von Hamlets Vater durch den anbrechenden Morgen vertrieben („Der Hahn kräht"). Dem Zuschauer wird die Raffung kaum bewußt, weil die Szene ihm die Vorgeschichte des Stücks, den Konflikt mit Norwegen und andere interessante Details vermittelt. Der Schlußmonolog des Faust in Christopher Marlowes ‚tragischer Historie vom Doktor Faustus' beginnt mit den Worten: „Nun hast du nur ein einzig Stündlein noch zu leben." Die Uhr hat gerade elf geschlagen. Nach 30 Versen heißt es schon: „Ah, halb ist schon die Stunde um…" und nach weiteren 19 Versen ist es Mitternacht: „Es schlägt, es schlägt!" In einer Spielzeit von etwa 3 Minuten wird die fiktive gespielte Zeit von einer ganzen Stunde dargestellt, ohne daß der von Fausts Verzweiflung gebannte Zuschauer Anstoß daran nimmt.

Von dieser Szene ist auch auf S. 93 die Rede.

Deutscher Text von Adolf Seebass, Reclam UB 1128, Stuttgart 1964

Die Strukturierung der Zeit

Die Zeitstruktur mancher Stücke hat linearen Charakter. Die Handlung läuft in zunehmendem Tempo auf ein Ziel hin, das sie im letzten Akt erreicht. Schillers ‚Kabale und Liebe' ist so ein Stück. Aus dem Konflikt zwischen den beiden sozialen Milieus, zwischen denen der Schauplatz wechselt (Bürgerstube und Palais), ergibt sich dieser lineare Ablauf der Ereignisse, wie ihn unsere Tabelle auf S. 111 zeigt. Aber eine solche Zeitstruktur ist nicht selbstverständlich für ein Drama.

Peter Pütz: Die Zeit im Drama. Zur Technik dramatischer Spannung, 2. Aufl., Göttingen: Vandenhoeck 1977

Ganz anders ist die Zeit in Becketts ‚Warten auf Godot' gestaltet. Die Bühne ist bis auf ein paar Requisiten leer. Sie dienen den Figuren dazu, die Zeit mit allerlei Spielen totzuschlagen, z. B. die Schuhe auszuziehen, die Hüte zu wechseln, eine Rübe zu essen usw. Auch die Sprache wird als Spielzeug verwendet. Zwei Stunden lang ist von einer Figur die Rede, von der man nichts weiß und die nie erscheint. Die Zeit ist stehengeblieben. Versuche der Figuren, das Geschehen zeitlich einzuordnen, scheitern daran, daß sie sich nicht erinnern können. So ist auch eine Vorgeschichte nicht aufzufinden. Auch der Ort der Handlung läßt sich nicht fixieren. Anfang und Ende sind vertauschbar. Die Zeitstruktur hat zyklischen Charakter.
Das ist scheinbar auch in Thornton Wilders Einakter ‚Das lange Weihnachtsmahl' (1931) der Fall, in dem in extremer Zeitraffung neunzig Weihnachtsmahle der Familie Bayard dargestellt werden:

Thornton Wilder: Einakter und Dreiminutenspiele. Aus dem Amerikanischen von H. E. Herlitschka, Fischer Taschenbuch 7066, Frankfurt am Main 1982

ORT: Das Haus der Familie Bayard irgendwo westlich des Mississippi.
ZEIT: 1840 bis 1930

Das Eßzimmer im Haus der Familie Bayard. Parallel zu den Rampenlichtern und ganz nahe an sie herangerückt ein langer Tisch, für das Weihnachtsmahl gedeckt und aufgeputzt. Am Kopfende, rechts vom Zuschauer, der Platz des Vorschneidenden; vor ihm ein großer gebratener Truthahn.

Eine Tür links hinten führt in die Diele.

Ganz links, dicht am Proszeniumspfeiler, eine seltsame, mit Girlanden aus Blumen und Früchten gezierte Pforte. Genau gegenüber eine gleiche Pforte, aber mit schwarzem Samt ausgeschlagen und verhängt. Die beiden Pforten versinnbildlichen Geburt und Tod. Neunzig Jahre werden durchmessen in diesem Spiel, das in beschleunigter und abgekürzter Folge neunzig Weihnachtsmähler im Hause der Bayards vorführt.

Die Darsteller sind unauffällig gekleidet und müssen durch ihr Spiel andeuten, daß sie altern. Die meisten haben weiße Perücken bei sich, die sie sich im angegebenen Augenblick, ganz einfach und ohne etwas dazu zu bemerken, aufsetzen. Die Schauspielerinnen können Umhängtüchern unter dem Tisch verbergen, die sie allmählich, wenn sie älter werden, über die Schultern heraufziehn.

Während des ganzen Spiels essen die Personen bloß vorgestellte Speisen mit bloß vorgestellten Messern und Gabeln.

Kein Vorhang. Die ins Theater kommenden Zuschauer sehn bereits den gedeckten Tisch auf der Bühne, aber diese ist zuerst nur schwach beleuchtet. Allmählich verlöschen die Lichter im Zuschauerraum, und die Bühne erhellt sich, bis funkelnder Wintersonnenschein durch die Fenster des Eßzimmers fällt.

Wilder knüpft an die Tradition des trivialen Familienrührstücks an, das sich heute in den Familienserien des amerikanischen Fernsehens fortgesetzt hat.

Im Gegensatz zu Becketts leerer Bühne, herrscht hier ein großes Gedränge. Aber auch hier dreht sich die Handlung im Kreise. Der gleiche szenische Vorgang wird wiederholt (Truthahnessen im Familienkreis), die gleichen Klischees der Familiengeschichte werden wiederholt (Großmutter hat den Mississippi „auf einem neugezimmerten Floß" überquert), immer wieder hört man den Ausruf: „Das waren noch Zeiten!". Der Kirchgang wird immer gleich kommentiert: „Pastor X predigt wirklich großartig. Ich hab' in einem fort weinen müssen." Auch die Gesprächsthemen bleiben sich gleich, das Wetter, die Krankheiten der Nachbarn, Kindheitserinnerungen. Doch im Unterschied zu Beckett gibt es hier eine Figur, welche dem ewigen Einerlei die Erkenntnis von der geschichtlichen Veränderung entgegensetzt. Die zyklische Struktur wird von einer linearen durchschnitten. Geneviève macht gegenüber der sentimentalen Reaktion auf die „schönen Predigten" geltend, daß man in der alten Generation immer bei Predigten geweint habe: „Das war damals so … Sie mußten in die Kirche gehen, seit sie Kinder gewesen waren …" Sie glaubt auch nicht an den Familienmythos, bezweifelt die Existenz des immer wieder beschworenen Buches, in dem das alles stehen soll. Auch die wirtschaftlichen Aktivitäten der Familie sieht sie sehr kritisch: „Wir hätten längst wegziehen sollen. Auf allen Seiten sind wir von Fabriken umgeben…" Geneviève stellt als einzige das Familienleben in einen historischen Bezugsrahmen.

Fiktionale und Theatergegenwart

Ein wichtiges Formelement der dramatischen Dichtung beruht auch darauf, wie in ihr mit der Distanz zwischen der fiktiven Gegenwart der Bühnenhandlung und der realen Gegenwart des Zuschauers umgegangen wird. Die Handlung kann in mythischer Vorzeit angesiedelt sein, mag in einer historisch faßbaren Vergangenheit spielen, kann sich als aktuelle Gegenwart geben oder zeitlich unbestimmt bleiben, wie es bei ‚Warten auf Godot' der Fall ist. Thornton Wilder hat z. B. an das obligatorische Truthahnessen angeknüpft, wie es in amerikanischen Mittelschichtfamilien um 1930 üblich war, und die Sprachklischees aufgenommen, die dabei zu hören waren. Goethe hat dagegen in seiner ‚Iphigenie auf Tauris' eine Thematik seiner Zeit in den griechischen Mythos zurückversetzt, um durch dessen Umdeutung den Satz zu veranschaulichen, in dem er den Sinn des Dramas zusammengefaßt hat:

„Alle menschlichen Gebrechen
Sühnet reine Menschlichkeit."

Mit dieser Widmung übersandte Goethe dem Schauspieler Wilhelm Krüder, der in Weimar den Orest gespielt hatte, am 7. 4. 1827 ein Textexemplar. Zu Goethes ‚Iphigenie' vgl. auch S. 81

Umgekehrt versetzt Anouilh in seiner ‚Antigone' (1944) den antiken Mythos in die Gegenwart, um ein zeitgenössisches Problem zu behandeln. Die Figuren des thebanischen Sagenkreises trinken dort Kaffee, gebrauchen Lippenstift, Puder und Parfüm, fahren als Kinder in den Ferien an den Strand, wo sie Sandburgen bauen. Die Wächter hoffen auf Orden und Beförderung und haben Angst vor dem Polizeipräsidenten. Welches Verfahren sich am besten dazu eignet, dem Zuschauer eine bestimmte Thematik zu vergegenwärtigen, entscheidet sich nicht an der zeitlichen Nähe von fiktionaler und Theatergegenwart.

Zuschauerspannung

Dadurch, daß er in Spannung versetzt wird, erhält der Zuschauer die Motivierung, mehrere Stunden im Theater sitzen zu bleiben und sich das Stück anzusehen. Die Spannung kann um so eher erhalten bleiben, je mehr es dem Dichter gelingt, die Spannungsmomente über die Zeit zu verteilen. Denn die menschliche Aufmerksamkeit läßt rasch nach, wenn sie nicht neue Anregungen bekommt.

Spannung muß stets in drei unterschiedlichen Dimensionen erzeugt werden, zunächst die weitreichende Spannung auf

Elemente der Spannung sind: Verzögerung des Handlungsfortganges, Verschleierung der Zusammenhänge, Ungewißheit über das Schicksal der Figuren, Anspielungen und Vorausdeutungen. Vgl. das 3. Kapitel

den Ausgang der ganzen Dramenhandlung. Sie wird z.B. hergestellt, wenn eine Hauptfigur dem Zuschauer die Frage nach dem Ende sogleich zu Anfang in den Sinn legt, wie es der Musikus Miller in der ersten Szene von ‚Kabale und Liebe' in seinem Gespräch mit der Gattin über das Verhältnis seiner Tochter zu Major von Walter macht:

Aber, sag mir doch, was wird bei dem ganzen Kommerz auch herauskommen? – Nehmen kann er das Mädel nicht – Vom Nehmen ist gar die Rede nicht, und zu einer daß Gott erbarm?

Die beiden Möglichkeiten, die sich auftun, Heirat oder eine außereheliche Beziehung, werden sogleich verworfen, so daß sich auch eine tragische Lösung schon abzeichnet.
Spannung muß auch von Szene zu Szene immer neu erzeugt werden. Im ‚Hamlet' ist das erste Spannungselement das Warten der Offiziere auf das neuerliche Erscheinen des Geistes. Nachdem diese Spannung durch dessen Wiederkommen gelöst ist, wird sie durch Horatios Vorschlag neu entfacht:

Zum Charakter des Hamlet vgl. o. S. 74 f.

Vertraun wir, was wir diese Nacht gesehn,
Dem jungen Hamlet [...]

Dieser erklärt sich bereit, die Erscheinung anzusprechen. Damit stehen schon drei Fragen zur Lösung an: Ist es tatsächlich der Geist des alten Hamlet? Wird der Prinz ihn zum Reden bringen? Was hat der Geist ihm zu sagen? Als die Begegnung endlich zustande kommt (I, 4), wird wieder eine Verzögerung eingebaut: Der Geist will nicht im Beisein anderer mit Hamlet reden. So wird der Racheauftrag des alten Hamlet von langer Hand in einer Folge von sich steigernden Spannungselementen vorbereitet, ehe die Erwartung des Zuschauers auf die Gesamthandlung aufgebaut ist: Wie wird Hamlet den Auftrag ausführen?
Spannung muß aber auch innerhalb der Einzelszene erzeugt werden, damit der Zuschauer seine Erwartungen auch auf den nächsten Augenblick richtet. Kleist weiß das in seiner Komödie ‚Der zerbrochene Krug' durch das Mittel der Retardierung, d.h. des Zurückhaltens gewünschter Auskunft, überzeugend zu erreichen. Als Adam nach Neuigkeiten fragt, erwidert sein Schreiber Licht:

Der erste Auftritt ist auf S. 33 f. abgedruckt.

Ja, was es Neues gibt! Der Henker hol's, hätt ichs doch bald vergessen.

Und als Adam weiterfragt, gibt es nur eine Andeutung:

Macht Euch bereit auf unerwarteten Besuch aus Utrecht.

Und nach abermaliger Pause heißt es kurz:

118

Der Herr Gerichtsrat kömmt.

Adam ist ganz verwirrt: „Wer kömmt?" Da erst nennt Licht den Namen:

Der Herr Gerichtsrat Walter kömmt, aus Utrecht. (69 ff.)

Das Tempo der Handlung

Als Tempo einer Dramenhandlung kann man die Zahl der Situationsveränderungen bezeichnen, die sich während der sekundären gespielten Zeit, d. h. der szenisch repräsentierten Handlung einschließlich der nichtgezeigten Handlungsteile, ereignen. In jeder der 37 Szenen von ‚Kabale und Liebe' veränert sich z. B. die Situation für alle beteiligten Figuren durch das Handeln einer von ihnen, sei es, daß Luise und Ferdinand durch ihren Liebesbund den Musikus Miller in eine aussichtslose Lage bringen, die Eifersucht des Sekretärs Wurm erregen oder die Pläne durchkreuzen, die der Präsident mit Lady Milford und seinem Sohn hat. Der Widerstand des Sohnes gegen diese Pläne motiviert wiederum den Präsidenten und seinen Sekretär Wurm dazu, eine Intrige gegen die Liebenden ins Werk zu setzen. Ferdinands Drohung mit Enthüllung verstärkt wiederum die Brutalität des Vorgehens auf der Gegenseite usw. usw. Die Handlung weist ein hohes Tempo auf. In Tschechows Komödie ‚Der Kirschgarten' gibt es eigentlich nur eine einzige Situationsveränderung, die Versteigerung des Gutes der Familie Gajew, die notwendig wurde, weil sie ihre Hypothekenzinsen nicht mehr bezahlen konnte und auf Lopachins Sanierungsangebot nicht eingegangen war. Bis zu diesem Ereignis, das sich erst im vierten Akt bemerkbar macht, gibt es keine Veränderungen der Situation. Die Gesamthandlung hat kaum so etwas wie Tempo. Das Interessante des Bühnengeschehens liegt auf einer anderen Ebene, in den vielen kleinen Gesprächsszenen, in denen z. B. Lopachins ausführliche Vorschläge durch kurze Repliken der Gajews unterbrochen werden, die eine erschütternde Ahnungslosigkeit gegenüber der Entwicklung um sie herum verraten.

Wieder eine andere Struktur ergibt sich, wenn in einem Drama Szenen mit hohem Tempo und solche mit ruhiger Bewegung abwechseln, wie es im ‚Faust' zu beobachten ist, wo z. B. auf die handlungsbestimmende erste Szene der Gretchenhandlung mit Fausts Anordnungen, die Mephisto sogleich ausführt, eine Szene mehr lyrischen Charakters folgt, in der Faust und Gretchen ihre Gefühle äußern, jener im Monolog, diese im Lied vom „König in Thule".

Für die Untersuchung des Tempos, das in einer Dramenhandlung angeschlagen wird, ist also nicht einfach die Zahl der

Vgl. den Überblick über die 5 Akte und 37 Szenen auf S. 111

Zum Inhalt des Stücks s. o. S. 92 f.

Vgl. den Überblick über die 17 Szenen der Gretchenhandlung auf S. 54 f.

Situationsveränderungen insgesamt entscheidend, sondern es ist zu klären, wie sich die beiden Ebenen, die Gesamthandlung und die Einzelszene bzw. Handlungsepisode, sowie die verschiedenen Szenen zueinander verhalten.

Gestaltung der Zeit im Drama

Aufgabe	Handlungen längerer Dauer (= gespielte Zeit) müssen in einem Theaterabend (= Spielzeit) untergebracht werden.
Dimensionen der gespielten Zeit	(1) Fiktive Zeitdauer der szenisch dargestellten Handlung (2) Fiktive Zeitdauer der gesamten Dramenhandlung (3) Fiktive Zeitdauer der Geschichte, aus der die Dramenhandlung gemacht ist

Künstlerische Mittel

Zeitraffung	Durch Zeitangaben in der Figurenrede und spannende Inhalte wird viel gespielte Zeit in kurzer Spielzeit untergebracht.
Strukturierung	Durch Wahl einer linearen oder zyklischen Zeitstruktur oder Kombination aus beiden wird ein Bühnengeschehen erreicht, das den Zuschauer fesselt.
Abweichung von fiktionaler und realer Gegenwart	Durch Annäherung des Bühnengeschehens an die Gegenwart des Zuschauers oder Distanzierung davon (Versetzung in den Mythos oder in historische Vergangenheit) wird versucht, eine Thematik interessant zu machen.
Spannung	Im Zuschauer werden ständig Erwartungen erzeugt: Spannung auf den nächsten Augenblick („Was passiert nun?"), auf die nächste Szene („Wie geht es weiter?") und auf die Dramenhandlung im Ganzen („Wie geht es aus?")
Tempo	Situationsveränderungen auf der Ebene der Gesamthandlung oder innerhalb der einzelnen Szenen

8. Typen und Gattungen des Dramas

Der Begriff der ‚Gattung' dient nicht nur zur Bezeichnung der drei großen Dichtungsarten Epos, Lyrik und Drama, sondern auch zur Unterscheidung der vielen dramatischen Typen und Formen, die in der Literatur anzutreffen sind.

Nach einem aus der Antike stammenden Muster unterscheidet man die <u>Tragödie</u> als Darstellung eines Konflikts, der den Helden in den Untergang führt, von der <u>Komödie</u>, in der die Auseinandersetzung von menschlichen Schwächen ausgeht und versöhnlich endet. Nach diesem Muster nannte z. B. Corneille sein Drama ‚Der Cid' (1636), dessen Held Rodrigo zwar in einen tragischen Konflikt zwischen Liebe und Ehre gerät, aber nicht an ihm zugrunde geht, eine ‚<u>tragische Komödie</u>'. Das Muster ist zu grob, um die Fülle der Dramentypen danach zu ordnen. Nach dem <u>Inhalt</u> hat man versucht, Charakterdramen, Ideendramen, Gesellschaftsdramen, Geschichtsdramen u. a. zu unterscheiden. Unter der Rubrik ‚Geschichtsdrama' werden z. B. aufgeführt:

Rodrigo muß die Ehre seiner Familie gegen den Vater seiner Geliebten verteidigen. Ein tragischer Schluß wird vermieden, indem Rodrigo den besiegten Gegner schont und sich die Braut durch einen Sieg über die Mauren verdient.

Shakespeare: Julius Caesar (1599), Hamlet (1602) u. a.
Goethe: Götz von Berlichingen (1774), Egmont (1789) u. a.
Schiller: Wallenstein (1798/99), Wilhelm Tell (1804) u. a.
Büchner: Dantons Tod (entstanden 1835)
Brecht: Die Tage der Commune (1948/49)
Hochhuth: Der Stellvertreter (1963)
Kipphardt: In der Sache J. Robert Oppenheimer (1964) u. v. a.

Alle diese Stücke sind in ihrer Weise, Geschichte zu verarbeiten, in ihrem Aufbau, in der Verwendung künstlerischer Mittel verschieden; die Zuordnung eines Stücks zu dieser Kategorie gibt darüber wenig Aufschluß. Nach der <u>Form</u> wird das Zieldrama (auch ‚Entscheidungsdrama' genannt), in dem zwei Parteien in Konflikt geraten und ihre Sache zielstrebig verfolgen, dem analytischen oder ‚Enthüllungsdrama' gegenübergestellt, dessen Handlung im Aufrollen der Vorgeschichte besteht. Hier ist es ähnlich wie bei dem antiken Begriffspaar ‚Tragödie vs. Komödie': Viele Dramentypen passen nicht in das Muster hinein, so daß für sie ein anderes Einteilungsprinzip gefunden werden müßte.

Als Werkzeug zur Dramenanalyse hat sich die Unterscheidung in ‚geschlossene und offene Form im Drama' bewährt, wie sie Volker Klotz 1960 in seiner Dissertation vorgelegt hat.

Otto Knörrich (Hg.): Formen der Literatur (Stuttgart: Kröner 1981) nennt ganz unsystematisch: Fastnachtspiel, Fernsehspiel, Geschichtsdrama, Hörspiel, Komödie, Schauspiel, Schwank, Tragikomödie, Tragödie, Volksstück.

121

Der Prototyp der geschlossenen Form liegt im fünfaktigen Drama vor, wie es bereits Horaz (65–8 v. Chr.) in seiner Versepistel ‚Von der Dichtkunst' gefordert hat und wie es – vermittelt durch die Renaissance-Poetik – bis in unsere Tage die europäische Dramendichtung bestimmt hat. Noch Gustav Freytag hat das Fünf-Akt-Schema in seiner ‚Technik des Dramas' (1862) zum Vorbild der dramatischen Dichtung erklärt und dessen Struktur im Bild der Pyramide veranschaulicht:

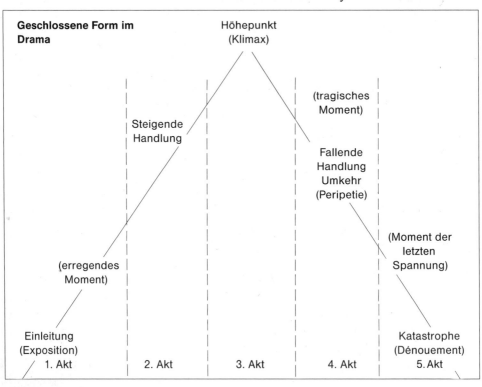

Geschlossene Form im Drama

Höhepunkt (Klimax)

Steigende Handlung

(tragisches Moment)

Fallende Handlung Umkehr (Peripetie)

(erregendes Moment)

(Moment der letzten Spannung)

Einleitung (Exposition)
1. Akt

2. Akt

3. Akt

4. Akt

Katastrophe (Dénouement)
5. Akt

Erläuterungen

Einleitung (Exposition)	Informationen über die Hintergründe und Voraussetzungen der dargestellten Geschichte, soweit sie der Zuschauer benötigt, um der Gesamthandlung folgen zu können
Erregendes Moment	Wichtiges Ereignis oder bedeutsame Entscheidung des Helden, wodurch die Verwicklung in Gang gebracht wird
Umkehr (Peripetie)	Verkehrung der Situation in ihr Gegenteil
Tragisches Moment	Tragödie: Ereignis oder Entschluß, die keine Auflösung des Konflikts mehr zulassen, die zu einem versöhnlichen Ende führen würde

Moment der letzten Spannung	Komödie: Verzögerung des glücklichen Ausgangs der Handlung
	Tragödie: Verzögerung des Untergangs des Helden
Katastrophe (Dénouement)	Tragödie: Untergang des Helden als Lösung des Konflikts (Katastrophe)
	Komödie: Auflösung (dénouement) der Mißverständnisse und glückliches Ende

In ‚Kabale und Liebe' kann man die Einzelheiten dieses Schemas finden: Die Vorgeschichte wird im Gespräch der Eltern Miller (Exposition: I, 1) mitgeteilt. Durch den Plan des Präsidenten, seinen Sohn mit Lady Milford zu verheiraten (I, 5), kommt das erregende Moment hinein, welches die Verwicklung in Gang setzt. Die steigende Handlung wird durch den Umstand in Bewegung gehalten, daß sich die Lady als Frau mit Charakter erweist (II, 3) und daher nicht als Intrigantin in Frage kommt. Der Höhepunkt der Handlung wird durch die Verhaftung der Eltern Miller (III, 3) und damit erreicht, daß Wurm aufgrund dessen Luise zu dem falschen Liebesbrief zwingen kann (III, 4). Ferdinand findet ihn – wie von den Intriganten geplant – und glaubt, was er dort liest (tragisches Moment: IV, 2). Dadurch verändert sich die Situation völlig (Peripetie: IV, 4), Ferdinand nimmt sich in seiner blinden Eifersucht vor, Luise zu töten. Das versöhnliche Gespräch Luises mit dem Vater (V, 1) bringt das retardierende Moment der letzten Spannung in die Handlung, bevor Ferdinand erscheint, Luise den falschen Liebesbrief vor die Füße wirft (V, 2) und schließlich Gift in die Limonade streut (V, 6), so daß die Katastrophe ihren Lauf nehmen kann.

Vgl. die Inhaltsangabe S. 59 und die Szenentabelle S. 111

Das nach dem Fünf-Akt-Schema gebaute Drama weist eine einheitliche Haupthandlung auf, die in hohem Handlungstempo konsequent durchgeführt wird. Das Ensemble der Figuren ist überschaubar und nach Kontrast- und Korrespondenzfiguren klar strukturiert. Da jede Figur, jeder Schauplatz, jede Szene ihre Funktion vom Handlungsganzen her empfängt, kann von einer hierarchischen Komposition gesprochen werden. Im Vordergrund stehen Bewußtseinsprozesse der Personen, die in der Figurenrede zum Ausdruck kommen. Physische Aktionen (z. B. die Verhaftung der Eltern Miller) werden in die ‚verdeckte Handlung' verwiesen. Aufgrund all dieser und weiterer Merkmale hat man solche Fünf-Akt-Dramen als ‚Dramentyp der geschlossenen Form' bezeichnet und alle Stücke, welche sich deutlich davon unterscheiden, unter dem Begriff der ‚offenen Form im Drama' zusammengefaßt, um einen Orientierungsrahmen zur Klassifizierung von Dramen unterschiedlicher Bauform zu erhalten. Da der Begriff der ‚offenen Form' auf dem Wege der Negation („gehört nicht zum geschlossenen Dramentyp") gewonnen wurde, kann er auf sehr unterschiedliche Werke angewendet werden. Goethes ‚Götz von Berlichingen' fällt ebenso darunter wie das

„Wenn Shakespeare [...] bei der Darbietung des handgreiflichen Geschehens eine Verteilung auf mehrere Einzelhandlungen bevorzugt, so ist damit den Prinzipien des geschlossenen Dramas [...] eine konträre Struktur entgegengesetzt." (Volker Klotz)

Schauspiel ‚Die Soldaten' von Lenz, Büchners ‚Woyzeck' genauso wie Wedekinds ‚Frühlingserwachen'. Man hat einen Merkmalsraster erarbeitet, in welchem die wichtigsten Eigenarten der ‚offenen Form' aufgeführt werden:

Handlungsstruktur

Statt einer einheitlichen zielgerichteten Handlung zeigt das Drama der offenen Form eine Folge von selbständigen Szenen. Sie werden durch ein zentrales Ich zusammengehalten, das keinen Gegenspieler hat, wie er im geschlossenen Drama auftritt, sondern gleichsam der ganzen Welt gegenübersteht. Der Hauptmann in der Rasierszene des ‚Woyzeck' von Büchner ist kein Gegenspieler, sondern in seiner moralischen Arroganz gegenüber dem armen Woyzeck ein Repräsentant dieser feindlichen Welt, in welcher der Titelheld sich so „unselig" vorkommt. Zuweilen werden die Szenen durch wiederkehrende Bilder und Metaphern verbunden. Ein solches einheitstiftendes Element ist im ‚Woyzeck' z. B. das Bild vom Stechen:

Vgl. das Gespräch mit dem Hauptmann S. 103 f. (Zeile 44/45)

MARIE: ‚Ich könnt mich erstechen' (Szene 9); ‚Ich hätt lieber ein Messer in den Leib' (Szene 11)
WOYZECK: ‚Stich tot, tot!' (Szene 14); ‚Es red't immer: stich, stich!' (Szene 16)

Die Numerierung der Szenen folgt der Ausgabe von Otto zur Nedden, Reclam UB 7733, Stuttgart 1970

Es kann auch einen Integrationspunkt geben, an dem der Grundgedanke des Stücks zum Ausdruck kommt, wie es im ‚Woyzeck' beim Anti-Märchen der Großmutter geschieht (Szene 21), das die Verlorenheit der Titelfigur in der Welt symbolisiert.

Zeit- und Raumstruktur

Die Handlung hat keine definierbare Zeiterstreckung. Die Szenen können zeitlich weit auseinanderliegen. Ein zeitliches Kontinuum wird nicht vorgestellt. Auch eine Zeitbewegung auf ein Ziel hin ist nicht zu bemerken. Wie in der Rasierszene wird Woyzeck in Grundsituationen seiner Existenz vorgeführt, ohne daß die Szenen eine bestimmte Stufe der Handlungsentwicklung, die auf den Mord zuführt, darstellen. Dieser ergibt sich nicht aus vorangegangenen Entscheidungen der Titelfigur, sondern aus ihrer Gesamtlage, die dadurch charakterisiert ist, daß Woyzeck überall der Unterlegene, der Ausgenutzte ist. Statt des ab- und ausschließenden Standesraumes (Palais, Bürgerstube) zeigen die Szenen eine Fülle von Orten, im ‚Woyzeck' z.B. Zimmer, freies Feld, Straße, Jahrmarkt, Mariens Kammer, Wachtstube, Hof des Doktors, Wirtshaus, Kasernenhof, Waldweg. Einige Schauplätze, die von Wichtigkeit für die Handlung sind, kehren wieder: Mariens Kammer und der Waldweg am Teich, wo der Mord geschieht und wohin Woyzeck zurückkehrt, um das Messer zu beseitigen. Der Fülle von Orten entspricht die Vielfalt des Personals: Menschen aller Stände treten auf. Die Schicklichkeitsregel der klassischen Dramenpoetik wird verletzt: Es wird auch das Krasse, Häßliche auf der Bühne dargestellt, Mord, Unzucht, Revolution (wie in Büchners ‚Dantons Tod‘). Die Natur, welche den Helden umgibt, ist nicht mehr die kultivierte, sondern die dämonische Natur, die der Held auch in sich selbst spürt („wenn einem die Natur kommt", ‚Woyzeck‘ Szene 4).

Die Zuordnung eines Stücks zum Typ der offenen Dramenform bedeutet nicht, daß ihm Merkmale der geschlossenen Form fehlen. Die Szenenfolge des ‚Woyzeck‘ kann nicht ganz und gar umgestellt werden; einige Szenen, Mariens Verführung, der Kampf mit dem Rivalen, der Messerkauf, die Mordszene, die Suche nach der Tatwaffe, die Entdeckung der Leiche haben eine unumkehrbare Richtung, die – wie in der alten Tragödie – zur Katastrophe führt.

Figurenkonzeption

Im Drama des offenen Typs treten nicht die hochbewußten, der Selbstbestimmung fähigen Personen des klassischen Dramas auf, sondern vom Leben verwundete Menschen, die nicht erst durch ein tragisches Geschehen zu Fall kommen, sondern sich bereits ‚unten‘ befinden, in Not leben. Bei ihrer Charakterisierung spielt das Physisch-Biologische eine wichtige Rolle. Woyzecks durch die ‚Versuche‘ des Doktors (Szene 8) geschwächte körperliche Verfassung ist für den Geschehensablauf entscheidend. Was ihm widerfährt, vermag der Held nicht – wie Iphigenie bei Goethe oder Hamlet bei Shakespeare – geistig zu verarbeiten, er ist ihm in seiner Unmündigkeit ausgeliefert. Noch seine inneren Gesichte werden ihm von außen vorgegeben wie Woyzeck seine Freimaurerangst (Szene 2). Gedanken und Gefühle kann er schwer in Worte fassen. Für die fehlende Sprache tritt Aktion, Gestik, Pantomime ein. So ‚ringen‘ die beiden Rivalen, Woyzeck und der Tambourmajor, nicht nur metaphorisch, sondern tatsächlich um Marie (Szene 15). Der Entschluß zum Mord wird in Form des Messerkaufs dargestellt (Szene 19).

Merkmale der Sprache

Alle Figuren des geschlossenen Dramas sprechen die gleiche Sprache, stimmen in Wortschatz und Syntax, Metapherngebrauch und Versrhythmus überein. Demgegenüber zeigt der offene Dramentyp einen sprachlichen Pluralismus, in dem nicht nur regionale, soziale, berufliche Sondersprachen, sondern auch individuelle Sprechweisen der Figuren gemischt sind.

Im ‚Woyzeck' klingt hessische Mundart an, der Hauptmann verrät seine dumme Arroganz durch viele Tautologien („Moral, das ist, wenn man moralisch ist, versteht Er"). Der Doktor wirft mit medizinischen Fachausdrücken um sich und spricht in der abgehackten Manier des Militärarztes. Woyzeck wird durch eine ängstlich-mißtrauische und mit Wahnvorstellungen durchsetzte Sprache charakterisiert.

Während im Drama der geschlossenen Form die Sprache der Figuren vor allem das <u>Medium</u> zur Vermittlung der fiktiven Welt ist, gehört sie hier selbst zu den <u>Merkmalen der fiktiven Welt</u> selbst. Die linguistischen Eigenarten der Figurenrede im ‚Woyzeck' kennzeichnen zugleich die geistige Verfassung und die Soziallage der Figuren.

Diese Merkmale zeigt in dem auf S. 103 f. angeführten Gespräch nicht nur Woyzeck, sondern auch der ‚gebildete Hauptmann'.

Die Satzgefüge gelingen nicht. Es wird reihend gesprochen. Die Sätze werden nicht zu Ende gesprochen. Vieles grammatisch Erforderliche wird weggelassen. Ausrufe stehen anstelle von Aussagen. Sätze mit „Ich" werden vermieden zugunsten unpersönlicher Ausdrucksweise. Es gibt keine logischen Ketten, sondern ohne Übergang aneinandergereihte Äußerungen.

Offene Form im Drama

Handlungsstruktur
Folge selbständiger Szenen, die verbunden sind durch: Zentrales Ich – Wiederkehrende Bilder und Metaphern – Integrationspunkt

Zeit- und Raumstruktur
Keine Festlegung von Zeiterstreckung, Zeitkontinuum, Zeitbewegung, keine geradlinige Handlungsentwicklung – Vielfalt der Orte, Figuren, Aktionen – Soziale Umwelt als übermächtig, Natur als dämonisch erlebt

Figurenkonzeption
Figuren oft durch soziale Deklassierung, durch physisch-biologische Schwächen, durch Intelligenzmängel belastet – Fremd- statt Selbstbestimmung der Figuren

Sprache
Pluralismus: Viele unterschiedliche individuelle und gruppenspezifische Sprachformen bei den verschiedenen Figuren
Merkmale: Brüchige Satzgefüge
Bevorzugung von Satzreihen
Auslassungen, unvollständige Sätze
Häufige Ausrufe
Unpersönliche Ausdrucksweise
Assoziativer Textaufbau

Gleichzeitig mit dem Vordringen der offenen Form des Dramas seit der Sturm-und-Drang-Zeit läßt sich ein wachsendes Interesse der Dramatiker an der Darstellung der zeitgenössischen Gesellschaft und ihrer Spannungen und Strukturprobleme beobachten. Statt der Konfliktsituationen einzelner Figuren in der Auseinandersetzung mit wenigen anderen gibt es nun Szenenfolgen, in denen eine Vielfalt von Ständen und Gruppen am Beispiel einzelner Figuren in widerspruchsvoller und detailgenauer Weise vorgeführt und auf diese Weise die Komplexität der sozialen Verhältnisse thematisiert wird. Nun ist aber eine geschlossene Handlung mit wenigen Figuren leichter in den engen Bühnenraum hineinzubringen als ein umfassendes Bild historischer Verhältnisse und menschlicher Lebensbedingungen. Der Dramatiker kann sich dabei nicht mehr bloß auf die Durchführung einer Handlung konzentrieren, sondern muß die Sukzession der Handlungsphasen durch die Präsentation von Zuständen und Befindlichkeiten unterbrechen. So löst sich schon wegen des neuen Gegenstandes das Fünf-Akt-Schema notwendig in eine Reihe von Einzelszenen, Episoden, Stationen auf. Es gibt kaum mehr eine Exposition, weil man an irgendeiner Stelle in das Kontinuum des historischen Prozesses hineinstößt. Auch ein deutlich markiertes Ende kann das Drama nicht mehr haben, weil die Lösung der aufgeworfenen Fragen nicht im Binnenraum der fiktiven Welt des Stücks gegeben werden kann, sondern eine Sache der gesellschaftlichen Zukunft ist: Der historische Prozeß geht ja weiter.

Je mehr Figuren nun im Drama auftreten, die keine Funktion in einem Handlungszusammenhang haben, vielmehr die sozialen Verhältnisse kommentieren und durch ihre zwischenmenschlichen Aktivitäten illustrieren, desto epischer wird die Form des Dramas. Man kann dem Zuschauer nicht mehr alles vorspielen, da der Gegenstand des Dramas komplex, vielschichtig und unübersehbar geworden ist. Deshalb muß dem Zuschauer immer mehr gesagt und erzählt werden.

Mit seinem Konzept vom ‚epischen Theater‘ zieht Bertolt Brecht die Konsequenz aus dieser Entwicklung, die durch das Eindringen historischen Bewußtseins in die Form des Dramas in Gang gesetzt war. Die Bauform seines Dramas beruht auf dem Prinzip der ‚harten Fügung‘. Damit ist gemeint, daß Text, Musik, Bühnenbild, schauspielerische Darbietung usw. nicht zu einem Gesamtkunstwerk verschmelzen, das die Zuschauer verzaubert, sondern getrennte Elemente bleiben, die sich gegeneinander sperren und einander verfremden. Die Risse und Sprünge, die bei diesem Verfahren im dramatischen Werk ent-

Vgl. das Schema der Gattungsgeschichte S. 106 und den Text dazu S. 101 f.

Vgl. die Ausführungen über ‚Die Soldaten‘ von Reinhold Lenz S. 60 und über Büchners ‚Woyzeck‘ S. 104 f.

„Spannung und Sukzession der Handlung lösen sich auf, wenn der Dramatiker bei der Beschreibung der Situation verweilt, welche das Geschehen erst ermöglicht." (Hannelore Schlaffer)

Kleines Organon für das Theater Nr. 74

stehen, werden von Brecht nicht zugedeckt, sondern deutlich herausgestellt. Den Zweck, den er damit verfolgt, hat er folgendermaßen formuliert:

Kleines Organon Nr. 67

„Die Geschehnisse dürfen sich nicht unmerklich folgen, sondern man muß mit dem Urteil dazwischenkommen können."

Das Theater umzuwandeln hieß für Brecht, die Zuschauer umzuwandeln. Er kann solche Zuschauer nicht gebrauchen, die sich im Theater in den „Zustand der Entrückung" bringen lassen,

Kleines Organon Nr. 26

„in dem sie unbestimmten, aber starken Empfindungen hingegeben scheinen, … desto tiefer, je besser die Schauspieler arbeiten, so daß wir, da uns dieser Zustand nicht gefällt, wünschten, sie wären so schlecht wie nur möglich".

An die Stelle solcher emotionaler Hingabe an das Bühnengeschehen soll eine Haltung kritischer Distanz treten. Einem Publikum, dessen Urteilsfähigkeit durch das Theaterspiel herausgefordert wird, entspricht ein neues Bild vom Schauspieler. Was meint Brecht damit, wenn er wünscht, sie sollten „so schlecht wie nur möglich" sein? Während im Illusionstheater der ideale Schauspieler derjenige ist, der sich mit seiner Rolle identifiziert und den Zuschauer dazu bringt, sich mit ihm und damit der Figur zu identifizieren, soll der Schauspieler in Brechts Theater Distanz zu der von ihm dargestellten Figur halten und dadurch den Zuschauer vor einer Identifikation mit dieser Figur bewahren. Brecht hat diese neue Auffassung von der Funktion des Schauspielers an dem Beispiel der Straßenszene erläutert, das er als „Grundmodell für episches Theater" ansieht:

,Organon' (griech. = Werkzeug), bei Aristoteles die Logik als Werkzeug des Denkens

Schriften zum Theater, hg. v. Siegfried Unseld, S. 90 ff.

„Ein Augenzeuge demonstriert den Hinzugekommenen, wie sich ein Verkehrsunfall abgespielt, wie sich der Fahrer, wie der Überfahrene verhalten hat. Sollte der Vorgang die darstellerischen Fähigkeiten des Augenzeugen übersteigen, so erzählt er einfach, was er nicht darstellen kann. Eine allzu große schauspielerische Leistung, die dem Zuschauer etwa das Erlebnis des Schreckens, den die Beteiligten erfahren haben, vermitteln und sie emotional erregen würde, widerspräche dem Zweck der Demonstration. Diese hat ja eine „gesellschaftlich praktische Bedeutung", nämlich der Klärung der Schuldfrage oder der Unfallverhütung zu dienen."

Was Brecht mit diesem ,Grundmodell' meint, läßt sich am Beispiel seiner ,Mutter Courage' erkennen. Er wollte, daß die Zuschauer über Anna Fierlings Blindheit empört seien, die aus dem Krieg Nutzen ziehen wollte, und motiviert würden, etwas gegen den Krieg und die Kriegstreiber zu unternehmen. Doch bei der Uraufführung am 19. 4. 1941 in Zürich spielte Therese Giese so gut, daß die Zuschauer über das Leiden der tapferen kleinen Frau so gerührt waren, daß sie sie als Vorbild

Ein Bericht über die Aufführung bei Martin Esslin: Brecht. Frankfurt a. M.: Athenäum 1966

unbeugsamen Lebensmutes verstanden. Brecht war entsetzt über diese Reaktion.

Brecht begründet sein Konzept, das hier verfehlt wurde, damit, daß das Theater den Menschen von der Seite zeigen müsse, „wo er änderbar durch den Eingriff der Gesellschaft erscheint", während bisher die Anschauung gegolten habe, „daß der Mensch eben ist, wie er ist, und zu der Gesellschaft Schaden auch so bleibt".

Über die Unbelehrbarkeit der ,Mutter Courage' s. o. S. 71

Schriften zum Theater, a. O. S. 284

Um die ,richtige', d. h. die kritische, „wissenschaftliche" Reaktion (wie er sie nennt) beim Zuschauer zu ermöglichen, wählt Brecht folgende Einrichtungen beim Bau seiner Dramen:
Die <u>Figuren</u> werden dialektisch angelegt, um eine Identifikation des Zuschauers mit ihnen möglichst zu verhindern. Das geschieht dadurch, daß bestimmte Worte und Wendungen in einen Zusammenhang gestellt werden, in dem sie einen Wertakzent erhalten, der ihrem üblichen Gebrauch widerspricht, mit dem sie einen fremdartigen Eindruck machen („verfremdet" werden), so daß man auf sie aufmerksam wird:

Das Wort ,bestechlich' verliert z. B. seinen negativen Gebrauchswert, wenn sich Mutter Courage vor der Hinrichtung ihres Sohnes voller Hoffnung so äußert:
„Ich denk, sie werden ihn uns herausgeben. Gott sei Dank sind sie bestechlich. Sie sind doch keine Wölf, sondern Menschen und auf Geld aus. Die Bestechlichkeit ist bei die Menschen dasselbe wie beim lieben Gott die Barmherzigkeit. Bestechlichkeit ist unsre einzige Aussicht. Solangs die gibt, gibts milde Urteilssprüch, und sogar der Unschuldige kann durchkommen vor Gericht."

*Hegel hatte gesagt, daß „das Bekannte das Unbekannte ist, weil es bekannt ist". Ver-**fremdung ist das Verfahren, das Bekannte in Distanz zu rücken, damit man es wieder „seltsam" finden und neu entdecken kann.*

Textausgabe ,edition suhrkamp' 49, S. 51 (Bild 3)

Die dramatische Figur vertritt also einen verurteilenswerten Standpunkt in so übersteigerter Form, daß es fraglich wird, ob sie selbst, wenn die Situation sich geändert hat, noch damit einverstanden sein könnte. Diese Art der Figurenrede ist nicht ironisches Sprechen. Eine solche Deutung würde das idealistische Konzept der ,Einheit des Charakters' voraussetzen, bei dem alle Äußerungen und Aktivitäten der Figur als aus einer personalen Mitte kommend verstanden werden. Vielmehr erklärt sich das Verhalten der Figur aus Brechts Menschenbild, d. h. aus seiner Auffassung, daß der Mensch „nur mehr aus den Prozessen, in denen er und durch die er steht, erfaßbar" sei. Wenn Mutter Courage (expressis verbis) sagt, daß die Bestechlichkeit eines Menschen, der Macht ausübt, der Barmherzigkeit Gottes gleiche, soll der Zuschauer daraus erkennen:

Zu Brechts Figurenkonzeption s. o. S. 68 f.

Schriften zum Theater S. 35

„Dieser Mensch ist so und so, weil die Verhältnisse so und so sind. Und die Verhältnisse sind so und so, weil der Mensch so und so ist. Er ist aber nicht nur so vorstellbar, wie er ist, sondern auch anders, so wie er sein könnte, und auch die Verhältnisse sind anders vorstellbar, als sie sind."

Über <u>experimentelles Thea-</u><u>ter</u> bei U. Staehle (Hg.): Theorie des Dramas S. 93

Die Figur ist also gleichsam gespalten, indem sie im fiktiven Spiel Auffälliges und Bemerkenswertes sagt, dies aber in einer Weise tut, daß die Äußerung einer Beurteilung unterworfen wird. Deshalb ist es für Brecht auch so wichtig, daß der Schauspieler nicht völlig mit der Figur verschmilzt, sondern ihr – wie der Augenzeuge im Beispiel der Straßenszene – kritisch gegenübersteht, sie nur ‚vorzeigt‘. In einer dialektischen Beziehung stehen auch die szenischen Vorgänge und die epischen Mittel, die der Dramatiker einsetzt. Sie sollen die Darstellung auf der Bühne relativieren, kommentieren, in einen größeren Zusammenhang bringen. In ‚Mutter Courage‘ wird z. B., bevor das eigentliche Spiel beginnt, auf einen Zwischenvorhang folgender Text projiziert:

Frühjahr 1624. Der Feldhauptmann Oxenstjerna wirbt in Dalarne Truppen für den Feldzug in Polen. Der Marketenderin Anna Fierling, bekannt unter dem Namen Mutter Courage, kommt ein Sohn abhanden.

Ort und Zeit werden angegeben, der weitere historische Zusammenhang angedeutet, die Hauptperson genannt. Der letzte Satz geht in eine Inhaltsangabe des Bühnengeschehens über: Der Text nähert sich einer Kapitelüberschrift, wie sie der Roman kennt. Der Autor gibt dem Zuschauer also zunächst etwas zu lesen.

Der größere Zusammenhang wird auch durch lyrische Einlagen, Lieder und Songs, angedeutet. So verkündet Mutter Courage sogleich im ersten Bild in einem Lied, was ihr Gewerbe mit dem Elend des Dreißigjährigen Krieges zu tun hat:

[…]
Ihr Hauptleut, eure Leut marschieren
Euch ohne Wurst nicht in den Tod.
Laßt die Courage sie erst kurieren
Mit Wein von Leibs- und Geistesnot.
Kanonen auf die leeren Mägen
Ihr Hauptleut, das ist nicht gesund.
Doch sind sie satt, habt meinen Segen
Und führt sie in den Höllenschlund.
    Das Frühjahr kommt. Wach auf, du Christ!
    Der Schnee schmilzt weg. Die Toten ruhn.
    Und was noch nicht gestorben ist
    Das macht sich auf die Socken nun.

Mit der letzten Strophe dieses Eingangsliedes endet das Stück. „Der Feldzug ist noch nicht zu End!" heißt es da im letzten Vers vor dem Refrain. Das Ende ist offen, das Stück könnte auch weitergehen, so lange, bis die Menschen daraus gelernt haben und sich selber und die Verhältnisse so ändern, daß die

Brecht hat sein Konzept in späteren Jahren ‚dialektisches‘ statt ‚episches Theater‘ genannt.

großen und die kleinen Leute nicht mehr vom Krieg leben müssen.

Nach Brechts Absicht soll sich das Stück gleichsam im Zuschauer fortsetzen, wenn dieser nämlich die dialektische Relativierung der Bühnenhandlung vollzieht und erkennt, welcher gesellschaftliche Widerspruch sich in Mutter Courage verkörpert: Sie verliert die Kinder durch den Krieg, der zugleich ihre Erwerbsquelle darstellt. Sie durchschaut aber bis zuletzt nicht diesen Widerspruch. Denn:

„solang die Masse das Objekt der Politik ist, kann sie, was mit ihr geschieht, [...] nur als ein Schicksal ansehen; sie lernt so wenig aus der Katastrophe wie das Versuchskaninchen über Biologie lernt. Dem Stückeschreiber [...] kommt es darauf an, daß der Zuschauer sieht."

Brecht in der Nachbemerkung zu ,Mutter Courage' in: Versuche 9, Berlin: Suhrkamp 1950, S. 83

Bauelemente des ,epischen Theaters' bei Brecht	
Die Handlung wird <u>relativiert.</u>	Handlungsfremde, nicht-szenische Formen (z. B. Textprojektionen, Schrifttafeln, Filmeinblendungen, Prolog, Epilog, Songs u. a.) geben dem Drama zwei verschiedene Horizonte, den begrenzten der dramatischen Figuren und einen erweiterten, welcher dem Zuschauer erschlossen wird (Kompositionsprinzip: Montage).
Die Handlung wird <u>unterbrochen.</u>	Die Songs, Kommentare und anderen Einlagen unterbrechen den Gang der Handlung und verhindern eine ,Einfühlung' des Zuschauers in Figuren und Handlung. So wird die dialektische Spannung zwischen dem Spiel und seiner kritischen Beurteilung aufrechterhalten.
Die Handlung wird <u>distanziert (,verfremdet').</u>	Durch die Montage widersprüchlicher Elemente und durch die Unterbrechung des Spiels sowie die distanzierte Spielweise der Akteure, welche sich nicht in die Figuren verwandeln, sondern sie nur ,zeigen', entsteht ein Verfremdungseffekt (,V-Effekt'). Dem Zuschauer wird der Eindruck echter Gegenwärtigkeit des Dargestellten genommen.
Die Handlung wird <u>kommentiert</u> (entschlüsselt, interpretiert).	In der ,harten Fügung' sind der spielinternen Handlung und Figurenrede spielexterne Elemente entgegengesetzt (Texte, Songs, kommentierende Figurenrede u. a.), die das im Spiel Dargestellte für den Zuschauer entschlüsseln und interpretieren.
Die Handlung kann <u>fortgesetzt</u> werden.	Das Bühnengeschehen repräsentiert übergreifende historische Verhältnisse. Es ist daher gleichgültig, wo die Dramenhandlung einsetzt. Auch das Dramenende ist willkürlich, weil die Veränderung der aufgezeigten Verhältnisse eine Sache der Zukunft des Zuschauers ist.

Aus einer historisch ganz anderen Ecke kommt der Dramentyp des ,absurden Theaters'. Er hat daher wenig mit dem Konzept von Bertolt Brecht zu tun. Als Beispiel kann Becketts

Vgl. die Inhaltsangabe und die beiden Aktschlüsse S. 61f.

'Warten auf Godot' dienen. Hier fällt auf, daß in der Figurenrede gar keine Bedeutungen mehr vermittelt, d. h. keine Beziehungen zur außersprachlichen Wirklichkeit hergestellt werden. Vielmehr wird die Sprache ganz in das Spiel hineingezogen, als Spielzeug verwendet, z. B.:

Dreisprachige Ausgabe, suhrkamp taschenbuch 1, S. 51 u. S. 177 ff.

ESTRAGON: Worum haben wir ihn eigentlich gebeten?
WLADIMIR: Warst du nicht dabei?
ESTRAGON: Ich hab nicht aufgepaßt.
WLADIMIR: Nu ja… Eigentlich nichts Bestimmtes.
ESTRAGON: Eine Art Gesuch.
WLADIMIR: Ganz recht.
ESTRAGON: Eine vage Bitte.
WLADIMIR: Wenn du willst.
ESTRAGON: Und was hat er geantwortet?
WLADIMIR: Er würde mal sehen.
ESTRAGON: Er könne nichts versprechen.
WLADIMIR: Er müsse überlegen.
ESTRAGON: In aller Ruhe.
WLADIMIR: Seine Familie um Rat fragen.
ESTRAGON: Seine Freunde.
WLADIMIR: Seine Agenten.
ESTRAGON: Seine Korrespondenten.
WLADIMIR: Seine Register.
ESTRAGON: Sein Bankkonto.
WLADIMIR: Bevor er sich äußern könne.
ESTRAGON: Das ist klar.
WLADIMIR: Nicht wahr?
ESTRAGON: Es scheint mir so.
WLADIMIR: Mir auch.
    Ruhe.

Kaum unterscheiden sich solche sprachlichen Spielphasen noch von den pantomimischen, etwa von dem Spiel mit den drei Hüten:

WLADIMIR […] *Er hebt Luckys Hut auf, betrachtet ihn und gibt ihm wieder seine alte Form.* Muß ein schöner Hut gewesen sein. *Er reicht seinen eigenen Hut.*
    Estragon. Da!
ESTRAGON: Was?
WLADIMIR: Halt fest. *Estragon nimmt den Hut Wladimirs.*
    Wladimir setzt Luckys Hut auf. Estragon tauscht seinen Hut mit Wladimirs Hut und reicht seinen eigenen Hut Wladimir. Wladimir nimmt den Hut Estragons. Estragon setzt Wladimirs Hut auf. Wladimir tauscht Estragons Hut mit Luckys Hut, den er Estragon reicht. Estragon nimmt Luckys Hut. Wladimir setzt Estragons Hut auf. Estragon tauscht Luckys Hut mit dem Hut Wladimirs, den er Wladimir wieder reicht. Wladimir nimmt seinen Hut. Estragon setzt Luckys Hut auf. Wladimir tauscht seinen Hut mit dem Hut Estragons, den er Estragon reicht. Estragon nimmt seinen Hut.

Wladimir setzt seinen Hut auf. Estragon tauscht seinen Hut mit Luckys Hut, den er Wladimir reicht. Wladimir nimmt Luckys Hut. Estragon setzt seinen Hut auf. Wladimir tauscht Luckys Hut mit seinem eigenen, den er Estragon reicht. Estragon nimmt Wladimirs Hut. Wladimir setzt Luckys Hut auf. Estragon reicht Wladimirs Hut Wladimir, der ihn nimmt und ihn Estragon reicht, der ihn nimmt und ihn Wladimir reicht, der ihn annimmt und wegwirft. Das alles mit schnellen Bewegungen.

WLADIMIR: Steht er mir?

ESTRAGON: Ich weiß nicht.

WLADIMIR: Nein, wie findest du mich denn?

Er dreht seinen Kopf kokett nach rechts und nach links und nimmt die Haltungen eines Mannequins an.

ESTRAGON: Gräßlich.

Die beiden hier zitierten Stellen sind eigentlich Clown-Nummern. Es gibt ja in dem Stück keine Handlung, auch keine als individuelle Charaktere ausgearbeiteten Figuren, aus deren Begegnungen sich eine Handlung ergeben könnte. Trotzdem muß aber auf der Bühne etwas geschehen, womit die Aufmerksamkeit der Zuschauer gefesselt werden kann. In Bekketts Figuren kehrt sozusagen der Hanswurst auf die Bühne zurück, den Gottsched zusammen mit der „Neuberin" (Karoline Neuber, Prinzipalin einer Schauspielertruppe) 1737 in Leipzig in einem symbolischen Stück aus der deutschen Dramatik vertrieben hatte. Welchen Sinn aber hat diese Rückkehr? Die Funktion der traditionellen komischen Figur im Drama, z. B. des Narren in der Shakespeare-Tragödie oder des Harlekin in der italienischen Stegreifkomödie (commedia dell'arte), bestand ja in der Unterhaltung der Zuschauer und der Durchbrechung der Bühnenillusion. Das geschah aber in einem größeren Kontext, der auch eine tragische Handlung einschließen konnte. Bei Beckett aber haben die Clowns die ganze Bühne und die gesamte Spielzeit zu ihrer Verfügung. Ihre Funktion ist nicht mehr – wie ehemals – dienender Art. Vielmehr stehen sie nun ganz allein als Repräsentanten des Menschen auf den Brettern, „die die Welt bedeuten". Doch wird auf diesen Brettern nicht mehr – wie im traditionellen Drama – geredet, sondern das mimische Element, welches das Theater mit dem Nachahmungstrieb der Kinder verbindet, steht völlig im Vordergrund. So wird eigenartigerweise gerade derjenige Typus zum Sinnbild des Menschen, der einst aus dem Drama vertrieben worden war, weil er die höhere Einheit des Kunstwerks zu gefährden schien. Diese Einheit, in der man sich der sinnerfüllten Geschlossenheit der Welt zu versichern meinte, scheint ihre Bedeutung verloren zu haben, weil man an eine Wirklichkeitsstruktur, die jener höheren Ordnung des Kunstwerks entspräche, nicht mehr glaubt:

„Allgemein scheinen zwei Ursachen die Dichtkunst hervorgebracht zu haben [...]. Denn sowohl das Nachahmen selbst ist den Menschen angeboren [...] als auch die Freude, die jedermann an Nachahmungen hat." (Aristoteles, Poetik, 4. Kap. 1448 b 4 ff.)

Eckehard Catholy: Komische Figur und dramatische Wirklichkeit, in: Reinhold Grimm, Klaus L. Berghahn (Hg.): Wesen und Formen des Komischen im Drama, Wege der Forschung, Band LXII, Darmstadt: Wissenschaftliche Buchgesellschaft 1975, S. 418

„[...] Wenn heute die komische Figur ins Zentrum des – ernsten – Dramas treten kann, dann ist das vor allem darauf zurückzuführen, daß die Welt nicht mehr als in sich geschlossenes Ganzes, sondern eher als Stückwerk begriffen wird. Die komische Figur mußte eine völlig neue Bedeutung im Drama der Gegenwart erhalten, weil sie sich zum Spiegelbild eines funktionslos gewordenen Menschen eignete, der in einer Welt lebt, deren Rollenhaftigkeit jeglichen Sinn eingebüßt hat. In Becketts Stück wurde die komische Figur zum Symbol des Menschen, der ohne gesicherten Horizont sich nicht anders zu verhalten vermag, als Gogo und Didi es tun."

Merkmale des ‚absurden Theaters'

Ent-Persönlichung des Menschen	Die Figuren gehorchen unverstandenen Mechanismen außerhalb ihrer Person; ihr Verhalten ist klischeehaft; sie benehmen sich wie Marionetten und symbolisieren damit den ‚außengeleiteten Menschen' der technischen Zivilisation.
Verzicht auf Handlung	Anstelle einer kontinuierlichen Handlung mit Bezug zu einer historischen Lage besteht das Stück aus szenischen Situationseinfällen, Sprachspielen, Clown-Nummern, pantomimischen Einlagen u. a.
Weltlosigkeit der Sprache	Die Figurenrede bezieht sich auf keine außersprachliche Wirklichkeit, hat keinen genau zu definierenden ‚Gegenstand', sondern benutzt Sprache als Spielzeug.
Verzicht auf Dialog	Die Figurenrede dient nicht dem Gedankenaustausch zwischen den fiktiven Gestalten, bringt keine Verständigung (keine Kommunikation) zuwege, vollzieht sich zuweilen wie bei einem Automaten.
Verzicht auf ‚Charaktere'	Die Figuren haben keine festgefügte, für den Zuschauer erkennbare Identität, zeigen keinen individuellen Charakter; sie sind austauschbar (Nähe zum Marionetten- oder Puppenspiel).

9. Theorie des Dramas

Brecht hat seinen epischen Darstellungsstil ausdrücklich als „nichtaristotelische Dramatik" bezeichnet und in seiner Begründung eine Reihe von Begriffen aus der Poetik des griechischen Philosophen Aristoteles (384–322 vor Chr.) gebraucht:

„Die Menschen gehen ins Theater, um mitgerissen, gebannt, beeindruckt, erhoben, entsetzt, ergriffen, gespannt, befreit, zerstreut, erlöst, in Schwung gebracht, aus ihrer eigenen Zeit entführt, mit Illusionen versehen zu werden. All dies ist so selbstver-
5 ständlich, daß die Kunst geradezu damit definiert wird, daß sie befreit, mitreißt, erhebt und so weiter. Sie ist gar keine Kunst, wenn sie das nicht tut.
Die Frage lautete also: Ist Kunstgenuß überhaupt möglich ohne Einfühlung oder jedenfalls auf einer andern Basis als der Einfüh-
10 lung?
Was konnte eine solche neue Basis abgeben?
Was konnte an die Stelle von *Furcht* und *Mitleid* gesetzt werden, des klassischen Zwiegespanns zur Herbeiführung der aristotelischen Katharsis? Wenn man auf die Hypnose verzichtete, an was
15 konnte man appellieren? Welche Haltung sollte der Zuhörer einnehmen in den neuen Theatern, wenn ihm die traumbefangene, passive, in das Schicksal ergebene Haltung verwehrt wurde? Er sollte nicht mehr aus seiner Welt in die Welt der Kunst entführt, nicht mehr gekidnappt werden; im Gegenteil sollte er in seine
20 reale Welt eingeführt werden, mit wachen Sinnen. War es möglich, etwa anstelle der Furcht vor dem Schicksal die Wissensbegierde zu setzen, anstelle des Mitleids die Hilfsbereitschaft? Konnte man damit einen neuen Kontakt schaffen zwischen Bühne und Zuschauer, konnte das eine neue Basis für den Kunst-
25 genuß abgeben?
Ich kann die neue Technik des Dramenbaus, des Bühnenbaus und der Schauspielweise, mit der wir Versuche anstellten, hier nicht beschreiben. Das Prinzip besteht darin, anstelle der Einfühlung die *Verfremdung* herbeizuführen."

Über experimentelles Theater, abgedruckt bei U. Staehle, a. O. S. 92

Den Vortrag ,Über experimentelles Theater' hielt Brecht am 4. 5. 1939 vor Mitgliedern der Studentenbühne in Stockholm.

Mit den Begriffen ,Furcht', ,Mitleid' und ,Katharsis' (12, 14, 21, 22) bezieht sich Brecht auf diejenige Stelle, an der Aristoteles im 6. Kapitel (1449 b 24–27) die Tragödie folgendermaßen definiert:

„Die Tragödie ist <u>Nachahmung</u> (mimesis) einer ernsten und in sich abgeschlossenen <u>Handlung</u> (praxis) von bestimmter Ausdehnung in angenehm gestalteter Sprache mit unterschiedlicher Anwendung der jeweiligen Stilform in den einzelnen Teilen, wobei Personen handeln und nicht erzählt wird – Nachahmung, welche <u>Rührung</u> (eleos) und <u>Entsetzen</u> (phobos) hervorruft und dadurch eine <u>Befreiung</u> (katharsis) von solchen Erregungszuständen bewirkt."

Was bei Brecht mit „Furcht" wiedergegeben ist (phobos), bedeutet im Griechischen das ‚Entsetzen', das den Zuschauer angesichts der schrecklichen Ereignisse des antiken Mythos packt. Was bei Brecht „Mitleid" heißt (eleos), bezeichnet jene Stimmung, die das Anschauen des unverdienten Leidens eines Menschen verursacht, den das Schicksal zum Untergang verurteilt, wobei der Zuschauer sich vergegenwärtigt, daß auch ihn jederzeit ein solches Schicksal treffen könnte. Der Begriff der ‚Katharsis' bedeutet jedoch im Griechischen fast das Gegenteil von dem, was Brecht mit „Einfühlung" (9/10, 28) meint. Der Ausdruck kommt aus der Medizin und benennt dort die Ausscheidung belastender Substanzen (lat. = Purgierung). Der Renaissance war die Auffassung von der diätetischen Wirkung des Kunstgenusses noch durchaus geläufig. So preist z. B. Hans Sachs (1494–1576) seine Fastnachtspiele als eine ‚artzney' an, die geeignet sei, „die krancken gemüter zu purgieren". Hier deutet also Brecht ein für die Illusionsbühne des 19. Jahrhunderts kennzeichnendes Zuschauererlebnis in die Antike hinein.

Vorrede vom 9. 2. 1560 (Hans Sachs: Fastnachtspiele, hg. v. Th. Schumacher, Deutsche Texte 6, Tübingen 1957, S. 1f.)

Daß es sich bei der Definition des Aristoteles um die Tragödie handelt, daß also die Einwirkung auf den Zuschauer, von der die Rede ist, etwas mit Religion zu tun hat, findet weiter keine Beachtung. Brecht lehnt eine „passive, in das Schicksal ergebene Haltung" ab (17). So bleibt die <u>Frage nach dem Tragischen</u> bei ihm ungeklärt.

Da aber die Geschichte des europäischen Dramas durch eine wiederkehrende Auseinandersetzung mit Aristoteles geprägt ist, muß die Frage nach dem Tragischen ein Element sein, das der antiken und der neuzeitlichen Tragödie gemeinsam ist. Wann ist eine Dramenhandlung ‚tragisch' zu nennen?

Das ist dann der Fall, wenn die in ihr agierenden Figuren mit einer gewissen Zwangsläufigkeit in ein Geschehen verwickelt werden, das in die Katastrophe führt. Da ein solcher Weg ins Leiden selten ohne Zutun der Figur selber angetreten wird, läßt sich das Geschehen dialektisch auffassen: Es wird sowohl durch verantwortliches <u>Handeln</u> der Figur als auch durch <u>Widerfahrnisse</u> unberechenbarer Art bestimmt. Der tragische Charakter dieses Vorgangs wird gesteigert, wenn eine paradoxe Gegenstrebigkeit zwischen Handeln und Widerfahren besteht, d. h. wenn sich die katastrophalen Ereignisse jedem planenden Eingriff verschließen, aber gerade durch das planende Vollbringen zurechenbarer Taten heraufbeschworen werden, wie es in der Handlung des ‚König Ödipus' von Sophokles der Fall ist.

Nach der Definition von Jürgen Söring: Tragödie. Notwendigkeit und Zufall im Spannungsfeld tragischer Prozesse, a. O. S. 10 – Zum ‚König Ödipus' s. o. S. 36

Der tragische Prozeß verläuft also auf einer <u>Grenzlinie zwischen Freiheit und Notwendigkeit</u>. Entfernt sich die Handlung von dieser Grenzlinie, entweder weil dem Helden immer noch ein Ausweg aus der Bedrängnis offensteht oder weil umgekehrt die gesellschaftlichen Umstände oder seine psychische Verfassung ihm keine Wahl lassen, so liegt keine tragische Handlung vor. Der tragische Prozeß verläuft ebenso auf einer <u>Grenzlinie zwischen Sinn und Sinnlosigkeit</u>. Auf der

Ebene des Orakels entspricht ja das Schicksal des Ödipus durchaus der Vorsehung, wird es in den göttlichen Weltplan integriert. In den Augen des Helden, die durch ihr Nichtwissen für die Vorsehung blind sind, muß es als sinnlos erscheinen. Wäre ihm die Ordnung der Welt einsichtig und der Wille der Götter bekannt, so wäre er keine tragische Figur. Schließlich verläuft der tragische Prozeß auf der Grenzlinie zwischen menschlicher Autonomie und göttlicher Autorität. Ödipus handelt aufgrund eigenen Wissens, aus eigenen Beweggründen, zu selbstgesetzten Zwecken, und erfüllt doch damit ein Verhängnis, das er nicht zu verantworten hat, weil es göttlicher Autorität bzw. der Bestimmung der Schicksalsgöttin (moira) entspringt. Wo der Mensch sich der göttlichen Autorität unterwirft, wo er seine Anstalten trifft, dem im Orakel angezeigten Verhängnis zu entkommen, aber ebenso dort, wo die menschliche Autonomie unbestritten ist und religiöse Bedenken keine Rolle spielen, haben wir es nicht mit einer tragischen Handlung zu tun.

Die Grundbedeutung von ,Moira' ist ,Anteil'. Gemeint ist also die ,Portion' am Gesamtschicksal, die den einzelnen Menschen persönlich trifft. Vgl. das Märchenmotiv von der Fee, die dem Neugeborenen ihr Geschenk in die Wiege legt.

Was das neuzeitliche Trauerspiel mit der antiken Tragödie verbindet, ist also ein Handlungstyp, in dem ein Prozeß in Gang gesetzt wird, der zur Katastrophe führt, und in dem der Held sich in einer Situation befindet, in der für ihn die Freiheit der Entscheidung, der Glaube an den Sinn des Handelns und die Möglichkeit der Selbstbestimmung auf dem Spiel stehen. Der Dichter nun, der einen solchen Handlungstyp dramatisch gestaltet und seinen Helden in eine solche Situation bringt, der dessen Untergang ohne Beschneidung seiner Entscheidungsfreiheit aus strenger Notwendigkeit begründen muß, steht vor dem Problem, eine Instanz zu finden, die er für die Notwendigkeit des tragischen Scheiterns seines Helden in Anspruch nehmen kann. Die Vorstellungen von dieser Instanz wechseln von Epoche zu Epoche, und entsprechend verändern sich die Gattung der Tragödie sowie das Verständnis der Poetik des Aristoteles.

Zu Beginn der Neuzeit machten die Humanisten aus dem Aristoteles erst einmal eine normative Poetik, so daß künftig die Auseinandersetzung mit der Katharsis–Lehre immer auch gleichzeitig eine Stellungnahme zur Regelpoetik war. Sie enthielt u. a. fünf Vorschriften:

1. Die Lehre von den drei Einheiten der Handlung, des Ortes und der Zeit;

Aus Ratschlägen und Empfehlungen von Aristoteles und Horaz haben Marco Vida (ca. 1490–1566) und Lodovico Castelvetro (ca. 1505–1571) Vorschriften gemacht.

2. Das Fünf-Akt-Schema als Modell für den Handlungsaufbau;

3. Die Schicklichkeitsregel, welche gebot, häßliche oder grausame Vorgänge in die ,verdeckte Handlung' zu verweisen;

4. Die Ständeklausel, welche Personen niederen Standes aus der Tragödie ausschloß;

5. Das Postulat der Wahrscheinlichkeit des Dargestellten, durch welches traumhafte und phantastische Geschehnisse verpönt waren.

Die Befolgung dieser Regeln war in der frühen Neuzeit unproblematisch, weil sie nur die Form betrafen. Doch mit der Katharsis-Lehre gab es Schwierigkeiten, weil als Instanz für die Notwendigkeit des tragischen Scheiterns des Helden nicht mehr die selbst den Göttern unbegreifliche griechische Schicksalsmacht in Anspruch genommen werden konnte. Dichter und Zuschauer waren nun Christen, die sich zwischen der Eitelkeit alles Irdischen und der himmlischen Seligkeit zu entscheiden hatten. Die Helden des barocken Märtyrerdramas aber waren des Heils in einem solchen Maß gewiß, daß sie eigentlich gar nicht in eine tragische Situation geraten konnten. Ihre Gegenspieler jedoch waren so böse, daß ihr Untergang dem Zuschauer von vornherein selbstverständlich war. Dieser Schwierigkeit begegnete der französische Dichter Pierre Corneille (1606–1684) durch folgende Überlegungen:

Eine Affektwirkung der Tragödie sei Auslösung von Mitleid (pitié) mit dem Helden beim Zuschauer, eine andere aber Auslösung von Furcht (crainte), und zwar Furcht vor den eigenen Leidenschaften, wenn der Zuschauer erlebt, wie der Held an seinen Leidenschaften zugrunde geht. Corneille versteht also ‚Katharsis‘ als ‚Reinigung der Leidenschaften‘. Mitleid und Furcht brauchten aber nicht zusammen, sie konnten auch getrennt vorkommen. Einmal könnte der Held ein Bösewicht sein, für den der Zuschauer kein Mitgefühl empfinden könne, dann gebe es nur den Schrecken vor dem Wüten seiner Bosheit. Ein andermal ist die Hauptfigur ein Heiliger und Märtyrer, der über alle menschliche Bosheit in reiner Tugend triumphiert, da schweige sogar das Mitleid, es bleibe nur Bewunderung übrig. So erweitert Corneille das aristotelische Affektpaar zu einer Dreiheit der tragischen Affekte: Mitleid, Furcht und Bewunderung.

Eine neue Stufe erreicht die Auseinandersetzung mit der aristotelischen Tragödientheorie bei Lessing (1729–1781), der die Schwäche der Position von Corneille erkannte und eine neue Instanz für die Notwendigkeit des tragischen Scheiterns fand. Lessing erschienen nämlich die Tränen, welche die Märtyrerdramen dem Publikum „auspressen", sehr verdächtig. Er stößt sich an Figuren, die in der Unerschütterlichkeit ihrer Glaubenshaltung und Erlösungsgewißheit menschliches Maß überschreiten und „gemartert werden und sterben für ein Glas Wasser trinken" halten. Er fordert vielmehr, daß auf dem Theater „alles, was zu dem Charakter der Personen gehört, aus den natürlichsten Ursachen entspringen" müsse:

Lessing: Hamburgische Dramaturgie, 1. Stück

Lessing: Hamburgische Dramaturgie, 2. Stück

„Wenn daher der Dichter einen Märtyrer zu seinem Helden wählet: daß er ihm ja die lautersten und triftigsten Beweggründe gebe! daß er

138

ihn ja in die unumgängliche Notwendigkeit setze, den Schritt zu tun, durch den er sich der Gefahr bloßstellet! daß er ihn ja den Tod nicht freventlich suchen, nicht höhnisch ertrotzen lasse! Sonst wird uns sein frommer Held zum Abscheu, und die Religion selbst, die er ehren wollte, kann darunter leiden."

Das Verhalten der Figuren soll nicht als Ausfluß göttlicher Gnade erklärt, sondern aus menschlichen Beweggründen plausibel gemacht werden. Wie bei Corneille und den Dichtern der Märtyrerdramen der <u>mythische</u> Fall der antiken Tragödie durch das <u>heilsgeschichtliche</u> Muster abgelöst war, so wird dieses nun durch den <u>psychologischen</u> Entwurf ersetzt. An die Stelle der theozentrischen Orientierung ist eine anthropozentrische getreten.

Als Bestimmung der Tragödie setzt Lessing nun fest:

„Sie soll unsre Fähigkeit, Mitleid zu fühlen, erweitern. Sie soll uns nicht bloß lehren, gegen diesen oder jenen Unglücklichen Mitleid zu fühlen, sondern sie soll uns so weit fühlbar machen, daß uns der Unglückliche zu allen Zeiten, und unter allen Gestalten, rühren und für sich einnehmen muß ... Der mitleidigste Mensch ist der beste Mensch ... Wer uns also mitleidig macht, macht uns besser und tugendhafter, und das Trauerspiel, das jenes tut, tut auch dieses, oder – es tut jenes, um dieses tun zu können [...]"

Brief vom 16. 2. 1759 an Friedrich Nicolai (bei U. Staehle S. 22 f.)

Die Instanz, die für das Scheitern des tragischen Helden in Anspruch zu nehmen ist, besteht bei Lessing also nicht mehr in einer unergründlichen Schicksalsmacht, nicht mehr im Geheimnis von Gnade und Sünde, sondern in der menschlichen Schwäche und Irrtumsmöglichkeit, durch die jemand sich selbst und andere ins Unglück bringen kann.

Die Definition, welche Schiller (1759–1805) von der Tragödie gibt, scheint auf den ersten Blick ganz auf Lessings Linie zu bleiben:

„Die Tragödie wäre demnach dichterische Nachahmung einer zusammenhängenden Reihe von Begebenheiten (einer vollständigen Handlung), welche uns Menschen in einem Zustand des Leidens zeigt und zur Absicht hat, unser Mitleid zu erregen."

Über die tragische Kunst (1792) in: K. L. Berghahn (Hg.): Friedrich Schiller, Vom Pathetischen und Erhabenen, Ausgewählte Schriften zur Dramentheorie, Reclam UB 2731, Stuttgart 1970, S. 48

Schiller versteht allerdings unter ‚Mitleid' etwas anderes als Lessing. Das hängt mit seinem dualistischen Weltbild zusammen. Für ihn ist die Natur keine sinnerfüllte Ordnung, sondern ein unerforschbares Chaos. Ihr ist der Mensch als Sinnenwesen unterworfen. Von der Natur kann er nur Leid erfahren, aber keine Sinngebung seines Lebens gewinnen. In sich selbst findet der Mensch jedoch eine andere, von der Natur unabhängige Instanz, nämlich sein moralisches Selbst. Als Sinnenwesen unterliegt er dem Gesetz der Notwendigkeit, als moralisches Wesen ist er frei. Für die Tragödie ergeben sich daraus nach Schillers Auffassung zwei Aufgaben, die Darstel-

Übersetzt u. hg. v. Otto Schönberger, Reclam UB 8469, Stuttgart 1988

lung der leidenden Natur und die Darstellung des moralischen Widerstandes gegen das Leiden. Um sie zu beschreiben, führt Schiller zwei Begriffe aus einer anderen antiken Dichtungstheorie, dem Buch ‚Über das Erhabene', ein, das einem gewissen Longinus zugeschrieben wird und etwa 30 Jahre vor Christus entstand. Es ist die Kategorie des ‚Pathetischen', womit die Art und Weise bezeichnet wird, in der die leidende Natur dargestellt werden soll, nämlich im hohen Stil unter Verwendung des dafür vorgesehenen Redeschmucks und der affekterregenden Stilmittel. Und es ist der Begriff des ‚Erhabenen', der die Größe und Würde der sittlichen Selbstbehauptung des leidenden Menschen betrifft, die im pathetischen Stil zum Ausdruck kommen. Die pathetische Ausdrucksweise kann – wie Schiller meint – nur ästhetisch wirken, wenn sie dazu dient, das moralische Selbst des tragischen Helden zur Darstellung zu bringen. Hinsichtlich der Wirkung auf den Zuschauer spricht Schiller vom „Vergnügen des Mitleids", welches seiner Meinung nach aus einem „Gefühl des Erhabenen" besteht und aus Schmerz und Lust gemischt ist:

Über die tragische Kunst, K. L. Berghahn, a. O. S. 34

Schiller: Über das Erhabene, bei K. L. Berghahn S. 87

„Das Gefühl des Erhabenen ist ein gemischtes Gefühl. Es ist eine Zusammensetzung von *Wehsein,* das sich in seinem höchsten Grad als ein Schauer äußert, und von *Frohsein,* das bis zum Entzücken steigen kann und, ob es gleich nicht eigentlich Lust ist, von
5 feinen Seelen aller Lust doch weit vorgezogen wird. Diese Verbindung zweier widersprechender Empfindungen in einem einzigen Gefühl beweist unsere moralische Selbständigkeit auf eine unwiderlegliche Weise. Denn da es absolut unmöglich ist, daß der nämliche Gegenstand in zwei entgegengesetzten Verhältnissen zu
10 uns stehe, so folgt daraus, daß *wir selbst* in zwei verschiedenen Verhältnissen zu dem Gegenstand stehen, daß folglich zwei entgegengesetzte Naturen in uns vereiniget sein müssen, welche bei Vorstellung desselben auf ganz entgegengesetzte Art interessieret sind. Wir erfahren also durch das Gefühl des Erhabenen, daß sich
15 der Zustand unsers Geistes nicht notwendig nach dem Zustand des Sinnes richtet, daß die Gesetze der Natur nicht notwendig auch die unsrigen sind, und daß wir ein selbständiges Prinzipium in uns haben, welches von allen sinnlichen Rührungen unabhängig ist."

Schiller sieht also in der Tatsache, daß der Zuschauer mit dem Helden leidet und zugleich an dessen sittlicher Selbstbehauptung im Unglück seine Freude hat, einen Beweis für „unsere moralische Selbständigkeit" (7). Die Begründung lautet, daß „der nämliche Gegenstand" nicht gleichzeitig in entgegengesetzter Beziehung zu uns stehen könne (9–10), z. B. der gleiche Vorgang nicht ebenso Leiden wie Freude darstellen könne, es sei denn, es handle sich um zwei Sichtweisen, die daher rühren, daß wir an diesem Vorgang von uns aus „auf ganz entgegengesetzte Art interessieret sind" (13/14). Das „Wehsein" (2) also ist dadurch bedingt, daß der Zuschauer das (wenn auch nur gespielte) Leiden des Helden mit ansehen muß, das „Frohsein" (3) aber kommt daher, daß er dabei seine eigene sittliche Freiheit, das „selbständige Prinzipium" (17) in sich selbst erfährt. Als Instanz, die für das tragische Scheitern des Helden in Anspruch genommen werden kann, ist hier also die menschliche Zwienatur aus Geist und Körper eingesetzt.

Die Begründung für das neue Verständnis des überlieferten Mitleidsbegriffs ist philosophischer Art. Ihre Kenntnis hilft zum Verständnis der Schillerschen Dramen, z.B. der Wallenstein-Trilogie, in welcher der Held das Schicksal als etwas Äußeres und Unbegreifliches erlebt, zu dem er doch durch sein eigenes Handeln beigetragen hat, das nun aber seinem Willen nicht mehr unterworfen ist und dem er doch zu widerstehen versucht. Durch diesen Widerstand wird sein Schicksal zu einem ‚erhabenen' Gegenstand, an dem der Zuschauer von der moralischen Selbständigkeit des Menschen erfährt und so das „Vergnügen des Mitleids" erleben kann.

Vgl. den Monolog Wallensteins WT I, 4, von dem auf S. 85 f. die Rede ist

Von Georg Büchner (1815–1837) gibt es keine zusammenhängenden dramentheoretischen Äußerungen, doch hat er seine Auffassung von der Aufgabe des Dramatikers oft begründet. Zunächst zeigt er deutlich, daß er mit Schillers moralphilosophischer Dichtung nichts anfangen kann:

„Was noch die sogenannten Idealdichter anbetrifft, so finde ich, daß sie fast nichts als Marionetten mit himmelblauen Nasen und affektiertem Pathos, aber nicht Menschen von Fleisch und Blut gegeben haben, deren Leid und Freude mich mitempfinden macht, und deren Tun und Handeln mir Abscheu oder Bewunderung einflößt. Mit einem Wort, ich halte viel auf Goethe oder Shakespeare, aber sehr wenig auf Schiller."

Brief an die Eltern vom 28. 7. 1835 (in der Münchner Ausgabe, die auf S. 102 angeführt ist, Nr. 45, S. 306)

Im ‚Woyzeck' antwortet er Schiller, indem er seinen Idealismus in der Redeweise der ‚Gebildeten', des Hauptmanns und des Doktors, karikiert und als ein leeres Gerede vorführt, das der Aufrichtung sozialer Schranken dient:

Er hat keine Moral! Moral, das ist, wenn man moralisch ist, versteht Er.

Das Gespräch mit dem Hauptmann ist auf S. 104 f. ausführlich besprochen.

So lautet der Vorwurf des Hauptmanns an Woyzeck, während der Doktor den moralphilosophischen Wortschatz mit seiner medizinischen Fachsprache vermischt (Szene 4):

[...]
WOYZECK: Aber Herr Doktor, wenn einem die Natur kommt.
DOKTOR: Die Natur kommt, die Natur kommt! Aberglaube, abscheulicher Aberglaube! Die Natur! Hab ich nicht nachgewiesen, daß der musculus constrictor vesicae dem Willen unterworfen ist? Die Natur! Woyzeck, der Mensch ist frei, in dem

Menschen verklärt sich die Individualität zur Freiheit. Den Harn nicht halten können! Es ist Betrug, Woyzeck! – [...]

Der Doktor benutzt Woyzeck, der sich irgendwie ein Zubrot verdienen muß, für seine medizinischen Versuche. Das Gerede von der moralischen Freiheit des Willens dient ihm lediglich dazu, den von ihm abhängigen Woyzeck zur ‚Arbeitsdisziplin' zu ermahnen.

Poetik 1451 b 6–8

In seiner Aristoteles-Rezeption greift Büchner einen ganz anderen Punkt auf als seine Vorgänger. Im 9. Kapitel seiner Poetik sagt Aristoteles, daß es „nicht die Aufgabe des Dichters sei, zu berichten, was geschehen ist, sondern vielmehr, was geschehen könnte und was möglich wäre nach Angemessenheit und Möglichkeit". Sonst würde er sich ja nicht vom Geschichtsschreiber unterscheiden. „Darum ist die Dichtung auch philosophischer und bedeutender als die Geschichtsschreibung. Denn die Dichtung redet eher vom Allgemeinen, die Geschichtsschreibung vom Besonderen". In der Höherbewertung des Allgemeinen gegenüber dem Besonderen besteht also durchaus Übereinstimmung zwischen Schiller und Aristoteles. Büchner kehrt nun das Verhältnis zwischen Allgemeinem und Besonderem um, wenn er sagt:

Brief an die Eltern vom 28. 7. 1835 (Münchner Ausgabe S. 305)

„Der dramatische Dichter ist in meinen Augen nichts als ein Geschichtsschreiber, steht aber *über* Letzterem dadurch, daß er uns die Geschichte zum zweiten Mal erschafft und uns gleich unmittelbar, statt eine trockne Erzählung zu geben, in das Leben einer Zeit hinein versetzt, uns statt Charakteristiken Charaktere, und statt Beschreibungen Gestalten gibt. Seine höchste Aufgabe ist, der Geschichte, wie sie sich wirklich begeben, so nahe als möglich zu kommen. Sein Buch darf weder <u>sittlicher</u> noch <u>unsittlicher</u> sein, als die <u>Geschichte selbst</u> [...]"

Als das ‚Allgemeine' vermag Büchner nur den „gräßlichen Fatalismus der Geschichte" zu erkennen:

Brief an die Braut vom März 1834 (Münchner Ausgabe Nr. 21 S. 288)

„Ich finde in der Menschennatur eine entsetzliche Gleichheit, in den menschlichen Verhältnissen eine unabwendbare Gewalt, Allen und Keinem verliehen. Der Einzelne nur Schaum auf der Welle, die Größe ein bloßer Zufall, die Herrschaft des Genies ein Puppenspiel, ein lächerliches Ringen gegen ein ehernes Gesetz, es zu erkennen das Höchste, es zu beherrschen unmöglich [...]"

Wegen dieser „entsetzlichen Gleichheit" sind Geist und Verstand für Büchner keine Merkmale, die den Wert eines Menschen bestimmen, „weil es in Niemands Gewalt liegt, kein Dummkopf oder kein Verbrecher zu werden, – weil wir durch gleiche Umstände wohl Alle gleich würden, und weil die Umstände außer uns liegen". Von hier aus muß der Mitleids-Begriff der dramentheoretischen Tradition notwendig eine Umdeutung erfahren. „Ich verachte Niemanden", erklärt

Büchner und fügt sogleich hinzu, daß sein Haß darum denen gelte, „welche verachten":

Brief an die Familie vom Februar 1834 (Münchner Ausgabe Nr. 18 S. 285f.)

„Es ist deren eine große Zahl, die im Besitze einer lächerlichen Äußerlichkeit, die man Bildung, oder eines toten Krams, den man Gelehrsamkeit heißt, die große Masse ihrer Brüder ihrem verachtenden Egoismus opfern. Der Aristokratismus ist die schändlichste Verachtung des heiligen Geistes im Menschen; gegen ihn kehre ich seine eigenen Waffen; Hochmut gegen Hochmut, Spott gegen Spott."

Büchners Mitleid gehört deshalb den „leidenden, gedrückten Gestalten" seiner Umgebung, den sozial Deklassierten, im Leben zu kurz Gekommenen, den Opfern der Verhältnisse. Dieses Mitleid soll sein ‚Woyzeck' auch beim Zuschauer auslösen. Für die Notwendigkeit tragischen Scheiterns wird hier also die Gewalt „in den menschlichen Verhältnissen" als Instanz angenommen. Als ‚Mitleid' wird die soziale Solidarität (damals sagte man „Brüderlichkeit") mit den Opfern dieser Verhältnisse bestimmt, welche den Haß auf diejenigen einschließt, die den Brüdern Gewalt – diese auch im Sinne der ‚strukturellen' Gewalt, die in den Verhältnissen liegt – antun wie der Hauptmann und der Doktor dem Woyzeck. Welches Handeln dieses Mitleid zur Folge haben soll, bleibt bei Büchner noch durchaus offen. Sein Drama ‚Dantons Tod' hat zwar einen politischen Gegenstand, verkündet aber eine Wahrheit, die den Willen zum politischen Handeln eher lähmt als anregt:

Die Revolution ist wie Saturn, sie frißt ihre eigenen Kinder. (I, 5)

So lautet die Erfahrung derer, die sich um eine Veränderung der Verhältnisse bemüht haben. Hinter dieser Erfahrung aber steht ein negatives Weltbild, das am Sinn politischen Handelns überhaupt zweifeln läßt:

Die Welt ist das Chaos. Das Nichts ist der zu gebärende Weltgott. (IV, 5)

Einen Weg aus dieser Resignation deutet Friedrich Engels (1820–1895) mit seiner folgenden These an.

„Die gesellschaftlich wirksamen Kräfte wirken ganz wie die Naturkräfte: blindlings, gewaltsam, zerstörend, solange wir sie nicht erkennen."

Anti-Dühring, zitiert in: Georg Büchner ‚Dantons Tod', mit Materialien, ausgew. u. eingel. v. Bernd Jürgen Warneken, ‚Editionen', Stuttgart: Klett 1979, S. 98

An diesem Punkt, d. h. der Möglichkeit einer Erkenntnis der „gesellschaftlich wirksamen Kräfte", setzt Bertolt Brecht an, der Büchner ausdrücklich als eines seiner Vorbilder bezeichnet hat. Denn im Unterschied zu ihm will Brecht etwas gegen den „gräßlichen Fatalismus der Geschichte" unternehmen. Das ist der Impuls seiner ‚nichtaristotelischen Dramatik', die er in seinem ‚epischen Theater' realisiert hat. Sein Konzept be-

Vgl. oben S. 127–131

steht dabei aus zwei unterschiedlichen Elementen, einem dramentechnisch-formalen und einem ideologischen, die er zur Deckung zu bringen versucht. Dieses weltanschauliche Element ist der Marxismus, der die Welt als Ergebnis von <u>Prozeß</u> und <u>Wandel</u> versteht, die sich dialektisch vollziehen, d.h. in Form von Konflikt und Auseinandersetzung. Der Mensch wird als Teil dieser Welt in seiner Eigenschaft als Angehöriger der bestehenden Gesellschaft und als Schnittpunkt der in ihr wirksamen Kräfte angesehen. Sein Bewußtsein erscheint als Reflex der gesellschaftlichen Verhältnisse und stellt deshalb einen bestimmenden Faktor dar, wenn es darum geht, die Welt und sich selbst zu <u>verändern</u>.

Als ‚nichtaristotelisch' bezeichnet Brecht sein Konzept, weil ihm aufgrund dieser Voraussetzung die Tragödie als ungeeignet zur Beschreibung der Welt erscheinen muß. Denn ‚Veränderung' ist keine tragische Kategorie; geht es doch in der Tragödie um ‚Läuterung' und Gehorsam gegenüber einer höheren Ordnung. Deshalb will Brecht den aristotelischen Wirkungselementen ‚Mitleid' und ‚Schrecken' nur unter der Bedingung einen Platz in seinem Theater einräumen, wenn

Brecht: Der Messingkauf, GW Band 16 Schriften zum Theater 2 (zitiert bei F. Ewen S. 213)

„unter Furcht Furcht vor den Menschen und unter Mitleid Mitleid mit Menschen verstanden würde und wenn also das ernste Theater mithülfe, jene Zustände unter den Menschen zu beseitigen, wo sie voreinander Furcht und miteinander Mitleid haben müssen."

Vgl. den Text von Brecht o. S. 135

Die aus dieser ‚Mithilfe' des Theaters von den Menschen zu entwickelnde Praxis aber hat Brecht angedeutet, indem er die Frage stellt, ob es möglich sei, „etwa anstelle der Furcht vor dem Schicksal die <u>Wissensbegierde</u> zu setzen, anstelle des Mitleids die <u>Hilfsbereitschaft</u>". Das Theater soll also dem Zuschauer Erkenntnisse über die gesellschaftlichen Verhältnisse vermitteln und ihn zur praktischen Veränderung derselben motivieren. Das setzt einen „neuen Kontakt … zwischen Bühne und Zuschauer" voraus, der durch die Dramentechnik der <u>Verfremdung</u> geknüpft werden soll.

Brechts dramaturgisches Konzept markiert eine Wende in der Geschichte der Dramentheorie. Während bisher von der Aristoteles-Rezeption her gefragt wurde, wie Tragödie möglich

Vgl. unten die Zitate von Peter Weiss S. 150 („die Erde bewohnbar zu machen") und Dürrenmatt S. 150 („setzt eine sichtbare Welt voraus")

sei, fragt man nun entweder, wie tragische Endgültigkeit vermieden werden könne, oder wieso sich die Welt von heute nicht mehr in der Tragödie darstellen läßt. Das sind die Fragen in der nacharistotelischen Ära der Geschichte der Dramentheorie.

Die griechische Tragödie

<u>Definition des Aristoteles</u>	Die auf der Bühne ‚nachgeahmte' tragische Handlung ruft Rührung und Entsetzen im Zuschauer hervor und entlastet ihn dadurch von diesen Affekten (‚Katharsis').
<u>Tragische Handlung</u>	Der Held wird durch Widerfahrnisse und eigenes Handeln in ein Geschehen verwickelt, das in die Katastrophe führt. Er bewegt sich dabei auf einer Grenzlinie zwischen:

    Freiheit $\longleftrightarrow$ Notwendigkeit

    Sinnhaftigkeit $\longleftrightarrow$ Sinnlosigkeit

    Selbstbestimmung $\longleftrightarrow$ Schicksal

Stationen der Aristoteles-Rezeption

<u>Renaissance-Poetik</u>	Fünf Vorschriften: Drei Einheiten, Fünf-Akt-Schema, Schicklichkeitsregel, Ständeklausel, Wahrscheinlichkeitsforderung
<u>Christliches Märtyrerdrama</u>	Mitgefühl, Furcht vor den eigenen Leidenschaften und Bewunderung für den Helden sollen den Zuschauer vom Bösen reinigen.
<u>Lessing</u>	Das Trauerspiel macht den Menschen mitleidig und damit tugendhaft. Tragisches Handeln wird durch menschliche Schwäche und Irrtumsmöglichkeit erklärt.
<u>Schiller</u>	Tragische Handlung wird mit der menschlichen Zwienatur zwischen Sinnlichkeit und Sittlichkeit erklärt. Die Wirkung auf den Zuschauer besteht in einem „Vergnügen des Mitleids", einem Gefühl des Erhabenen, in dem er von seiner sittlichen Freiheit erfährt.
<u>Büchner</u>	Der tragische Prozeß wird durch den „gräßlichen Fatalismus der Geschichte" erklärt. Der Zuschauer soll Mitleid mit den Verachteten, Haß gegen die Verachtenden erleben.
<u>Brecht</u>	Statt der Tragödie soll das epische Drama die Welt beschreiben, das statt ‚Einfühlung' den ‚Verfremdungseffekt' (V-Effekt) anstrebt. Im Zuschauer sollen statt Furcht vor dem Schicksal Wissensbegierde, statt Mitleid Hilfsbereitschaft entstehen. Dramatische Konflikte zeigen den gesellschaftlichen Prozeß.

10. Überblick über die Gattungs- geschichte

Die Begriffe weisen auf die Herkunft hin: Tragödie (= Bocksgesang) deutet auf die Verkleidung der Festteilnehmer, Komödie (= Spottlied beim Umzug) auf das Festgeschehen selbst.

Der Aristotelesschüler Theophrast (371–287 vor Chr.) nannte seine dreißig Typen ‚Charakteres‘ (= Ausprägungen).

An die Stelle des alten Glaubensgehorsams trat im Menschenbild der Renaissance das Bewußtsein geistiger Autonomie (vgl. Goethe, Faust II 1. Akt 4896 ff.).

Das europäische Theater hat seinen Ursprung im Dionysos-Kult der griechischen Antike. Dem Chorführer der Festumzüge, die dem Gott jährlich dargebracht wurden, gab ein gewisser Thespis 534 vor Chr. einen Dialogpartner bei und begründete damit die dramatische Gattung. Der Dichter Aischylos ließ dann zwei, Sophokles drei Schauspieler auftreten. Dadurch aber rückte die gespielte Handlung in den Vordergrund, welche dem Mythos entnommen wurde und die menschliche Abhängigkeit vom Schicksal zum Inhalt hatte. So entstand die Tragödie. Die scherzhaften Elemente des Dionysos-Kults gingen in die Gattung der Komödie ein, die Aristophanes zu einem Medium der politischen Satire entwickelte. Die Aufklärungsbewegung seit Sokrates (470-399) machte der Tragödie ein Ende, weil man nicht mehr an den Mythos glaubte, während der Verfall der attischen Demokratie der alten Komödie den Boden entzog. Eine neue Komödie entstand dadurch, daß Menander (342–292 v. Chr.) die menschlichen Verhaltenstypen, welche der Philosoph Theophrast beschrieben hatte, z. B. den Geizhals, den Prahlhans, den Schürzenjäger usw., als Figuren auf die Bühne brachte. Diese Komödie wurde von Plautus und Terenz in lateinischer Sprache fortgesetzt. Auch die Tragödiendichtung wurde in Rom fortgeführt, z. B. von Seneca (4 vor Chr. – 65 nach Chr.). Die antiken Werke aus diesen beiden Gattungen bilden bis heute eine wesentliche stoffliche und formale Fundgrube für die dramatische Dichtung. Das Mittelalter kennt als dramatische Gattung nur das geistliche Schauspiel in verschiedenen Formen, z. B. als Darstellung von Ereignissen der christlichen Heilsgeschichte an hohen Festtagen.

Der Beginn der Neuzeit bringt eine Epoche bedeutender dramatischer Dichtung. Humanismus und Renaissance knüpfen an die antike Kultur an und entwickeln aus ihr die Vorschriften für das poetische Handwerk. Die Reformation sprengt die abendländische Kircheneinheit. Die Spaltung zeigt sich auch in der Literatur der Zeit. Das deutsche Barockdrama, dessen Werke kaum mehr gespielt werden, ist eine Sache von Protestanten. Ebenso ist es mit dem elisabethanischen Drama, dessen bedeutendster Vertreter, Shakespeare, auch heute noch die Bühne weithin beherrscht. Die Dichter des ‚Goldenen

Zeitalters' (siglo de oro) in Spanien, Calderón und Lope de Vega, waren katholische Christen. Das gilt auch für die Dichter des französischen Klassizismus (le grand siècle classique), Corneille und Racine für die Tragödie sowie Molière auf dem Gebiet der Komödie. Im katholischen Italien hat die Stegreifkomödie (commedia dell'arte), in der die Typen der antiken Komödie weiterleben, im 16. Jahrhundert ihre große Zeit.

Typen der commedia dell'arte: Pantalone = Geizhals, Capitano = Prahlhans, Colombina = kokette Zofe, Arlecchino = schlitzohriger Diener, Dottore = zerstreuter Professor

In Deutschland kann von einer nennenswerten dramatischen Dichtung erst wieder bei Lessing die Rede sein, nachdem der Versuch von Gottsched, eine Erneuerung nach französischem Vorbild in Gang zu setzen, kaum Früchte getragen hatte. Lessing, der bedeutendste deutsche Autor der Aufklärung, begründete in der kritischen Auseinandersetzung mit jenem Vorbild die Gattung des deutschen bürgerlichen Trauerspiels (‚Miß Sara Sampson' 1755, ‚Emilia Galotti' 1757) und schuf die erste deutsche Charakterkomödie (‚Minna von Barnhelm' 1767). Die Dramatiker des Sturm und Drang wählten statt der französischen Klassiker Shakespeare zu ihrem Vorbild. Von ihm übernahmen Goethe (‚Götz von Berlichingen' 1773), Lenz (‚Die Soldaten' 1776) und Schiller (‚Die Räuber' 1781) die Technik der Einzelszenen, den häufigen Schauplatzwechsel, die Einführung von Figuren aus dem Volk, die Mischung tragischer mit komischen Elementen. Goethe und Schiller begründen später mit ihren Ideendramen die Weimarer Klassik. So gestaltete Goethe den Humanitätsglauben seiner Zeit in dem Schauspiel ‚Iphigenie', Schiller den Gedanken der politischen Freiheit im ‚Don Carlos (beide 1787).

„Ich zweifelte keinen Augenblick, dem regelmäßigen Theater zu entsagen. Es schien mir die Einheit des Orts so kerkermäßig ängstlich, die Einheiten der Handlung und der Zeit lästige Fesseln unserer Einbildungskraft." (Goethe ‚Zum Schäkespears Tag' 1771)

Mit Schillers Tod (1805) beginnt die Übergangszeit, in der sich für die Dramendichtung keine deutlich abzugrenzende Epoche erkennen läßt. In der Romantik wird auf diesem Gebiet wenig Epochales geleistet. Goethe umspannt mit seiner Faust-Dichtung mehrere Epochen und weist weit voraus in die Problematik des neuen Jahrhunderts. Hebbel setzt mit seiner ‚Maria Magdalene' (1844) die Tradition des bürgerlichen Trauerspiels fort, ersetzt allerdings die tragische Instanz des Standesunterschieds durch die konfliktträchtige Vorurteilsbefangenheit des Kleinbürgertums. Kleist, der mit seinem Lustspiel ‚Der zerbrochene Krug' (1808) die einzige große Komödie dieser Zeit schuf, bleibt im Schatten der Klassiker, während Büchners Dramen überhaupt erst im 20. Jahrhundert aufgeführt werden.

Klett Lektürehilfen: Johann Wolfgang von Goethe, Faust I u. II, von E. Hermes, Stuttgart 1988, S. 147 ff.

Uraufführung: ‚Dantons Tod' 1902, ‚Woyzeck' 1913

Der Neueinsatz der Dramengeschichte mit dem Naturalismus hängt mit den Erfolgen der exakten Naturwissenschaften zusammen, deren technische Anwendung das Gesicht der Zeit prägt. Ihre Denkweise wurde auf den Menschen übertragen, so daß man seine psychischen Äußerungen in der gleichen Weise wie seine körperlichen Funktionen kausalgesetzlich verstand und seine Individualität als Ergebnis seiner Lebensumstände und seiner Reaktionen darauf erklärte. Anregungen für die deutsche Dramatik, die damals ihren Höhepunkt im Werk Gerhart Hauptmanns (1862–1946) fand, kamen aus dem Ausland (Ibsen, Strindberg, Tschechow u. a.). Den Gegenströmungen des Naturalismus war die Ablehnung der hinter ihm stehenden materialistischen Philosophie gemeinsam. Es spielte auch das Bewußtsein eine Rolle, in einer Krise der Kultur, am Ende einer Epoche (fin de siècle) und in einer Phase des Niedergangs (décadence) zu leben. Deshalb erfolgte eine Rückwendung zur Metaphysik, zur Geschichte, zum Mythos, wie in Hauptmanns Alterswerk oder bei Hugo von Hofmannsthal (1874–1929), der das Barocktheater (‚Das Salzburger Große Welttheater‘) oder das mittelalterliche Mysterienspiel (‚Jedermann‘) erneuerte. Bei anderen Dramatikern dieser Zeit ist der kulturkritische Impuls mit sozialkritischen Tendenzen gemischt: Durch psychologische Demaskierung (Schnitzler, Wedekind) oder satirische Verfremdung (Sternheim) wurden die bürgerlichen Wertvorstellungen angegriffen.

Eine deutliche Zäsur zwischen den gesellschaftskritischen Stücken des Naturalismus und der Übergangszeit und dem politischen Theater der Weimarer Republik markiert das Drama des Expressionismus, dessen Autoren durch das Erlebnis des Ersten Weltkriegs geprägt sind, in dem durch die Erfahrung der Unmenschlichkeit der Glaube an die humanitären Ideen verlorengegangen war. Georg Kaiser hat in seiner Trilogie ‚Gas‘ (1917–19) zum ersten Mal die Probleme der industriellen Massengesellschaft auf die Bühne gebracht und die Möglichkeit der Selbstvernichtung des Menschen durch die Technik angedeutet. Zu diesem Zweck führte er bahnbrechende Neuheiten im theatralischen Apparat ein, stilisierte Figuren, choreographisch arrangierte Massenszenen, abstrakte Bühnenbilder, Farb- und Lichtregie u. a. Mit seiner Darstellung des Menschen als Kollektivwesen hat Kaiser großen Einfluß auf den jungen Brecht gehabt.

In der Zeit der Weimarer Republik setzt zunächst der Regisseur Erwin Piscator (1893–1966) dadurch einen neuen Akzent in der Geschichte der dramatischen Gattung, daß er 1920 in Berlin sein „Proletarisches Theater" eröffnet, um mit Hilfe der Bühne politische Wirkungen zu erzielen. Er versteht den

„Wir verbannten das Wort ‚Kunst' radikal aus unserem Programm, unsere Stücke

148

Dramentext lediglich als Spielvorlage, die er durch Dokumentation und Aktualisierung szenisch auswertet und mit belehrender Absicht einsetzt. Das führte natürlich zu einer ausgeprägten Form von Regie-Theater und zur Entwicklung neuer Theatertechniken (Prospekte, Schrifttafeln, Filmprojektionen, Chansoneinlagen, Musik- und Geräuschkulisse u. a.), die dann von Brecht in das ‚epische Theater' übernommen werden.

waren Aufrufe, mit denen wir in das aktuelle Geschehen eingreifen und ‚Politik treiben' wollten." (E. Piscator)

In der gleichen Zeit entdeckt Ödön von Horváth die sozialkritischen Möglichkeiten, die in der Tradition des Volksstücks liegen, und nutzt sie in seinen Stücken, um zu zeigen, wie sich seine kleinbürgerlichen Figuren mit immer neuen Illusionen über die fatale eigene Existenz hinwegtäuschen.

Die bedeutenden deutschen Beiträge zur Dramendichtung sind während der Herrschaft des Nationalsozialismus (1933–1945) als Exilliteratur entstanden, z. B. die großen Stücke von Brecht:

Titel	Uraufführung
Leben des Galilei 1. Fassung	1943 Zürich
2. Fassung	1947 Los Angeles
3. Fassung	1957 Berlin
Mutter Courage und ihre Kinder	1941 Zürich
Der gute Mensch von Sezuan	1943 Zürich
Der kaukasische Kreidekreis	1948 Northfield/ Minnesota
Herr Puntila und sein Knecht Matti	1948 Zürich

In der unmittelbaren Nachkriegszeit lebte das deutsche Theater – mit wenigen Ausnahmen, zu denen Wolfgang Borcherts Drama ‚Draußen vor der Tür' (1947) gehörte – von ausländischen Stücken, z. B. ‚Die Fliegen' (1943) von Sartre, Anouilhs ‚Antigone' (1944) oder ‚Wir sind noch einmal davongekommen' (‚The Skin of our Teeth' 1942) von Thornton Wilder. Als dann um die Jahrhundertmitte neue Stücke zur Verfügung standen, dominierten wieder ausländische Autoren. Gekennzeichnet war diese Zeit durch eine intensive Auseinandersetzung mit Brecht wie auch durch den Einfluß des ‚absurden Theaters'. Im einzelnen lassen sich folgende Dramentypen unterscheiden:

Das Parabeltheater
Der Schweizer Dichter Max Frisch (geb. 1911), der mit Brecht während dessen Züricher Aufenthalt engen Umgang gehabt

hatte, übernimmt von ihm die Form der Parabel mit ihren Vorteilen der Konzentration und Gleichnishaftigkeit der Handlung, verzichtet aber auf einen gesellschaftsverändernden Praxisbezug. Mit dem Stück ‚Biedermann und die Brandstifter‘, das er „ein Lehrstück ohne Lehre" nennt (1958), oder ‚Andorra‘ (1961) verfolgt er die Absicht, beim Zuschauer eine Bewußtseinsänderung zu bewirken:

„Unser Spiel, verstanden als Antwort auf die Unabbildbarkeit der Welt, ändert die Welt noch nicht, aber unser Verhältnis zu ihr."

Die Groteske

„Die Kunst dringt nur noch bis zu den Opfern vor [...] die Mächtigen erreicht sie nicht mehr. Kreons Sekretäre erledigen den Fall Antigone." (Friedrich Dürrenmatt)

Andere Konsequenzen zieht Friedrich Dürrenmatt (geb. 1921), Frischs Landsmann, aus der Beschäftigung mit Brecht. Auch er geht von der Überzeugung aus, daß man mit Hilfe des Theaters nicht die gesellschaftlichen Gegebenheiten verändern kann. Aber er hat auch nicht mehr das Bedürfnis, Bewußtseinsänderungen beim Zuschauer hervorzurufen. Er will ihm vielmehr zeigen, daß die Wirklichkeit nicht nur widersprüchlich, sondern widersinnig, d. h. absurd, ist. Dafür denkt er sich seine dramatischen Gleichnisse aus, z. B. das Stück ‚Der Besuch der alten Dame‘ (1955), das er eine ‚tragische Komödie‘ nennt, oder die zweiaktige Komödie ‚Die Physiker‘ (1962). Die Form der Komödie hält Dürrenmatt für besonders geeeignet, die heutige Welt abzubilden. Denn eine desorganisierte Welt erfordere eine deformierende Dramenform, die Groteske:

„In dem Maße aber, wie es einen einheitlichen Theaterstil nicht mehr gibt, nicht mehr geben kann, in dem Maße wird das Theaterschreiben ein Problem und damit schwieriger." (Friedrich Dürrenmatt: Theaterprobleme, in: F. D.: Theater. Essays und Reden, Zürich: Diogenes 1980, S. 31–72)

„Das Drama Schillers setzt eine sichtbare Welt voraus, die echte Staatsaktion, wie ja auch die griechische Tragödie. Sichtbar in der Kunst ist das Überschaubare. Der heutige Staat ist jedoch unüberschaubar, anonym, bürokratisch geworden. Uns kommt nur noch die Komödie bei. Unsere Welt hat ebenso zur Groteske geführt, wie zur Atombombe."

Dokumentartheater

Brian Barton: Das Dokumentartheater, Sammlung Metzler 232, Stuttgart 1987

Dieser Dramentyp knüpft unmittelbar an das politische Theater der 20er Jahre an, das von Piscator und Brecht bestimmt war. Peter Weiß formuliert den Impuls, der seine Autoren bewegte, in einer Rede 1966 folgendermaßen:

„Es gab eine entscheidende Frage: Wer braucht meine Arbeit, und kann mein Schreiben helfen, die Erde bewohnbar zu machen?"

Und das Verfahren wird so definiert:

„Das dokumentarische Theater enthält sich jeder Erfindung, es übernimmt authentisches Material und gibt dies, im Inhalt unverändert, in der Form bearbeitet, von der Bühne wieder."

Der gleiche Erwin Piscator (1893–1966), der in seinen Zeit-
stücken während der 20er Jahre seine Inszenierungen als ‚episches Theater' ankündigte und erzählende und erklärende
Mittel (Filme, Projektionen, Adressen an das Publikum) ein-
setzte, brachte nun die Werke von Hochhut, Kipphardt und
Weiss auf die Bühne: 1963 das „christliche Trauerspiel" ‚Der
Stellvertreter' von Rolf Hochhut, welches das Schweigen des
Papstes zum Massenmord der Nazis an den Juden zum Inhalt
hat, 1964 den ‚szenischen Bericht' ‚In der Sache J. Robert
Oppenheimer' von Heinar Kipphardt, der die Verhöre eines
amerikanischen Sicherheitsausschusses enthält, in denen
Oppenheimer, der ‚Vater der Atombombe', der Illoyalität
bezichtigt wurde, und schließlich 1965 das ‚Oratorium' ‚Die
Ermittlung' von Peter Weiss, das auf den Anklageakten und
Zeugenaussagen des Frankfurter Auschwitz-Prozesses be-
ruht.

*Piscators Rolle bei der
Durchsetzung des Dokumen-
tartheaters zeigt der Um-
stand, daß er mit Hochhuths
Stück einen Text auf die Bühne brachte, der bei keinem
Verlag angekommen war.*

Experimentelles Theater

Auch Peter Handke (geb. 1942) ist der Auffassung, daß man
von der Bühne aus nichts verändern könne:

„Das Theater als gesellschaftliche Einrichtung scheint mir unbrauch-
bar für eine Änderung gesellschaftlicher Einrichtungen."

*Peter Handke: Stücke 1,
suhrkamp taschenbuch 43,
Frankfurt am Main 1972, S. 21*

Handke sieht aber eine Gefahr darin, daß der übliche, illu-
sionsschaffende Theaterbetrieb den Zuschauer seiner eigenen
Wirklichkeit entfremdet. Deshalb versucht er mit seinen
‚Sprechstücken', das gewohnte Theater als manipulierenden
Mechanismus durchschaubar zu machen. Das geschieht in
der ‚Publikumsbeschimpfung' (1966) etwa dadurch, daß die
Schauspieler keine Rolle in einer fiktiven Welt übernehmen
und ein fiktives Geschehen in Gang bringen, sondern von der
Rampe herab auf die Zuschauer einreden:

Hier wird nicht dem Theater gegeben, was des Theaters ist. Hier
kommen Sie nicht auf Ihre Rechnung. Ihre Schaulust bleibt unge-
stillt. Es wird kein Funken von uns zu Ihnen überspringen. Es wird
nicht knistern vor Spannung. Diese Bretter bedeuten keine Welt.
Sie gehören zur Welt. Diese Bretter dienen dazu, daß wir darauf
stehen. Dies ist keine andre Welt als die Ihre […]

Das hier vorgeführte Sprachspiel hat im Grunde die Außen-
weltbezüge abgebrochen und die Sprache selbst zum Thema
gemacht. D. h. im Theater wird bloß über das Theater geredet.

*Vgl. das Spielen mit der
Sprache in ‚Warten auf
Godot'; s. o. S. 132*

Das kritische Volksstück

Als Mitte der 60er Jahre eine gewisse Brechtmüdigkeit eintrat,
wurde das Volksstück, vor allem Ödön von Horváths, als Gat-

Vgl. das Beispiel aus ,Kasimir und Karoline' auf S. 101f.

tung wiederentdeckt. Es stimmte in der historischen Analyse, etwa der Entstehungsursachen des Faschismus, durchaus mit Brecht überein, war aber nicht auf das marxistische Weltbild festgelegt. Während bei Horváth die Sprachlosigkeit der Kleinbürger noch durch ihre Nachahmung des Bildungsjargons überdeckt war, läßt Franz Xaver Kroetz (geb. 1946) sie als Symptom sozialer Unterprivilegierung krass hervortreten, z. B. in dem Dialog beim Aufbruch zu dem Arzt, der die Abtreibung vornehmen soll, in dem Stück ,Oberösterreich' (1972):

Die Handlung hat wenig Eigendynamik, es gibt nur zwei, drei Figuren, alle aus der gleichen Schicht, die gesellschaftlichen Gründe werden nicht gezeigt.

„Gehn mir jetzt?
Redn mir unterwegs weiter. *(Pause.)* Im Auto. Sonst kommen mir zu spät.
ANNI: Ich fahr nicht, weil ich dableib. *(Pause.)*
HEINZ: Was man ausgemacht hat, muß man einhaltn.
ANNI: Ich hab nix ausgemacht.
HEINZ: Aber ich. Mit dem Doktor. Der wartet auf uns!
ANNI: Das ist mit wurscht. *(Pause.)* Das Kind bleibt.
Heinz: Mir kriegen aber eine Rechnung […]"

(III,4)

Heinz und Anni sind unfähig, ihr Problem miteinander zu besprechen. Anni macht keinen Versuch, ihrem Mann klarzumachen, daß sie sich auf das Kind freut. Heinz dagegen kann seine Besorgnisse nicht artikulieren. Kroetz zeigt die existentielle Situation und die Klassenlage seiner Figuren an ihrem Sprachverhalten auf. Dahinter steckt seine bildungspolitische Überzeugung, daß die Herrschenden mit der politischen Macht auch über die ,Macht des Wortes' verfügen und dafür sorgen, daß die Massen nicht ,mündig' werden.

Vgl. den Text der Szene aus ,Woyzeck' auf S. 104 („[…] und könnt vornehm reden" Z. 59/60)

Bewußtseinstheater

In den 70er Jahren erscheint eine Dramenform in der Literatur, in der die historische Wirklichkeit nur noch im Bewußtsein der Figuren gespiegelt, jedoch nicht als Bühnengeschehen dargestellt wird. Botho Strauß (geb. 1944) und Thomas Bernhard (1931–1989) demonstrieren in ihren Stücken das „Befinden des Individuums", das durch gescheiterte Beziehungen, fehlenden Handlungsspielraum und eine Art „Wahnsinn" als Normalzustand gekennzeichnet sei. In seiner Komödie ,Die Macht der Gewohnheit' (1974) läßt Bernhard seine Figuren in abgehackten, inhaltlich dürftigen Äußerungen aneinander vorbeireden und sowohl ihre Unfähigkeit zur Kommunikation wie die Zersplitterung ihres Bewußtseins vorführen. In seinen Szenen ,Groß und klein' (1978) führen die Bühnenfiguren von Botho Strauß ein entlehntes schicksalloses, entfremdetes Leben. Der Fernsehapparat – bei ihm ge-

„Der Schriftsteller verändert nicht nur nicht die Welt, er interpretiert sie auch nicht mehr." (Thomas Bernhard)

Das alte Bild des ,vernünftigen' Menschen wurde z. B. so formuliert: „Ich bin mir also des identischen Selbst bewußt, in Ansehung des Mannigfaltigen der mir in

radezu ein Symbol – dient als Ersatz für ihren Realitätsverlust und stellt zugleich die Ursache dafür dar. Inmitten einer Gesellschaft, die den Menschen lediglich „zur Raison zu bringen" versteht, d. h. im Namen der ‚Vernunft' eine „perverse Unterdrückungsherrschaft ausübt", hat der Mensch nach der Auffassung des Dichters keine Entfaltungsmöglichkeit mehr. Den Verfall seines Bewußtseins zu zeigen, sei Aufgabe des Theaters heute.

einer Anschauung gegebenen Vorstellungen, weil ich sie insgesamt meine Vorstellungen nenne, die eine ausmachen."
(Immanuel Kant: Kritik der reinen Vernunft [1781–1787], B 135)

Dramentypen nach 1945		
Parabeltheater	Gleichnishafte Handlung mit einfacher Struktur zeigt menschliche Grundprobleme	Max Frisch: Biedermann; Andorra
Groteskes Theater	An einfachen, aber übertriebenen Handlungsmustern wird Absurdität der Wirklichkeit gezeigt.	Dürrenmatt: Der Besuch der alten Dame; Die Physiker
Experimentelles Theater	Mit der Sprache und mit den Elementen des Theaters wird gespielt.	Peter Handke: Publikumsbeschimpfung
Kritisches Volksstück	Sozialkritische Darstellung der kleinbürgerlichen Situation	Stücke von F. X. Kroetz (Sprachdefizite zeigen soziale Deklassierung)
Bewußtseinstheater	Die Figuren bieten keine Aktionen auf der Bühne, sondern äußern ihre Bewußtseinsinhalte und inneren Vorgänge.	Stücke von Thomas Bernhard und Botho Strauß (Zerfall des Bewußtseins, Realitätsverlust des Menschen)

Überblick über die Geschichte des Dramas

600 **Griechisch-römische Antike (6. Jh. vor Chr. bis 5. Jh. nach Chr.)** **600**

300 Festumzüge für Dionysos → Tragödie + Alte Komödie → Philosophische Aufklärung und Ende der **300**
attischen Demokratie → Neue Komödie + Wiederaufführungen von Tragödien →
0 Rezeption des griechischen Dramas in Rom (Komödien: Plautus, Terenz; Tragödien: Seneca) **0**

800 **Europäisches Mittelalter (8. bis 15. Jh. nach Chr.)** **800**

Geistliche Schauspiele in Latein oder den Volkssprachen auf der Simultanbühne oder an
1000 verschiedenen Spielorten (Stationen) zu den christlichen Hochfesten mit schwankhaften **1000**
Einlagen

Renaissance (1470 bis 1600) und Barock (1600 bis 1720)

1500 Fastnachtspiele (Hans Sachs) (1494–1576) Goldenes Zeitalter in Spanien (1560–1680): **1500**
Calderon

1600 Deutsches Barockdrama (1600–1700): Elisabethanisches Zeitalter (1560–1642): **1600**
Andreas Gryphius Shakespeare
Französische Klassik (1660–1700):
Corneille, Racine, Molière
Commedia dell'arte in Italien

1700 **Von der Aufklärung zur industriellen Revolution (18. und 19. Jh.)** **1700**

Goldoni: Der Diener zweier Herren (1746)

Aufklärung (1720–1785)

Wiener Vorstadttheater (Volksstück:
1750 Raimund 1790–1836 und Nestroy **1750**
Sturm und 1801–1862)
Drang (1767–85) Wiener Klassiker: Grillparzer (1791–1872)

Deutsches
bürgerliches Russisches Drama:
1800 **Trauerspiel** Puschkin (Boris Godunow 1825) **1800**
Weimarer **(1755–1844)** Gogol (Der Revisor 1836)
Klassik
(1786–1805)

1850 Einzelgänger (Kleist, Büchner, Hebbel) **1850**

Beginn der Moderne und Gegenwart (ab 1880)

1880 **1880**
Naturalismus (1880–1900) Henrik Ibsen: Nora (1879)
Gegenströmungen (Hofmannsthal, Strindberg: Fräulein Julie (1888)
Wedekind, Schnitzler)
1900 Anton Tschechow: Onkel Wanja (1897), **1900**
Expressionismus Der Kirschgarten (1904)
1910 **(1910–1925)** **1910**

1920 Kritisches Volksstück: Ödön von Horváth **1920**
Politisches (1901–1938)
1930 **Theater** (Piscator) **1930**
Episches Theater Episches Theater: Thornton Wilder
1940 (Brecht) (Das lange Weihnachtsmahl 1931) **1940**

Brechts Exildramen Existentialistisches Theater
1950 (Sartre: Die Fliegen 1943) **1950**
Drama nach 1945

1960 Poetisches Theater (Borchert) Absurdes Theater (Ionesco, Beckett) **1960**
Dokumentartheater (Hochhuth, Kipphardt, Groteskes Theater (Dürrenmatt)
1970 Peter Weiss) Parabeltheater (Max Frisch) **1970**
Kritisches Volksstück (Kroetz)
1980 Experimentelles Theater (Handke) **1980**

Weiterführende Literatur

Bernhard Asmuth: Einführung in die Dramenanalyse, Sammlung Metzler Band 188, Stuttgart 1980

Ivo Braak: Gattungsgeschichte deutschsprachiger Dichtung in Stichworten, Band Ia und Ib Dramatik, 2. Aufl., Kiel: Hirt 1981

Bertolt Brecht: Schriften zum Theater, zusammengest. v. Siegfried Unseld, Bibliothek Suhrkamp 41, 82 u. 83. Tausend, Frankfurt am Main 1985

Wolfram Buddecke, Helmut Fuhrmann: Das deutschsprachige Drama seit 1945, Schweiz – Bundesrepublik Deutschland – Österreich – DDR, Kommentar zu einer Epoche, München: Winkler 1981

Margret Dietrich: Das moderne Drama, Kröner Taschenausgabe Band 220, 3. überarb. u. erweit. Auflage, Stuttgart 1974

Frederic Ewen: Bertolt Brecht. Sein Leben, sein Werk, seine Zeit, suhrkamp taschenbuch 141, Frankfurt am Main 1973

Erich Franzen: Formen des modernen Dramas. Von der Illusionsbühne zum Antitheater, 3. Aufl., München: Beck 1974

Herbert Frenzel: Geschichte des Theaters. Daten und Dokumente 1470–1890, dtv. 4302, München: Deutscher Taschenbuch Verlag 1984

Heinz Geiger, Hermann Haarmann: Aspekte des Dramas, Grundstudium der Literaturwissenschaft Band 7, Opladen: Westdeutscher Verlag 1978

Norbert Greiner, Georg Hasler, Hajo Kurzenberger, Lothar Pikulik: Einführung ins Drama. Handlung – Figur – Szene – Zuschauer, Hanser Literatur-Kommentare Band 20/I und 20/II, München 1982

Reinhold Grimm, Klaus L. Berghahn (Hg.): Wesen und Formen des Komischen im Drama, Wege der Forschung Band 62, Darmstadt: Wissenschaftliche Buchgesellschaft 1975

Karl Guthke: Das deutsche bürgerliche Trauerspiel, Sammlung Metzler Band 116, 4. Aufl., Stuttgart 1984

Walter Hinck: Die Dramaturgie des späten Brecht, 6. Aufl., Palaestra Band 229, Göttingen: Vandenhoeck & Ruprecht 1977

Walter Hinck: Theater der Hoffnung. Von der Aufklärung bis zur Gegenwart, suhrkamp taschenbuch 1495, Frankfurt am Main 1988

Walter Hinck (Hg.): Handbuch des deutschen Dramas, Düsseldorf: Bagel 1980

Werner Keller (Hg.): Beiträge zur Poetik des Dramas, Darmstadt: Wissenschaftliche Buchgesellschaft 1976

Marianne Kesting: Das epische Theater. Zur Struktur des modernen Dramas, Urban-Taschenbuch 36, 7. Aufl., Stuttgart: Kohlhammer 1978

Volker Klotz: Geschlossene und offene Form im Drama, 10. Aufl., München: Hanser 1980

Jakob Lehmann (Hg.): Kleines deutsches Dramenlexikon, Königstein/Ts.: Athenäum 1983

Gotthold Ephraim Lessing: Hamburgische Dramaturgie, hg. u. kommentiert von K. L. Berghahn, Reclam UB 7738, Stuttgart 1981

Hans Mayer: Georg Büchner und seine Zeit, suhrkamp taschenbuch 58, Frankfurt am Main 1972

Harro Müller-Michaels (Hg.): Deutsche Dramen. Interpretationen zu Werken von der Aufklärung bis zur Gegenwart, 2 Bände, Königstein/Ts.: Athenäum 1985

Manfred Pfister: Das Drama. Theorie und Analyse, UTB 580, 4. Aufl., München: Fink 1984

Elke Platz-Waury: Drama und Theater. Eine Einführung, Literaturwissenschaft im Grundstudium Band 2, 2. Aufl., Tübingen: Gunter Narr 1980

Helmut Prang: Geschichte des Lustspiels, Kröners Taschenausgabe Band 378, Stuttgart 1968

Reclams Schauspielführer, hg. v. Otto zur Nedden und Karl Ruppel, UB 7817–28, 11. Aufl., Stuttgart 1969

Ina Schabert (Hg.): Shakespeare-Handbuch: Die Zeit – Der Mensch – Das Werk – Die Nachwelt, 2. Aufl., Stuttgart: Kröner 1978

Friedrich Schiller: Vom Pathetischen und Erhabenen. Ausgewählte Schriften zur Dramentheorie, hg. v. K. L. Berghahn, Reclam UB 2731, Stuttgart 1970

Hannelore Schlaffer: Dramenform und Klassenstruktur: Eine Analyse der dramatis persona ,Volk', Stuttgart: Metzler 1972

Jürgen Söring: Tragödie. Notwendigkeit und Zufall im Spannungsfeld tragischer Prozesse, Stuttgart: Klett-Cotta 1982

Ulrich Staehle (Hg.): Theorie des Dramas, Arbeitstexte für den Unterricht, Reclam UB 9503, Stuttgart 1973

Peter Szondi: Theorie des modernen Dramas (1880–1950), edition suhrkamp 27, Frankfurt am Main 1963

Klaus Völker: Brecht-Kommentar zum dramatischen Werk, München: Winkler 1983

Benno von Wiese: Die deutsche Tragödie von Lessing bis Hebbel, dtv 4411, 8. Aufl., München: Deutscher Taschenbuch Verlag 1983

Stichwortverzeichnis

Autorenverzeichnis

Bildquellen

S. 21: Heinrich Krefeld: Hellenika. Ein Begleitbuch für die griechische Lektüre, 5. Aufl., Frankfurt am Main: Hirschgraben 1972, S. 73

S. 21: Martin-von-Wagner-Museum, Würzburg

S. 22: Miniatur von Hubert Cailleau (Niessen, Das Bühnenbild, 1924, Taf. 14)

S. 25: Margot Berthold: Weltgeschichte des Theaters, Stuttgart: Kröner 1968, Abb. 264.

S. 27: William Shakespeare, „König Richard III". Düsseldorf 1911, Huldigungsszene. In: Helmut Popp: Strukturelemete des Damas. Studientexte für die Kollegstufe. München: Oldenbourg 1980, S. 103

S. 28: © Rosemarie Clausen, Hamburg. In: Siegfried Melchinger: Faust für uns. Bilder der Hamburger Aufführung von R. Clausen, Gustav Gründgens: Meine Begegnung mit Faust. suhrkamp taschenbuch 838, Frankfurt am Main 1982

S. 29: © Willi Saeger, Berlin. In: Materialien Bertolt Brecht, ‚Mutter Courage und ihre Kinder', ausgewählt und eingeleitet von Uwe Naumann, ‚Editionen', Stuttgart: Klett 1984, S. 22.

S. 48: Jean Jacques André le Veau: Le Juge, ou la Cruche cassée. Kupferstich nach einem Gemälde von Philibert Deboucourt. Berliner Zentralbibliothek, Berlin

Textrechte